当代乡村教师生存现状及对策研究

辛丽春　汤纺杰　著

九州出版社　全国百佳图书出版单位

图书在版编目（CIP）数据

当代乡村教师生存现状及对策研究 / 辛丽春，汤纺杰著. -- 北京 ：九州出版社，2019.2
　　ISBN 978-7-5108-7921-0

　　Ⅰ．①当… Ⅱ．①辛… ②汤… Ⅲ．①农村学校－教师－生存－现状－研究－中国 Ⅳ．①G451.4

　　中国版本图书馆CIP数据核字(2019)第037918号

当代乡村教师生存现状及对策研究

作　　者	辛丽春　汤纺杰　著	
出版发行	九州出版社	
地　　址	北京市西城区阜外大街甲 35 号（100037）	
发行电话	(010)68992190/3/5/6	
网　　址	www.jiuzhoupress.com	
电子信箱	jiuzhou@jiuzhoupress.com	
印　　刷	北京九州迅驰传媒文化有限公司	
开　　本	787 毫米 ×1092 毫米　16 开	
印　　张	15	
字　　数	260 千字	
版　　次	2019 年 3 月第 1 版	
印　　次	2019 年 3 月第 1 次印刷	
书　　号	ISBN 978-7-5108-7921-0	
定　　价	58.00 元	

目　录

第二部分　当代乡村代课教师生存现状及对策建议

第三部分　当代乡村幼儿教师生存现状及对策建议

第六部分　创新乡村教师职前、职后培养机制

引 言

百年大计，教育为本；教育大计，教师为本。要实现教育强国这一目标，高素质的教师队伍是基础。教育的发展问题关系到社会的稳定、经济的发展、文化的繁荣以及关系到千家万户的家庭，教育的发展至关重要。党的十九大报告中关于发展教育事业的表述："建设教育强国是中华民族伟大复兴的基础工程，必须把教育事业放在优先位置，加快教育现代化，办好人民满意的教育"，同时报告中也指出："教育就是要全面贯彻党的教育方针，落实立德树人根本任务，发展素质教育，推进教育公平，培养德智体美全面发展的社会主义建设者和接班人。要加强师德师风建设，培养高素质教师队伍，倡导全社会尊师重教。"

当前，我国乡村教师约有 330 万人，是教师队伍的重要组成部分。进入 21 世纪以来，为提高乡村教育质量，补齐短板，国家在稳定和扩大规模、提高待遇水平、加强培养培训等方面采取了一系列政策举措，乡村教师队伍面貌发生了巨大变化，乡村教育质量得到了显著提高，广大乡村教师为乡村教育发展做出了历史性贡献。但受城乡发展不平衡、交通地理条件不便、学校办学条件欠账多等因素影响，乡村教师队伍面临职业吸引力不强、补充渠道不畅、优质资源配置不足、结构不尽合理、整体素质不高等突出问题，制约了乡村教育持续健康发展。为发展乡村教育，让每个乡村孩子都能接受公平、有质量的教育，阻止贫困现象代际传递，2015 年中央深化改革小组审议通过了《乡村教师支持计划（2015—2020 年）》（国办发〔2015〕43号）；2018 年年初，《中共中央国务院关于全面深化新时代教师队伍建设改革的意见》正式印发，这是中华人民共和国成立以来第一次以党中央名义专门印发加强教师队伍建设的文件，得到了社会各界的广泛关注。在第五条"不断提高地位待遇，真正让教师成为令人羡慕的职业"中指出要"深入实施乡村教师支持计划，关心乡村教师生活"，要贯彻落实文件精神，打好落实乡村教师支持计划攻坚战，而乡村教育是我国教育发展的重中之重，这是因为乡村教育直接关系到最广大人民的教育要求；直接关系到教育的建设质量与发展；直接关系到教育公平与全面建成小康社会目标的实现。因此，乡村教育有着举足轻重的地位，而乡村教育的发展离不开乡村教师，乡村教师是提高乡村教育质量、促进我国教育发展的中坚力量，是促进乡村教育发展的主体力量。

目前，我国的城镇和乡村地区的经济发展水平不一，城镇明显高于乡村，而经济的发展也影响了教育的发展，乡村地区的教育事业也明显落后于城镇地区。乡村学校出现了优秀师范毕业生"下不去"，专任骨干教师"留不住"，低水平教师占编占岗却"教不好"的问题，导致乡村教育质量不高。乡村教师队伍建设是促进区域协调发展和社会和谐的关键。[①] 因此，透过当代乡村教师生存现状，提出问题，对相关政策、制度进行理性的分析，剖析是何原因造成了乡村教师如此的生存现状，提高乡村教师职业吸引力，吸引大批优秀人才到乡村任教，留住乡村骨干教师，从而提高教学质量，缩小城乡差距，促进教育公平，促进乡村教育教学改革，推进区域协调发展。

《乡村教师支持计划（2015—2020 年）》指出，要提高乡村教师的思想政治素质，提高乡村教师的各方面待遇水平，促使优秀教师往乡村流动，促进乡村教师队伍的及时补充，城乡教师的编制要统一，乡村教师的职称评定标准要单列，教师的专业素质应得到提高。《国务院关于加强教师队伍建设的意见》指出，要建立一支业务水平强、道德崇高、活力充沛的教师队伍。要对乡村教师实施政策方面的倾斜，从而提高其职业的吸引力，提高乡村教育质量。《关于统一城乡中小学教职工编制标准的通知》指出，一、统一编制标准，使乡村和城镇学校的各种教育设施和条件得到均衡发展。二、要增加乡村教师的在编教师数量。三、各部门要加强合作，适时调整和统筹城镇和乡村教师。四、要因地制宜地对乡村地区的教育予以倾斜。《关于大力推进乡村义务教育教师队伍建设的意见》指出，要促进乡村教师的数量补充，扩大乡村优秀教师的来源，促进乡村教师的队伍建设，保障乡村的学校对师资的需求，促进乡村教师的专业素质的提高，提高乡村教师的待遇，继续改进城教师的轮

---

① 李中国，汤纺杰. 教师队伍建设与中国教育现代化 [J]. 教育研究，2017(12):152—154.

岗、交流制度，奖励长期在乡村任教的教师。落实各项关于乡村教师发展的政策，对于丰富和深化乡村教师队伍建设理论，改革不利于乡村教师职业吸引力提高的制度具有重要的理论意义。

第一部分　当代乡村在编教师生存现状及对策建议

一、研究背景

1. 乡村教育直接关系到千家万户的未来发展，是最大的民生问题

我国是农业发达的大国，农村人口数量较多，然而目前我国农村地区的教育质量却远远不及城镇地区。具体表现在城乡教师数量与素质、城乡教育经费投入、城乡教育普及水平等方面的不平衡。可见，乡村教育直接关系到千家万户未来的发展，是最大的民生问题，大力发展乡村教育"任重而道远"。

2. 作为乡村教育的主导力量，乡村小学教师队伍整体素质堪忧，亟须采取措施加以补救

乡村小学教师这一特殊群体，是农村教育事业可持续健康发展最活跃、最直接、最关键的因素。教育质量、人才培养质量、师资队伍质量、教师教学能力逻辑描绘了质量提升的演变图景。[①]《中国农村教育发展报告 2013—2014》也指出，我国乡村教育发展的下一步战略应当是乡村学校的核心能力建设——教师队伍建设。然而我国乡村小学教师群体的整体素质不高，主要表现在：教师的退出与补入机制不健全；不同学科的教师分布不合理；大部分教师的受教育水平不高；职业认同感不强；高级骨干教师缺乏；继续教育的机会少等。因此，亟须采取措施提高乡村小学教师队伍整体素质。

3. 乡村小学教师的生存环境整体状况堪忧、生存条件薄弱，导致教师岗位流动

---

① 李中国，黎兴成.我国高校教师教学研究的热点状况分析——基于 2005-2015 年 CNKI 文献的共词分析 [J]. 教育研究，2015(12).59—66.

性较高，稳定性不强

教师职业的特点应该是稳定性强，但乡村小学教师却恰恰相反。多年来，国家也出台了很多改善其生存环境和生存条件的政策。但是从现状来说，仍未能从根本上解决乡村教育发展所面临的深层次问题。农村办学条件差、教师福利待遇低等问题，导致乡村小学教师岗位稳定性不强，流动性较高。此外在推进城镇化发展的进程中，大规模撤村并校，农村教育布局没能同步跟上，导致乡村小学教师岗位流动性较高，稳定性较强。

综上所述，乡村教育质量有待进一步提高，乡村小学教师岗位的吸引力堪忧，亟须探究其中原因，加快政策建设。

二、研究意义

1. 对于促进教育公平，推进区域协调发展具有重要的现实意义

目前，我国的城镇和乡村地区的经济发展水平不一，城镇明显高于农村，而经济的发展也影响了教育的发展，农村地区的教育事业也明显落后于城镇地区。因此，我们应想方设法提高乡村教师职业吸引力，吸引大批优秀人才到乡村任教，留住乡村骨干教师，从而缩小城乡差距，促进教育公平，推进区域协调发展。

2. 对于促进乡村教育教学改革、提高教学质量具有一定的推动作用

目前，乡村学校出现了优秀师范毕业生"下不去"，专任骨干教师"留不住"，低水平教师占编占岗却"教不好"的问题，导致乡村教育质量不高。本书就是透过乡村小学教师职业吸引力不高的现状，提出问题，找到内在原因，提出相关的政策建议，从而促进乡村教育教学改革、提高教学质量。

3. 对于丰富乡村小学教师队伍建设理论，改革不利于教师职业吸引力提高的制度有重要的理论意义

乡村小学教师职业吸引力是乡村小学教师队伍建设的重要组成部分，是促进区域协调发展和社会和谐的关键。本书对沂蒙地区部分乡村小学教师职业吸引力的现状及相关政策、制度进行理性的分析，得出乡村小学教师职业吸引力较低的原因。这些研究对于丰富和深化乡村小学教师队伍建设理论，改革不利于乡村小学教师职业吸引力提高的制度具有重要的理论意义。

三、国外研究综述

由于地理和文化历史等方面的不同，不同国家乡村教师的生存状况、社会地位有很大差异，存在的问题也有很大差异。具体情况如下：

1.关于乡村教师存在的现实问题的研究

美国农村地区的教师数量较少，有两方面主要原因：一是教师工资低，二是教师福利待遇差。流失率较高是因为是乡村学校教学资源有限、教育教学压力大和教学环境恶劣。乡村教师的素质有待提高是因为：一、美国的农村学校师资短缺，因此招聘条件放得比较宽。二、乡村地区的各方面条件的限制，很难为教师提供专业发展的机会。

澳大利亚地广人稀，大部分人口居住在沿海城市，内陆地区发展相对缓慢，导致内陆学校师资短缺。

英国乡村教师供给危机明显，具体表现为教师训练的应用率低、浪费率高和学校编制不合理等方面。原因主要有以下几点：第一、其职前职后的教育时间较少；第二、教师自身的教育理论知识匮乏；第三、乡村教师没有充分的的专业自主权；第四、乡村教师的社会认可度不高，社会地位较低。

2.关于乡村教师政策的研究

为改善乡村教师工资待遇和工作条件，澳大利亚政府提出"乡村地区计划"，政府投入大量资金支持乡村的教师队伍建设和乡村学校教学条件的改善。

英国在教育政策方面做了以下三点：一、颁布对乡村教师职前教育的相关的法规。二是对教师进行职后的继续教育。三是要注意对教师继续教育实施情况的监控。

美国通过实施"家乡教师项目"确保与提高乡村教师的保留率。同时，为大学生提供较多的机会到乡村实习工作。

德国为了增加乡村教师数量，颁布了相应的法律法规规定：一是要加大对乡村教师的物质奖励，提高乡村教师的职业稳定性；二是采取措施招聘从教经验丰富的外行人到乡村地区做教师。

四、国内研究综述

1.关于乡村教师内涵的研究

张素琪认为，乡村教师是指以下三方面内容：一是其工作地点是乡、镇、村级学校；二是其任务是教育农村学生；三是乡村教师指九年义务教育阶段的教师。

崔瑞云指出，农村教师是指在农村从事教学工作的教师。

夏兰辉提出，乡村教师是指在乡村生活，以教育学生为职责，为农村的发展做贡献的教师。

2. 关于乡村教师吸引力现状的研究

金柱伟、段兆兵指出，乡村教师职业吸引力现状为：师范毕业生或城镇教师不愿到乡村学校任教，在职在岗的中青年乡村教师选择改行或往城镇学校流动。

谢重认为，乡村教师职业对优秀的教师缺乏吸引力是其现状。

方建成认为，乡村教师职业吸引力的现状为：师资老化现象严重，专业化发展不足，工作负担重，心理、生理健康问题突出，社会地位不高，工作环境不好等。

陈蕾认为，乡村教师职业吸引力的现状主要包括以下几个方面：物质和精神方面的吸引力不够，因此可以从这两个方面来增加其职业吸引力。

3. 关于乡村教师职业吸引力存在问题的研究

张大鑫指出，乡村教师存在以下几方面的问题：数量不足、质量不高、流失问题严重、结构不合理。

余金坤认为，我国乡村学校存在的问题有：乡村地区教育资金薄弱，教育资源配置不合理，教育设施不完备，基础乡村教师数量不足，师资引进体系不健全，乡村教师的专业素质较低，城乡的教育发展差距大、不平衡。

胡来宝指出，乡村教师职业吸引力存在的问题有以下几点：一、办学条件简陋，管理评价错位，职业归属感下降。二、办学规模萎缩，教育发展不均衡，职业成就感锐减。三、校本研修空白，专业发展丧失，职业幸福感缺失。

4. 乡村教师职业吸引力缺失原因

段兆兵、金柱伟认为，乡村教师的职业吸引力较低手有以下几方面原因的：第一、体制形态文化资本缺失，这是乡村教师的社会认可度不高；第二、具体形态文化资本缺失，这不利于乡村教师的专业成长；第三、客观形态文化资本缺失，这使乡村教师的生活质量不高。

胡来宝认为，乡村小学教师职业吸引力不高，原因是：办学条件简陋、管理评价错位导致职业归属感下降；办学规模萎缩、教育发展不均衡导致职业成就感锐减；学校没有相应的校本研修，不利于促进乡村小学教师的专业发展。

谢重从学生、教师、家长三方面分析乡村教师的职业吸引力存在的问题。大部分学生认为，乡村教师这一职业太过于平淡稳定；大部分教师认为乡村教师职业不受尊重，工作多、收入少；家长则认为，乡村教师职业太过于平淡，没有发展潜力。

5. 提升乡村教师职业吸引力的对策建议

方建成认为，要改善乡村教师职业的吸引力低的问题，可以做到以下几点：保证乡村教师的数量充足，加强乡村教师之后的继续教育，对管理的制度进行创新。

胡来宝认为可从以下几方面做起：国家要对乡村学校大力投入资金，促进乡村和城镇学校的均衡发展；对教师加强继续教育，促进乡村教师加速发展；加强社会宣传，提高教师的社会认可度。

陈蕾认为，可以从物质刺激和精神刺激两个方面来增加乡村小学教师的职业吸引力。物质刺激是指推动城乡教师均衡流动，精神刺激是指提高乡村教师的社会地位。

6. 关于乡村教师政策的研究

《乡村教师支持计划（2015—2020年）》指出，要提高乡村教师的思想政治素质，提高乡村教师的各方面待遇水平，促使优秀教师往乡村流动，促进乡村教师队伍的及时补充，城乡教师的编制要统一，乡村教师的职称评定标准要单列，教师的专业素质应得到提高。

《国务院关于加强教师队伍建设的意见》指出，要建立一支业务水平强、道德崇高、活力充沛的教师队伍。要对乡村教师实施政策方面的倾斜，从而提高其职业的吸引力，提高乡村教育质量。

《关于统一城乡中小学教职工编制标准的通知》指出，一、统一编制标准，使乡村和城镇学校的各种教育设施和条件得到均衡发展。二、要增加乡村教师的在编教师数量。三、各部门要加强合作，适时调整和统筹城镇和乡村教师。四、要因地制宜地对乡村地区的教育予以倾斜。

《关于大力推进农村义务教育教师队伍建设的意见》指出，要促进乡村教师的数量补充，扩大乡村优秀教师的来源，促进乡村教师的队伍建设，保障乡村的学校对师资的需求，促进乡村教师的专业素质的提高，提高乡村教师的待遇，继续改进城教师的轮岗、交流制度，奖励长期在农村任教的教师。

五、目前研究述评

1. 对乡村小学教师职业的吸引力内涵的研究不足

乡村教师职业吸引力这一概念的首次提出是在《乡村教师支持计划》文件中。由于提出时间较短，因此这方面的文献资料还较为罕见。本书要研究的是乡村小学教师职业吸引力的概念，因此目前关于乡村教师职业吸引力的概念界定的文献资料少之又少，多数文献都是对其现状、问题、原因和对策的阐述，这对本研究带来了一个较大的挑战，需要通过查阅文献资料和进行问卷调查来加以分析、给出定义。

2. 对乡村小学教师职业吸引力现状及存在问题的研究较多，且多为实证研究，研究较为深入，但有待进一步条理化

对乡村小学教师职业吸引力现状及存在问题有许多研究成果，且大部分都是实证研究。这些研究均能从多个视角对乡村小学教师职业吸引力的现状进行剖析，总结出其中存在的问题。但大部分研究未能将这些方面的问题进一步整理归类，使其条理化。许多研究的问题有交叉和重叠的部分，这不利于笔者分析总结职业吸引力缺失的原因，提出精准有效的政策建议。本研究将在此基础上，将乡村小学教师职业吸引力现状进一步条理化，并逐条剖析存在的问题，归纳原因，最终提出对策建议。

3. 对乡村小学教师职业吸引力原因的研究有待进一步深入

由于乡村小学教师职业吸引力涉及的内容条目繁多复杂，设计范围广，因此目前的文献鲜少有分析其本质原因。有少数分析乡村小学教师职业吸引力原因的文献，只是就其现状分析出表层原因，没有与其存在的问题列出一一对应的原因。要提出行之有效的对策建议，就要抓住乡村小学教师职业吸引力缺失的本质原因，因而笔者认为，本文应格外注重此方面的研究，弥补前人研究的不足，为提出行之有效的对策建议做好铺垫。

4. 对提升乡村小学教师职业吸引力对策的研究较为全面，但有待进一步系统化

我国的学者多能将政府针对乡村教师提出的相关扶持政策、政策的实施情况以及通过对乡村小学教师职业吸引力现状进行调查得出的结论进行综合分析，提出改善乡村小学教师职业吸引力缺失问题的较为全面的、有效的对策建议，但较之国外针对乡村教师的政策、法律、法规来看，我国学者所提对策建议还有待进一步体系化。本研究旨在综合分析国内外文献资料、国内外扶持乡村教师的政策法规和调查研究的结果，提出系统完善的对策建议。

第一章　当代乡村在编教师生存现状

我国是农业发达的大国，乡村人口数量较多，然而目前我国乡村地区的教育质量却远远不及城镇地区。目前，教育质量提升是当前我国教育改革发展的核心议题，人才培养质量、师资队伍质量、教师教学能力等是质量提升的重要因素。①具体到农村，主要表现在城乡教师数量与素质、城乡教育经费投入、城乡教育普及水平等方面的不平衡。可见，乡村教育直接关系到千家万户未来的发展，是最大的民生问题，大力发展乡村教育"任重而道远"。乡村教师作为乡村教育的主导力量，队伍整体素质堪忧，亟须采取措施加以补救。乡村教师这一特殊群体，是乡村教育事业可持续健康发展最活跃、最直接、最关键的因素。《中国乡村教育发展报告2013—2014》也指出，我国乡村教育发展的下一步战略应当是乡村学校的核心能力建设——教师队伍建设。然而我国乡村教师群体的整体素质不高，主要表现在：教师的退出与补入机制不健全；不同学科的教师分布不合理；大部分教师的受教育水平不高；职业认同感不强；高级骨干教师缺乏；继续教育的机会少等。因此，亟须采取措施提高乡村教师队伍整体素质。另外乡村教师的生存环境整体状况堪忧、生存条件薄弱，导致教师岗位流动性较高，稳定性不强。教师职业的特点应该是稳定性强，但乡村教师却恰恰相反。多年来，国家也出台了很多改善其生存环境和生存条件的政策。但是从现状来说，仍未能从根本上解决乡村教育发展所面临的深层次问题。乡村办学条件差、教师福利待遇低等问题，导致乡村教师岗位稳定性不强，流动性较高。此外在推进城镇化发展的进程中，大规模撤村并校，乡村教育布局没能同步跟上，导致乡村教师岗位流动性较高，稳定性较强。

---

① 李中国，黎兴成.我国高校教师教学研究的热点状况分析——基于2005—2015年CNKI文献的共词分析[J],教育研究,2015(12):59—66.

第一节　相关概念界定

一、乡村教师

乡村教师一般是指在乡镇行政区域内承担着农村义务教育的任务，以农村的适龄儿童为教育对象的中小学教师。本研究中的定义却略有不同。近年来，国家和政府对乡村教师这一群体十分关注，已采取了各种措施改善乡村教师的生存境况，部分较发达的乡村教师已有了较高的职业幸福感和归属感。但是还有部分欠发达地区的乡村教师在自己的岗位上苦苦挣扎。而且乡村教师按编制分为在编教师和代课教师，代课教师的职业归属感较低不言而喻。因此，本部分所指的乡村教师即在经济发展水平较低的乡、镇、村级小学任职，以教育中小学生为主要任务的在编教师。

二、职业吸引力

职业吸引力这一词较为少见，使现于现代企业中的"行业吸引力"，又称"行业价值"。是企业进行行业比较和选择的一种价值标准，行业吸引力是取决于行业的盈利水平和发展潜力的。通过对企业中"行业吸引力"的总结，本文中的职业吸引力是指某一职业对从业人员选择长期从事这一职业的内部和外部的吸引力因素。

三、乡村小学教师职业吸引力

通过查找各项文献资料得知，我国学者对乡村小学教师职业吸引力这一概念还没有明确的界定。"乡村教师职业吸引力"一词始见于《乡村教师支持计划（2015—2020）》：当前乡村教师群体的职业吸引力不高，这不利于提高乡村教育的质量。可见，乡村小学教师职业吸引力还是一个较为模糊的概念，其中包括的各项影响因素还未得到详细划分。乡村小学教师职业吸引力的内涵是：乡村小学教师职业对在职的乡村小学教师能长期留任的内部和外部的吸引力因素。本书旨在总结出乡村小学教师职业吸引力的影响因素。

第二节　实证调研

一、研究设计

（一）研究对象

本部分的乡村教师一般是指在乡镇行政区域内承担着乡村义务教育的任务，以乡村的适龄儿童为教育对象的中小学教师。近年来，国家和政府对乡村教师这一群体十分关注，已采取了各种措施改善乡村教师的生存境况，部分较发达的乡村教师已有了较高的职业幸福感和归属感。但是还有部分欠发达地区的乡村教师在自己的岗位上苦苦挣扎。本部分的乡村教师即是指在经济发展水平较低的乡、镇、村级小学任职，以教育小学生为主要任务的在编教师。

（二）研究方法

1. 文献法

运用文献法对我国乡村教师的职业吸引力的相关资料进行系统的收集、整理。文献主要集中在国内方面，旨在更加深入的研究乡村教师职业吸引力，使本研究具有坚实的理论基础。

2. 德尔菲法

在对 20 名乡村教师进行预调查的基础上，形成专家咨询问卷。通过指导教师的推荐，选取校内 5 名专家进行两轮专家咨询，对问卷的题目进行筛选，并通过预测，进行信度和效度的检验，然后进一步完善内容，最终形成调查问卷。

3. 问卷调查法

本研究以沂蒙地区的 9 所乡村学校为样本进行调查，对乡村教师发放 110 份有效问卷进行调查，回收 102 份有效问卷，并利用 SPSS 软件对数据进行分析，得出当前临沂市乡村教师职业吸引力的状况，获得了珍贵的一手资料。

（三）问卷设计

1. 问卷编制

在对 20 名乡村教师进行预调查的基础上，形成专家咨询问卷。通过指导教师的推荐，选取校内 5 名专家进行两轮专家咨询，对问卷的题目进行筛选，并通过预测，进行信度和效度的检验，然后进一步完善内容，最终形成调查问卷。

本问卷从薪酬待遇、职业认同感和社会发展机会三个维度进行编制，题目的叙述方式为陈述式。为了区分受试者的反应程度，采用五分量表："非常不符合""比较不符合""一般""比较符合""非常符合"，问卷共 34 个题目。

调查问卷主要有以下两部分：第一部分是对乡村教师基本情况的调查，包括性别、教龄、学历、婚姻状况、职称等；第二部分是对乡村教师职业吸引力现状进行调查，从薪酬待遇、职业认同感和专业化发展三个维度进行编写。薪酬待遇包括工资收入、福利待遇、生活设施配备、学校的物化环境、乡村教师特殊津贴、交通条件、教师子女的受教育质量、青年教师婚恋问题 8 个方面的内容。职业认同感包括教师自我认同感和社会认同感两方面，其中，自我认同感从工作压力、是否热爱教师职业、职业幸福和成就感、业余时间分配、是否打算到城市任教等几个方面进行测试；社会认同感则从学生的态度、家长的认可度、同事之间的关系是否融洽、学校领导的管理水平、参与学校管理的机会、职称评定机会几方面进行测试。专业化发展主要包括两方面：外控式教师专业化发展和内隐式教师专业自我发展，其中前者包括参与继续教育的机会、继续教育的内容、形式、费用；后者包括教师的自我规划观念、自我反思意识、合作交流意识三方面。

2. 问卷调查

本研究以沂蒙地区的 9 所乡村学校为样本进行调查，对教师共发放了 110 份问卷，回收 108 份问卷，有效问卷 102 份，有效率为 94%。并利用 SPSS 软件对数据进行分析，得出当前临沂市乡村教师职业吸引力的状况，获得了珍贵的一手资料。

3. 信度分析

为了测度整体问卷的可靠性和稳定性，本文在此采用信度分析的方法进行了对应分析，采用 Cronbach's Alpha 系数来测度整体问卷的信度分析情况，尽管当前对 Cronbach's Alpha 系数值的评判并没有一个统一的标准，但一般认为当 Cronbach's Alpha 系数值大于 0.6，即可认为问卷的可信度较高。

表 1-1　信度分析结果

Cronbach's Alpha	基于标准化项的 Cronbachs Alpha	项数
0.752	0.778	26

从表 1-1 中的结果来看，Cronbach's Alpha 系数值为 0.778>0.6，说明本文的问卷信度较好。

4.效度分析

为了测度问卷的信息是否能够有效反映本文所研究的问题，本文在此采用效度分析的方法进行了对应分析，效度分析中包含有很多检验的方法，大致可以分为内容效度和建构效度，其中本文采用建构效度中的因子分析方法进行检验，该方法是测度效度分析中最常用的方法之一，本方法通过 KMO 统计量和 Bartlett 的球形度检验的结果来判断问卷的效度结果，一般认为当 KMO 的数值大于 0.5，则认为数据适合做因子分析和对应问卷的效度较好。

表 1-2　效度分析结果

取样足够度的 Kaiser-Meyer-Olkin 度量		.684
Bartlett 的球形度检验	近似卡方	894.059
	df	325
	Sig.	.000

从表 1-2 中的结果来看，KMO 值为 0.684>0.5，说明本书整体问卷的效度较好，能够较为真实的反映本书所研究的问题。

（四）基本描述性分析

在进行相应的实证分析前，本书首先对问卷中的人口特征信息进行了基本的频率描述分析，具体结果如表 1 所示：

表 1-3　人口特征基本信息

		频率	百分比	有效百分比	累积百分比
性别	男	14	13.7	13.7	13.7
	女	88	86.3	86.3	100.0
教龄	0—10 年	19	18.6	18.6	18.6
	10—20 年	30	29.4	29.4	48.0
	20—30 年	34	33.3	33.3	81.4
	30 年以上	19	18.6	18.6	100.0

续表

		频率	百分比	有效百分比	累积百分比
学历	中专及以下	40	39.2	39.2	39.2
	专科	52	51.0	51.0	90.2
	本科	10	9.8	9.8	100.0
婚姻状况	未婚，无恋人	3	2.9	2.9	2.9
	未婚，有恋人	8	7.8	7.8	10.8
	已婚，无孩	13	12.7	12.7	23.5
	已婚，有孩	78	76.5	76.5	100.0
职称	初级	12	11.8	11.8	11.8
	中级	66	64.7	64.7	76.5
	高级	24	23.5	23.5	100.0

从表 1-3 中的结果来看，整体调查问卷中的男性人数（14 人，13.7%）要低于女性人数（88 人，86.3%）；在教龄分布中，0—10 年的人数比例为 18.6%，10—20 年的人数比例为 29.4%，20—30 年的人数比例为 33.3%，30 年以上的人数比例为 18.6%；从不同学历的分布比例来看，学历为中专及以下的人数比例为 39.2%，专科的人数比例为 51%，本科的人数比例为 9.8%，从学历对应的人数比例来看，随着学历的上升，其对应的人数比例在逐渐减小；在婚姻状况分布中，未婚，无恋人对应的人数比例为 2.9%，未婚，有恋人对应的人数比例为 7.8%，已婚，无孩对应的人数比例为 12.7%，已婚，有孩对应的人数比例为 76.5%；在职称类型中，是初级职称的人数比例为 11.8%，是中级职称的人数比例为 64.7%，是高级职称的人数比例为 23.5%，从人数分布比例来看，呈现出两头小中间大的分布格局。

第三节　当代乡村在编教师的职业福利基本状况

本研究所提到的乡村在编教师职业福利除了工资、奖金津贴、福利待遇等劳动者应得福利外，还包括教师职业给其生活带来的附属福利，包括：教学基础设施、教职工宿舍、住房及生活设施的配备、学校所在地的交通条件、教师子女的受教育质量以及青年教师的婚恋等。本研究从以下 8 个方面对乡村职业福利进行了描述性分析，具体结果如表 1-4 所示：

表 1-4　乡村教师职业福利的基本描述分析

		频率	百分比	有效百分比	累积百分比
工资收入足以满足我的日常生活需要	非常不符合	17	16.7	16.7	16.7
	比较不符合	30	29.4	29.4	46.1
	一般	34	33.3	33.3	79.4
	比较符合	17	16.7	16.7	96.1
	非常符合	4	3.9	3.9	100.0
我的五险一金等福利待遇非常齐全	非常不符合	13	12.7	12.7	12.7
	比较不符合	55	53.9	53.9	66.7
	一般	12	11.8	11.8	78.4
	比较符合	18	17.6	17.6	96.1
	非常符合	4	3.9	3.9	100.0
学校配备了教职工宿舍和教师周转房，并且生活设施配备齐全	非常不符合	58	56.9	56.9	56.9
	比较不符合	24	23.5	23.5	80.4
	一般	17	16.7	16.7	97.1
	比较符合	3	2.9	2.9	100.0
学校的物化（校园、设施）环境非常好	非常不符合	7	6.9	6.9	6.9
	比较不符合	57	55.9	55.9	62.7
	一般	36	35.3	35.3	98.0
	非常符合	2	2.0	2.0	100.0
我的乡村教师特殊津贴每月发放及时，没有克扣现象	非常不符合	52	51.0	51.0	51.0
	比较不符合	31	30.4	30.4	81.4
	一般	14	13.7	13.7	95.1
	比较符合	5	4.9	4.9	100.0

续表

		频率	百分比	有效百分比	累积百分比
我上下班或放假回家的交通十分方便	非常不符合	14	13.7	13.7	13.7
	比较不符合	44	43.1	43.1	56.9
	一般	32	31.4	31.4	88.2
	比较符合	11	10.8	10.8	99.0
	非常符合	1	1.0	1.0	100.0
乡村教师职业给我子女的受教育质量带来很大的正面影响	非常不符合	24	23.5	23.5	23.5
	比较不符合	40	39.2	39.2	62.7
	一般	30	29.4	29.4	92.2
	比较符合	8	7.8	7.8	100.0
乡村教师职业对我的婚恋带来很大的正面影响	非常不符合	19	18.6	18.6	18.6
	比较不符合	46	45.1	45.1	63.7
	一般	25	24.5	24.5	88.2
	比较符合	9	8.8	8.8	97.1
	非常符合	3	2.9	2.9	100.0

从表 1-4 中的结果来看，有 46.1% 的人认为"工资足以满足我的日常生活需要"是不符合的，有 33.3% 人认为一般，仅有 20.6% 的人认为基本能够满足，并且其中只有 3.9% 的人非常满意目前的工资，从人数分布比例来看，大部分乡村教师认为目前的工资并不能或者仅是一般满足目前的生活需要；在五险一金等福利待遇非常齐全上，有 66.7% 的乡村教师认为其是不齐全的，有 11.8% 的乡村教师认为其是一般的，有 21.5% 的乡村教师认为其是较齐全的，从人数分布比例来看，大部分乡村教师认为目前的福利待遇并不完善齐全；在学校给教职工的宿舍和生活设施配备齐全上，有 80.4% 的人认为是不符合的，有 16.7% 的人认为一般，仅有 2.9% 的人对此认为比较符合，并且无人认为非常符合；在学校环境非常好上，有 62.7% 的人对此认为并不符合，有 35.3% 认为一般，仅有 2% 的人对此认为基本符合，从人数分布比例来看，乡村教师对学校的物化环境并不满意；在乡村教师特殊津贴发放上没有克扣上，有 81.4% 认为是不符合的，有 13.7% 人认为是一般的，仅有 4.9% 的人认为是比较符合的，从人数分布比例来看，乡村教师对特殊津贴的发放上并不满

意；在我上下班或放假回家的交通十分方便上，有 56.9% 的人对此认为并不符合，有 31.4% 认为一般，仅有 11.8% 的人对此认为基本符合，从人数分布比例来看，乡村教师对交通环境并不满意；在乡村教师职业给我子女的受教育质量带来很大的正面影响上，有 62.7% 的人对此认为并不符合，有 29.4% 认为一般，仅有 7.8% 的人对此认为基本符合，从人数分布比例来看，乡村教师对自身子女的受教育质量并不满意；在乡村教师职业对我的婚恋带来很大的正面影响上，有 63.7% 的人对此认为并不符合，有 24.5% 认为一般，仅有 11.7% 的人对此认为基本符合，从人数分布比例来看，乡村教师认为其自身职业对婚恋的影响呈现负面性。

第四节 当代乡村在编教师的自我认同感基本状况

本书在该部分从 7 个方面对乡村教师的自我认同感方面进行了描述性分析，具体结果如表 1–5 所示：

表 1–5 乡村教师自我认同感的基本描述分析

		频率	百分比	有效百分比	累积百分比
我的工作压力很小	非常不符合	12	11.8	11.8	11.8
	比较不符合	39	38.2	38.2	50.0
	一般	31	30.4	30.4	80.4
	比较符合	15	14.7	14.7	95.1
	非常符合	5	4.9	4.9	100.0
本学期我的教育教学任务很轻松，每周课时数很少	非常不符合	10	9.8	9.8	9.8
	比较不符合	55	53.9	53.9	63.7
	一般	34	33.3	33.3	97.1
	比较符合	3	2.9	2.9	100.0
我热爱教师职业，我很适合做这份工作	比较不符合	13	12.7	12.7	12.7
	一般	52	51.0	51.0	63.7
	比较符合	30	29.4	29.4	93.1
	非常符合	7	6.9	6.9	100.0

续表

		频率	百分比	有效百分比	累积百分比
我在工作中体会到了幸福和成就感	非常不符合	2	2.0	2.0	2.0
	比较不符合	25	24.5	24.5	26.5
	一般	41	40.2	40.2	66.7
	比较符合	30	29.4	29.4	96.1
	非常符合	4	3.9	3.9	100.0
我的业余时间过得非常丰富、充实、有意义	非常不符合	26	25.5	25.5	25.5
	比较不符合	56	54.9	54.9	80.4
	一般	20	19.6	19.6	100.0
如果可以再选择，我还会一直从事乡村教师职业	非常不符合	21	20.6	20.6	20.6
	比较不符合	53	52.0	52.0	72.5
	一般	20	19.6	19.6	92.2
	比较符合	7	6.9	6.9	99.0
	非常符合	1	1.0	1.0	100.0
我将来打算到城市任教	非常不符合	19	18.6	18.6	18.6
	比较不符合	22	21.6	21.6	40.2
	一般	18	17.6	17.6	57.8
	比较符合	34	33.3	33.3	91.2
	非常符合	9	8.8	8.8	100.0

从表 1-5 中的结果来看，在乡村教师工作压力大小上，有 50% 的人认为是不符合的，有 30.4% 人认为只是一般，有 29.6% 的人认为基本能够满足，并且其中只有 4.9% 的人非常满意目前的工资，从人数分布比例来看，大部分乡村教师认为目前的工作压力较大；在本学期教学任务轻松上，有 63.7% 的乡村教师认为其是不轻松的，有 33.3% 的乡村教师认为其是一般的，仅有 2.9% 的乡村教师认为其是轻松的，从人数分布比例来看，大部分乡村教师认为目前的教学任务并不轻松；在热爱教师职业，觉得自己适合做这份工作上，有 63.7% 的人认为是不符合的，有 29.4% 的人认为一般，仅有 6.9% 的人对此认为比较符合，并且无人认为非常符合；在工作中体会到幸福和成就感上，有 26.5% 的人对此认为并不符合，有 40.2% 认为一般，有 33.3% 的人对此认为基本符合，从人数分布比例来看，有将近 1/3 的乡村教

师对自己工作中不能体会到的成就感和幸福感，并且将近一半的乡村教师认为是一般的；在乡村教师业余时间过得非常丰富、充实上，有80.4%认为是不符合的，有19.7%人认为是一般的，无人认为是比较符合的，从人数分布比例来看，乡村教师的业余时间过得并不是非常丰富、充实；在如果可以再次选择，是否还会一直从事乡村教师职业上，有72.5%的人对此认为并不符合，有19.6%认为一般，仅有7.9%的人对此认为基本符合，从人数分布比例来看，大部分乡村教师并不会重新再次选择乡村教师职业；在将来打算到城市任教上，有40.2%的人对此认为并不符合，有17.6%认为一般，有42.1%的人对此认为基本符合，从人数分布比例来看，有将近一半的乡村教师会选择区城市任教。

第五节　当代乡村在编教师的社会认同感基本状况

本书在该部分从7个方面对乡村教师的社会认同感方面进行了描述性分析，具体结果如表1-6所示：

表1-6　乡村教师社会认同感的基本描述分析

		频率	百分比	有效百分比	累积百分比
学校人文环境浓厚，学生很尊敬我	比较不符合	16	15.7	15.7	15.7
	一般	38	37.3	37.3	52.9
	比较符合	46	45.1	45.1	98.0
	非常符合	2	2.0	2.0	100.0
家长对我的认可度很高，会及时与我沟通学生情况	非常不符合	4	3.9	3.9	3.9
	比较不符合	21	20.6	20.6	24.5
	一般	59	57.8	57.8	82.4
	比较符合	15	14.7	14.7	97.1
	非常符合	3	2.9	2.9	100.0

		频率	百分比	有效百分比	累积百分比
同事素质很高,我和同事的关系很融洽	非常不符合	5	4.9	4.9	4.9
	比较不符合	10	9.8	9.8	14.7
	一般	36	35.3	35.3	50.0
	比较符合	39	38.2	38.2	88.2
	非常符合	12	11.8	11.8	100.0
学校领导具有较高的管理水平,给予了我充分的教学自主权	非常不符合	4	3.9	3.9	3.9
	比较不符合	22	21.6	21.6	25.5
	一般	34	33.3	33.3	58.8
	比较符合	25	24.5	24.5	83.3
	非常符合	17	16.7	16.7	100.0
作为一名普通教职工,我参与学校管理的机会很多	非常不符合	11	10.8	10.8	10.8
	比较不符合	27	26.5	26.5	37.3
	一般	35	34.3	34.3	71.6
	比较符合	26	25.5	25.5	97.1
	非常符合	3	2.9	2.9	100.0
我作为一名乡村教师,具有较高的社会地位	非常不符合	21	20.6	20.6	20.6
	比较不符合	54	52.9	52.9	73.5
	一般	24	23.5	23.5	97.1
	比较符合	2	2.0	2.0	99.0
	非常符合	1	1.0	1.0	100.0

续表

		频率	百分比	有效百分比	累积百分比
我的职称评定机会很多	非常不符合	11	10.8	10.8	10.8
	比较不符合	47	46.1	46.1	56.9
	一般	37	36.3	36.3	93.1
	比较符合	7	6.9	6.9	100.0

从表1-6中的结果来看，在学校认为环境浓厚，学生很尊敬我方面，有52.9%的人认为是不符合的，有45.1%人认为只是一般，仅有2%的人认为基本符合，并且其中无人非常满意目前的状况，从人数分布比例来看，大部分乡村教师认为目前的人文环境较差；在家长对乡村教师的认可度很高，会及时与我沟通学生情况上，有24.5%的乡村教师认为其是不符合的，有57.8%的乡村教师认为其是一般的，有17.6%的乡村教师认为其是符合的，从人数分布比例来看，大部分乡村教师认为与家长的认可度和沟通状况较低；在同事素质很高，之间的关系很融洽上，有14.7%的人认为是不符合的，有35.3%的人认为一般，有50%的人对此认为比较符合，从人数比例来看，乡村教师之间的关系还是比较融洽的；在学校领导有较高的管理水平，给予我充分的教学自主权上，有25.5%的人对此认为并不符合，有33.3%认为一般，有41.2%的人认为基本符合，从人数分布比例来看，领导的管理水平以及给予老师的教学自主权上有将近一半的老师对此基本满意；在参与学校管理机会很多上，有37.3%认为是不符合的，有34.3%人认为是一般的，有28.4%人认为是比较符合的，从人数分布比例来看，乡村教师在参与学校管理上机会也并不是很多；在我作为一名乡村教师，具有较高的社会地位上，有73.5%的人对此认为并不符合，有23.5%认为一般，仅有3%的人对此认为基本符合，从人数分布比例来看，大部分乡村教师并不认为自己的社会地位很高；在评职称机会很多上，有56.9%的人对此认为并不符合，有36.3%认为一般，有6.9%的人对此认为基本符合，从人数分布比例来看，大部分乡村教师对目前的评选职称机会并不满意。

第六节　当代乡村在编教师的专业发展基本状况

本部分将乡村在编教师的专业化发展分为外控式专业化发展和内隐式专业自我发展。其中，外控式专业化发展包括继续教育机会、内容、形式、费用 4 方面；内隐式专业自我发展包括：教师的自我规划、教师的自我反思、教师的合作发展 3 个方面。对乡村教师的专业化发展状况进行了描述性分析，具体结果如表 1-7 所示：

表 1-7　乡村教师专业化发展的基本描述分析

		频率	百分比	有效百分比	累积百分比
我参与继续教育的机会很多	非常不符合	3	2.9	2.9	2.9
	比较不符合	39	38.2	38.2	41.2
	一般	50	49.0	49.0	90.2
	比较符合	10	9.8	9.8	100.0
我参加继续教育的培训内容多种多样，我能得到很大的提升	非常不符合	4	3.9	3.9	3.9
	比较不符合	63	61.8	61.8	65.7
	一般	31	30.4	30.4	96.1
	比较符合	4	3.9	3.9	100.0
学校为我提供的培训形式多种多样，我可以根据自己的实际情况任意选择	非常不符合	26	25.5	25.5	25.5
	比较不符合	59	57.8	57.8	83.3
	一般	15	14.7	14.7	98.0
	比较符合	2	2.0	2.0	100.0
我外出参加继续教育的费用学校全都会报销	非常不符合	30	29.4	29.4	29.4
	比较不符合	59	57.8	57.8	87.3
	一般	13	12.7	12.7	100.0
我能主动制定专业自我发展规划，并逐步执行	非常不符合	53	52.0	52.0	52.0
	比较不符合	45	44.1	44.1	96.1
	一般	3	2.9	2.9	99.0
	比较符合	1	1.0	1.0	100.0

		频率	百分比	有效百分比	累积百分比
我能经常性的、系统化的进行教学反思	非常不符合	25	24.5	24.5	24.5
	比较不符合	21	20.6	20.6	45.1
	一般	38	37.3	37.3	82.4
	比较符合	18	17.6	17.6	100.0
我会经常与其他教师交流沟通，相互合作，获得专业发展	非常不符合	11	10.8	10.8	10.8
	比较不符合	22	21.6	21.6	32.4
	一般	49	48.0	48.0	80.4
	比较符合	20	19.6	19.6	100.0

从表1-7中的结果来看，乡村教师的外控式专业化发展现状不容乐观。在参与继续教育的机会上，有41.2%的人认为是不符合的，有49%人认为只是一般，仅有9.8%的人认为基本符合，可见，大部分乡村在编教师对继续教育机会并不满意；在参加继续教育的培训内容多种多样，能得到很大的提高上，有65.7%的乡村教师认为其是不符合的，有30.4%的乡村教师认为其是一般的，有3.9%的乡村教师认为其是符合的，可见，大部分乡村教师认为继续教育的内容效果并不好；在培训形式可以根据自己的实际情况自由选择上，有83.3%的人认为是不符合的，有14.7%的人认为一般，仅有2%的人对此认为比较符合，从人数比例来看，大部分乡村教师并不是能够自由选择培训形式；在参加继续教育培训的费用学校都会给予报销上，有87.3%的人对此认为并不符合，有12.7%认为一般，无人对此认为基本符合，从人数分布比例来看，大部分乡村教师去参加继续教育的费用并不是学校都给予报销的。

乡村在编教师的内隐式教师专业自我发展现状如下：在回答"我能主动制定专业自我发展规划，并逐步执行"这一问题时，有52%的人认为是非常不符合的，44.1%认为比较不符合，2.9%认为一般，只有1%的教师认为比较符合。从人数比例来看，大部分乡村教师都不会主动制定专业自我发展规划。在进行教学反思方面，有24.5%的人认为非常不符合，20.6%的人认为比较不符合，37.3%人认为一般，只有17.6%的人认为比较符合，无人对此认为非常符合，从人数分布比例来看，大部分乡村教师很少进行教学反思。在通过与他人合作获得专业化发展方面，有

10.8%认为非常不符合，21.6%的人认为比较不符合，48%的人认为一般，19.6%的人认为比较符合，无人认为非常符合，从人数比例来看，大部分乡村在编教师较少与他人合作以获得专业化发展。

第七节　当代乡村在编教师生存现状所面临的困境

根据前面部分的数据分析，我们可以得出这样的结论：乡村在编教师职业吸引力较低。本研究在参阅相关文献的基础上，对调查的数据进行了深入的整理和分析，试图找出乡村教师生存现状存在的问题。认为乡村在编教师的职业吸引力存在的问题也应该从其职业福利、职业认同感和专业化发展三个方面进行阐述。

（一）乡村在编教师职业福利存在的问题

1. 教师对薪酬待遇满意度较低

（1）乡村在编教师对其工资的满意度不高

从调查结果可以看出，乡村在编教师的工资不尽如人意，大部分乡村在编教师认为目前的薪酬待遇并不能或者仅是一般满足目前的生活需要。随着教龄的增长，教师的工资也随之增长。有学者经研究发现，在很长时间里，我国教师的工资水平都低于社会平均工资。

（2）乡村在编教师对其福利待遇的满意度不高

调查显示，有78.4%的乡村教师表示，自己的五险一金等福利待遇不齐全，乡村在编教师的福利待遇还未得到全面的落实。

（3）乡村在编教师特殊津贴发放不到位

调查显示，大部分教师表示，自己并没有享受到现有的乡村教师特殊津贴的福利。可见，国家虽然规定了乡村在编教师特殊津贴制度，但是并未全面落实，部分地区特殊津贴发放不到位。

2. 生活设施配备不齐全

有56.9%的教师表示，学校并未配备教职工宿舍和相应的生活设施，且本研究从其他调查中了解到，部分乡村地区甚至连基本的取暖设备、洗浴设备都不能提供给教师，据悉，部分偏远地区的教师只有一个简单的要求：能不能将做饭的地方和休息的地方分开，然而即使是如此简单的诉求却没能如愿。另外，有62.7%的教师表示，学校的校园、设施等物化环境不能令人满意，教学设施老旧、不健全，会使教学质量难以提高。

3.交通不方便

从调查结果中可以看出，一半以上的教师存在上班交通不便的问题，这种问题在乡村在编教师职业中是家常便饭，许多青年乡村教师非当地户口，回家一趟要跋山涉水毫不夸张，可见，乡村地区偏远恶劣的地理条件导致交通不便，给他们的生活、家庭造成了多大的困扰。

4.教师子女受教育质量不高

调查显示，62.7%的中青年乡村教师认为，乡村教师职业限制了自己子女的受教育条件，不利于他们的未来发展，也可以看出，由于乡村地区的师资水平不高、教育教学基础设施不健全、教学质量不高，导致中青年教师对这一现状不满意，认为这会对子女的受教育条件和质量产生负面影响。

5.对青年教师的婚恋有较大的负面影响

63.7%的青年教师表示，乡村教师职业对他们的婚恋造成一定的负面影响。主要有以下几方面的负面影响：第一，部分非当地户口的乡村在编教师因为工作地点的问题与之前的对象由于长时间异地恋问题而分开。第二，部分非当地户口的教师有意在当地落户，但由于乡村适婚对象不多而一直单身。第三、大部分非当地户口乡村在编教师无意留任，但已到适婚年龄却还单身。

（二）乡村在编教师职业认同感存在的问题

1.乡村在编教师自我认同感存在的问题

（1）教育教学任务繁重，工作压力大

有50%的乡村在编教师认为自己的压力较大，有63.7%的乡村在编教师认为自己的工作任十分繁忙。可见，乡村教师教育教学任务繁重，工作压力大。部分教师甚至跨学科、跨年级上课，课时量很多，工作压力较大。[①]

（2）业余休闲方式单一，生活文化贫瘠

大部分乡村在编教师认为自己的业余时间过得不够丰富充实有意义，大部分时间都用来做家务、干农活，鲜少有时间看书、学习、备课。可见，乡村在编教师的

---

① 肖正德.城镇化进程中乡村教师生存境遇与改善策略 [J].教育政策研究,2011(8):1.

业余休闲方式比较单一。

（3）改行或向城市学校流动意愿强烈

调查显示，有42.1%的乡村教师有到城市任教的打算，且其中大多数是青年教师和中年骨干教师，可见，乡村教师的职业吸引力较低。

（4）参与学校管理机会少

调查显示，有37.3%的教师认为，自己参与学校管理的机会较少。可见，学校的管理水平有待提高。

2.乡村在编教师社会认同感存在的问题

（1）学生尊师重教意识不强

在"学校人文环境浓厚，学生很尊敬我"这一题目的回答上，有52.9%的教师认为是不符合的，有45.1%人认为一般，无人非常满意目前的状况，从人数分布比例来看，大部分乡村教师认为目前的人文环境较差。

（2）家长对教师的认可度不高

调查显示，大部分教师认为家长对自己的认可度不够高或态度一般，遇到问题不会及时与自己沟通。

（3）学校领导的管理能力有待提高

有25.5%的乡村教师认为，学校领导的管理水平不够高，自己没有享受到充分的教学自主权和参与学校管理的机会，可见，学校的管理水平有待提高。

（4）教师职称评定机会少，专业地位不高

56.9%的教师认为自己的职称评定机会不多。在一项调查中显示，乡村教师在区县级骨干教师、地市级骨干教师两个称号中的比例只有4%和1.2%。由此可见，乡村教师的职称评定机会少，专业地位也不高。

（三）乡村在编教师专业化发展存在的问题

1.外控式教师专业化发展存在的问题

（1）继续教育的机会少

有41.2%的教师表示，自己参与继续教育的机会不是很多，从人数分布比例来看，大部分乡村教师对继续教育机会并不满意，可见，还需提供给乡村教师更多的继续教育机会。

（2）继续教育内容单一

有 65.7% 的乡村教师在回答"继续教育的培训内容多种多样，我能得到很大的提高"这一问题时认为其是不符合自己的实际情况的，可见，继续教育内容体系单一，不能满足大多数乡村教师学习的需要。

（3）继续教育的形式单一

83.3% 的教师表示，继续教育形式太少。由此可见，教师参与继续教育的形式单一，应创新继续教育形式，满足教师多样化的需求。

2.内隐式教师专业自我发展存在的问题

（1）自我规划观念较弱

在回答"我能主动制定专业自我发展规划，并逐步执行"这一问题时，有 52% 的人认为是非常不符合的，44.1% 认为比较不符合。可见乡村在编教师专业化的自我规划意识较弱，没有形成终身学习的观念。

（2）自我反思意识不强

在进行教学反思方面，有 24.5% 的人认为非常不符合，20.6% 的人认为比较不符合，37.3% 人认为一般，只有 17.6% 的人认为比较符合，无人对此认为非常符合。可见，乡村教师专业化发展的自我反思意识不强，很少进行自我反思。

（3）合作交流意识不强的原因

在通过与其他教师合作，获得专业化发展方面，有 10.8% 认为非常不符合，21.6% 的人认为比较不符合，48% 的人认为一般，19.6% 的人认为比较符合，无人认为非常符合，从人数比例来看，大部分乡村在编教师在专业化发展的过程中，很少与其他教师合作交流，促进自身进步。

第八节　乡村在编教师现状困境原因分析

由前部分的问题分析可知，乡村在编教师职业吸引力缺失严重，在本节，将在参阅相关文献的基础上，试图诠释乡村在编教师现状困境的主要原因。笔者认为乡村在编教师生存发展困境的成因主要在于内部原因和外部原因的共同作用。将从其职业福利、职业认同感和专业化发展 3 个方面对其缺失原因分别进行分析。

（一）乡村在编教师职业福利存在问题的原因分析

1. 教师对薪酬待遇满意度低的原因

（1）乡村在编教师对其工资的满意度不高的原因

乡村在编教师对其工资的满意度不高，主要是因为我国的教师工资制度不灵活，从调查中我们可以发现，教师的工龄越高，职称就越高，工资便越丰厚。从这可以看出，教师的工资水平高低还是依据工龄和等级评定的。其次是因为地方财政负责乡村教师的工资发放，较偏远的乡村地区经济发展水平低，地方财政没有太多的财力用来给教师发放工资及各项福利待遇，有的地方甚至会因为财政人不敷出而拖欠和延迟发放教师工资及福利待遇，这也是乡村教师对薪酬满意度低的重要原因之一。

（2）乡村在编教师对其福利待遇的满意度不高的原因

乡村在编教师对其福利待遇的满意度不高，主要是因为相关的法律制度不健全，《教师法》规定，教师工资待遇应该与公务员工资等同，但现实情况却并未将此事落到实处，对教师的管理未纳入公务员管理体制，因此教师福利待遇也未能与公务员工资等同。

（3）乡村教师特殊津贴发放不到位的原因

乡村教师的特殊津贴体系应该多种多样，比如包括子女学费补助津贴、教职津贴、偏僻地区任职津贴、交通专项补助、医疗专项补助津贴、教材研究津贴、班主任津贴、困难补助、节假日休假津贴、午餐津贴等。但目前的特殊津贴种类单一，且津贴费用在基本工资中所占比例不高，使乡村教师对其满意度不高。这主要是因为乡村教师特殊津贴体系还不健全，没有形成严格完善、灵活实用的特殊津贴制度和相关的监督机构。

2. 教学基础设施和教师生活设施配备不齐全的原因

有调查显示，非当地户口的青年乡村在编教师的生活过得十分清贫，大部分学校不给提供教职工宿舍，只能自己租房住，部分学校虽然提供了宿舍，但是生活设施配备不够齐全，教师甚至连洗一个热水澡的简单要求都得不到满足，冬天没有暖气、空调等取暖设备，条件十分艰苦。究其原因，最根本的是教育经费由地方承担，地方财政人不敷出，教育经费投入不足，导致教学基础设施不健全，学校物化环境不好。

3. 教师对交通条件满意度不高的原因

教师对交通条件的满意度不高的原因有以下三点：第一，乡村地区由于偏远的地理位置偏远，导致交通不发达，更偏远的地区甚至不能通车。第二，部分中青年教师为城市或外地人口，家校距离远，由于地理位置偏远，许多教师只能隔很长时间才能回家一次。第三，交通补贴等特殊津贴体系不健全，许多家在外地的教师外出购物或回家费用很高，但却没有相应的交通补助，这也是导致教师对交通条件满意度不高的重要原因。

4. 教师对子女受教育质量满意程度不高的原因

教师对子女受教育质量满意程度不高的原因有以下几点：首先，乡村教育条件落后：师资水平不高，学校基础教学设施残破落后、不健全，学校周围也缺乏多种多样的课外辅导班、特长学习班，学校教育质量不高，导致教师子女得不到高质量的教学条件。其次，乡村学校由于家长对学生学习不重视，家庭教育缺失，学生自身的学习意识也不强，导致学校学习氛围不浓厚，也影响到教师子女的学习质量。再次，乡村教师由于自身的工作繁忙，教育教学任务繁重，没有太多时间和精力估计子女的学习，导致子女成绩不好，这也是导致教师对子女的受教育质量满意程度不满的重要原因。最后，乡村地区贫穷、落后，而乡村教师尤其是中青年教师大部分都是从大城市来到乡村任教，乡村地区无疑会限制子女的视界的提高、三观的发展、志向抱负的高层次发展、思维眼界的创新性发展等，因此，虽然许多教师并不缺乏奉献精神和牺牲精神，也很热爱教师职业，但为了子女的未来，乡村教师会选择尽快离开乡村教师职业，谋求更高层次的发展。

5. 青年教师影响婚恋的原因

青年教师影响婚恋主要有以下几方面的原因：第一，乡村地区相对城市地区偏僻落后，人烟稀少，青壮年劳动力大多外出务工，这就导致乡村在编教师的适婚对象变少，影响婚恋。其次，乡村在编教师由于数量较少，教育教学任务繁重，工作繁忙，许多教师无暇顾及个人情感问题，这也是原因之一。第三，无论是城镇还是乡村，小学教师的性别比例都是严重失调的，导致适婚对象少，影响婚恋。第四、学校领导班子对年轻教师的婚恋问题不够关注，只关注其教育教学成绩。第五、部分青年教师并非当地人口或系独生子女，归属感不强，本就没打算在当地成家，但已至适婚年龄，因此对其婚恋也有较大的负面影响。几方面的原因就导致青年乡村教师的职业吸引力较低，职业归属感不高。

（二）乡村在编教师职业认同感存在问题的原因分析

1.乡村在编教师自我认同感存在问题的原因分析

（1）工作压力大的原因

首先，乡村地区经济社会发展水平不高，导致教师流动性较大，师资队伍短缺，有限的师资只能承担繁重的教学任务，并且还要参加学校例会、管理早晚自习、批改作业、家访、管理班级等，大部分乡村教师每天的工作都超过 10 个小时，繁重的教学任务导致乡村教师工作压力大。其次，大部分乡村教师还要在业余时间对子女进行教育和照顾，还要赡养长辈，已不同程度的患有各种职业病，这为繁重的工作任务雪上加霜，许多教师都出现了职业怠倦。为此，健全教师压力疏解机制，加强管理部门、大学和中小学的相互理解、沟通和对话，建立共同的管理评价体系。[①]

（2）生活文化贫瘠的原因

生活文化贫瘠的原因有以下几点：第一，乡村地区经济和网络通信不发达，各种娱乐休闲方式不健全，乡村教师业余时间只能待在家里，做家务、做农活、带孩子，甚至没有读书的时间。第二，乡村教师老龄化严重，学历水平不高，学习能力不强，很少有教师会主动去学习，教师的阅读量很小，仅限于几本参考书，如果教材内容长期不变，许多老教师甚至连参考书都不看。第三，政府、学校管理者缺乏对教师业余生活的关注，很少组织教师参与业余活动，教师每天除了工作就是照顾家庭，业余休闲方式单一，生活文化环境贫瘠。第四、乡村教师收入不高，只能通过业余兼职工作补贴家用，在寒暑假，他们想的不是通过各种方式来提升个人品位和精神生活，而是想用什么方法赚钱，这也是导致他们生活文化贫瘠的原因之一。

（3）改行或向城镇学校流动意愿强烈的原因

乡村在编教师改行或向城镇学校流动意愿强烈的原因有以下几点：第一，教师招聘内容体系不健全，只注重了对教师的教育理论知识、学科专业知识、教学基本技能的检测，却忽视了对教师的性格、职业认同感以及性格职业匹配度等心理方面的测试，当一个在性格方面不适合该职业、在内心排斥该职业或只把该职业当作谋生工具的人进入该职业后，其工作责任心自然不强，入职后流失率也会很高。第二，乡村教师职业社会地位不高、专业地位也较低、薪酬待遇不及社会其他职业、乡村

---

① 李中国.综合实践型教师培养模式研究 [M].山东人民出版社，2013:133.

的生活环境也不尽如人意,各方面负面的综合使乡村教师职业的吸引力急剧下降,只要任职期满,许多优秀骨干教师或青年教师自然会选择离开,另谋生路或往发达的城镇学校流动。地区任教,乡村教育的工作经历成为他们去城镇学校任教的跳板。

(4)参与学校管理机会少的原因

教师参与学校管理机会少主要有以下几方面因素:第一、学校中以校长为首的领导班子对于教师参与学校管理的价值和意义缺乏深刻的认识,很多学校重大事件都独断专行,很少给教师参与学校管理的机会;第二、乡村学校教职工数量短缺,学校领导及普通教师班子工作超负荷,学校领导没有多余的时间和精力将每件事情都考虑周到细致,开会议讨论决定,普通教师也由于工作繁忙无暇顾及对学校的一些重大事件进行决策。第二、许多教师参与学校管理的期望不高,他们认为,参与学校管理只是为了发表自己的意见,具体决策权并不在自己手中,因此参与学校管理对他们来说并非至关重要,而且是一件繁琐至极、没有太大必要的事情。第三、学校管理水平不高,没有建立起教代会、职代会等管理制度,导致教师参与学校管理机会少,归属感不强。

2.乡村在编教师社会认同感存在问题的原因分析

(1)学生尊师重教意识不强的原因

乡村的文化氛围不够浓厚,乡村的学生家长学历水平普遍不高,且大多数的工作为务工或者务农,工作辛苦繁忙,很少有时间精力来管教孩子,因此在教育孩子的时候很少注重对其文明礼貌的教育,言传身教的工作做得不到位,这就导致学生缺乏尊师重教的意识,在学校对教师的尊重不够,时有侮辱教师人格、对教师进行人身攻击的事情发生,且这种类似事件的发生概率要高于城镇小学,作为一名乡村在编教师,职业的自我认同感和社会认同感都不高,其职业幸福感就大大降低了。

(2)家长认可度不高的原因

首先,由于家长对学习的重要性认识不足,可想而知,其对教师的认可度也会较低。乡村家长的学历水平普遍不高,其对"读书改变命运"的信条认识也不够深刻,因此对学生学习的重要性没有太大的认识,也就对教师、学校的存在不够重视。另外,家长的乡村家长大多务农务工,工作辛苦繁忙,很少有时间和精力来管理教育自己的孩子,孩子学习生活上出现了问题,很少有家长会主动联系教师了解情况、解决问题。相反，城镇教师大多数学历水平高，十分重视孩子的学习和发展，也十分重视教师，遇到教育孩子的问题第一时间会与教师交流沟通，了解情况。相比之下，乡村教师的社会认同感低于城镇教师。其次，乡村学校大多数学生为留守儿童，由隔代长辈看管，老人只照看其生活起居，无暇顾及其学业发展，

（3）学校领导的管理能力不高的原因

乡村学校的现状是教职工缺乏，这导致学校领导班子往往同时兼任多职，既是教师，又是校长，有时候还兼任后勤，再加上对留守儿童的监护责任，整天忙得像拧紧的发条，自然没有太多时间去关注教师的工作生活，更没有时间参加与提高管理能力相关的继续教育培训。因此，学校领导的管理能力不高，导致学校管理不够人性化，对教师的教学自主权及参与学校管理的权利不够重视。

（4）专业地位不高的原因

主要有以下三个方面的原因：第一、城乡教师职称评价方法一致，这对教学条件简陋、生存条件较差的乡村在编教师不公平。第二、没有建立完善的乡村教师的荣誉制度，致使乡村在编教师社会地位不高。第三、学校没有建立起科学合理的职称评定机制。第四、优质生源流往城镇，大多数乡村学生为留守儿童，留守儿童跟随隔代长辈生活，学习上缺少家庭辅导，生活上的一些不良习惯也得不到纠正，这给乡村教师的传业授课带来了一定程度上的负面影响，这会导致乡村教师业务能力不强，职称评定机会少、速度慢，专业机会不高。

（三）乡村在编教师专业发展缺失的原因分析

1.外控式教师专业化发展缺失的原因

（1）继续教育机会少的原因

首先，乡村相对城市来说经济不发达，交通闭塞，对外联系的机会不多，导致教师参与继续教育的机会少。其次，由于乡村经济不发达，地方财政吃紧，资金短缺，对小学教师继续教育经费的投入就不会太多，没有充足的资金，使得乡村教师的继续教育机会不如城镇教师，只能在学校内部举行一些听课磨课的培训，对外交流的机会少之又少。再次，大部分乡村教师由于教学任务繁忙或对继续教育的重要性认识不足等原因，为了不耽误学校的教学任务，许多乡村教师选择放弃继续教育机会，缺课、逃课、甚至冒名顶替的现象比比皆是。

（2）继续教育内容单一的原因

现有的继续教育内容大多没有针对性，大多数乡村在编教师年龄较大，学历水平偏低，学习意识不强，没有接受过系统的师资培训，对于教育学、心理学、教育心理学、教育政策法规等专业理论知识也一知半解，理论水平不能适应新课程的教学要求。另外，老教师对现代教学设备使用方法的学习，也显得有些吃力。而对于部分师范院校的青年教师虽然理论知识丰富，现代信息技术知识完善，但是教育教学实践经验不丰富，不能很好地将理论与实践相结合，教学质量和水平有待进一步提高。因此，应该根据每个教师的不同现状制定不同的培训内容，因人而异。而目前来看，我国并没有形成科学合理、健全有效、有针对性的乡村教师继续教育内容体系，这导致继续教育内容单一，培训效果不理想。

（3）继续教育形式单一的原因

由于学校教学任务安排或教师个人原因，不能对所有教师的继续教育任务做统一要求，但是可以通过改变单一的继续教育形式来改善教师因工作任务繁重和家庭原因而不能参加继续教育的问题。通过增加丰富教育形式，可让教师任选不同的、适合自己的形式接受继续教育。组织多样化的继续教育形式有利于对乡村在编教师"因材施教"，促进其教育教学水平的全面发展，重视共性的同时又能重视个性，使其查漏补缺。但是由于欠发达地区经济发展水平低，地方能够拨给学校进行继续教育的经费少之又少，对乡村地区的继续教育经费投入不足，导致乡村教师继续教育形式单一。调查显示，大部分教师外出培训的费用都是自掏腰包，这不是学校克扣"粮饷"，而是地方经济囊中羞涩。由于缺乏资金，许多继续教育开展不起来，学校只能进行简单的内部培训，继续教育形式枯燥单一，缺乏创新，教师更是对继续教育缺乏兴趣。

2. 内隐式教师专业自我发展缺失的原因分析

（1）自我规划观念较弱的原因

教师的专业发展是一个长期的过程，要经历由量变到质变的过程，这不仅需要教师不断的参加继续教育充实自己，还要通过制定长期的自我发展规划，并严格监控自己实行规划。但是大部分教师存在自我规划观念缺失的问题，认为教师职业就是简单的教书工作，忽视了教师职业的复杂性，没有从长远眼光设定专业自我发展的蓝图。

（2）自我反思意识不强的原因

我国著名学者叶澜教授曾经说过："一个写了一辈子教案的教师不一定能成为名师，但是一个教学后及时进行反思的教师就有可能成为名师。"由此可见，教师的自我反思对于促进其专业化发展是至关重要的。通过磨课反思自己的教学过程，找到对一些教学问题更为有效的解决方案，显著提高整个教研集体对这一问题的教学有效性，并掌握解决教学问题的方法、形成解决教学问题的能力，使之成为一个不断进取的、具有创新精神的教师。[①] 但是乡村在编教师的自我反思意识并不强，原因有二：第一、乡村在编教师教育教学任务繁重，每天都有做不完的工作，即使下班后还要加班加点批改作业、备课，因此没有过多的时间来进行教学反思。第二、部分乡村在编教师学历不高，大多数人没有接受过系统科学的教育理论知识，因此对教学的自我反思的重要性认识不足，导致自我反思意识不强。

（3）合作交流意识不强的原因

乡村在编教师与其他教师合作交流意识不强，其原因有以下几点：第一、没有建立学习共同体，没有强有力的学科带头人。大部分优秀骨干教师都选择到城镇学校任教，导致乡村在编教师素质整体偏低，没有学科带头人的带领，其专业化的发展就会比较缓慢。第二、乡村在编教师师资短缺教育教学任务繁忙，一个教师兼带多个班级、多个年级，每天连轴转，没有时间和精力与其他教师合作交流、提高自身的专业能力。

---

① 李中国等著.科学磨课设计与实践 [M],科学出版社 ,2017:45.

第二章　改善乡村在编教师生存现状的对策建议

第一节　改善乡村在编教师职业福利的对策建议

一、提高教师薪酬待遇满意度的对策建议

首先，要提高乡村在编教师对其工资的满意度，就要设定统一的最低工资标准，工资发放要有灵活性，在考虑教师的等级和工龄的同时，也要考虑教师的职业特点，从而减轻乃至消除教师之间、学校之间、地区之间工资的差异，越艰苦的地方，教师工资越高，建议乡村教师比同地区的城镇教师工资高 1 倍甚至 2 倍。

其次，要提高乡村在编教师对其福利待遇的满意度，就要把教师的管理纳入公务员管理体制，应该颁布相关法律，特别规定适用于教育公务员的资格、聘用、报酬、培训及身份保障等相关内容，使得教师的各项福利有法可依，为乡村在编教师解决后顾之忧。全面落实医保社保，为乡村在编教师缴纳住房公积金和医疗保险、生育保险、养老保险、工伤保险、失业保险等社会保障费。

再次，要完善乡村教师特殊津贴体系，按照边远和艰苦程度对乡村学校进行划分，越是在艰苦的地区，所得特殊津贴越高，使得基本工资在乡村教师的工资构成中占一小部分，各种乡村教师特殊津贴在其工资构成中占大部分，用高待遇留住乡村教师。根据劳动性质、工作岗位、工作地点、家庭环境等因素获得不同的"津贴"，使这样的津贴在教师收入中占较高的比例。特殊津贴应多种多样，包括子女学费补助津贴、偏僻地区任职津贴、交通专项补助、医疗专项补助津贴、困难补助、午餐津贴等，按时足额发放乡村教师的特殊津贴。

二、改善教学基础设施和教师生活设施的对策建议

要改善教学基础设施和教师生活设施就要做到以下几点：首先，西部等欠发达乡村地区的教育经费由中央财政全部承担，统一发放，教育局、校长全面建构教师的微观生存环境与学校组织文化，更新学校硬件设施，为乡村教师配备教职工宿舍和相应的生活设施，建设教师周转房，使符合条件的教师入住教师周转房。其次，当地政府、学校领导多对教师的生活方面予以关注，了解其诉求，比如冬天的取暖工具、夏天的洗澡问题等简单的细节问题上多给予关注，为乡村在编教师解决实实在在的问题，改善学校物化环境和教师基本的生活条件，也能暖人心。

三、改善教师对交通条件满意度不高问题的对策建议

首先，要健全交通方面的特殊津贴体系，根据乡村在编教师的家庭住址情况发放交通专项补助，并按时足额发放。第二、国家投入专项资金设置远道教师专线接送班车，为乡村教师提供便利。第三、可设置各项乡村教师特殊津贴的监督体系，开设监督热钱，接听专项补助发放不及时的举报和投诉电话，及时解决政策落实不到位的问题。第四、国家可投资建设教师周转房，优先分配在职在岗但在当地无房产的教师，从而让远道教师在当地学校稳定下来。

四、提高教师子女受教育质量的对策建议

采取各种策略，提高乡村在编教师子女的受教育质量。一、建立乡村在编教师子女中考、高考加分机制，教师在乡村小学任职满一定年限，与其子女的中、高考可增加一定的分数，以此鼓励教师愿意留在乡村小学。二、利用学校师资，课余时间为乡村在编教师子女建立课余社团、兴趣班，提高其教育质量，让教师在乡村安心从教，无后顾之忧。

五、解决青年教师婚恋问题的对策建议

乡村地区偏远、地广人稀，而且大部分青年教师都非当地户口，且乡村在编教师性别比例严重失调，因此婚恋问题成为其职业吸引力不高的重要因素。为解决年轻乡村教师的婚恋问题，可采取以下三个方面的措施：第一，学校领导积极关注年轻乡村教师的婚恋问题。第二，国家可出台相关政策吸引同等性别比例的年轻教师

到乡村学校任教。第三，针对目前情况，要适当为单身教师减轻工作压力。因为乡村学校成班率普遍较低，目前按照师生比为学校配置教师，对乡村学校不公平，也让乡村教师的工作任务普遍较重。制定更为科学的教师配置方案，为乡村增加教师人数，尽可能调节男女教师比例，使乡村的教师有更多时间和精力关注个人情感问题。

第二节　提高乡村在编教师职业认同感的对策建议

一、提高乡村在编教师自我认同感的对策建议

1. 解决教师工作压力大问题的对策建议

健全乡村在编教师补充机制，增加乡村在编教师数量，可通过以下三个方面的途径：

第一，健全乡村在编教师补充机制，完善相应的激励机制，引导城市优秀教师向乡村学校流动，使优秀骨干教师"下得去"，增强乡村在编教师队伍的整体活力。要推行"县管校聘"制度和同一地域内的教师轮岗制度，鼓励城镇教师到乡村学校任教。第二，建立完善的师范生招聘和录用机制。在高校招生中可以招生定向地区教育服务的学生，大学毕业后到指定地区工作一定的年限。继续完善并实行相关政策，如特岗计划、三支一扶计划等。也可效仿美国，实施"家乡教师计划"，专门培养具有本地户籍的本土化乡村在编教师。第三，改革教师内退制度。动员年龄偏大的教师提前退休，或将其分流到后勤、门卫等岗位。

2. 解决教师生活文化贫瘠问题的对策建议

乡村地区由于较偏远、经济落后、公共服务设施不健全，导致乡村在编教师业余时间的休闲方式单一，生活文化贫瘠。为了增强乡村在编教师的职业幸福感，缓解其工作压力，学校应多组织教师开展一些的业余活动。学校可根据现有场地和设备等，开展各种活动，如：读书讨论会、运动会、茶话会、组织外出旅游等，也可以在教师业余时间举办各种社团活动，如舞蹈、乐器、球类、棋类等，让有专业特长的教室负责每个社团的活动，从而丰富乡村在编教师的业余生活和精神世界，缓

解教室的工作压力，促进其身心健康发展。还可以购进大量优秀图书资源供教师借阅，解决教师生活文化贫瘠问题。

3. 解决教师职业流动频繁问题的对策建议

由于乡村教师的职业认同感较低，导致乡村在编教师的职业流动频繁。大部分乡村教师会流动到城镇小学任教，还有部分教师选择改行。目前，乡村在编教师的稳定性不强，流动性较高，亟待采取措施加以解决。可通过以下几方面措施来解决这一问题。首先，促进教师招聘考试内容的完善和体系化，创新教师招聘考试内容。可增加心理测试部分，招聘一批乐于到乡村小学任教，无私奉献、满怀爱心、素质优良、既重言教又重身教的新教师，降低日后因个人兴趣或性格匹配度问题而产生的岗位流失。其次，可依据实际需要确定乡村教师岗位数，而且乡村教师的工资应该高于当地城镇教师，运用一定的优惠政策鼓励大学毕业生和优秀教师参加招聘考试。再次，根据教师在乡村的任教年限和所在地区的偏远程度，逐步提高乡村在编教师的工资，待遇提高了，职业的吸引力也会自然地得到提升。最后，改善教师编制管理制度，乡村地区地域广，需要的教师数量也应该多于城镇。因此，在制定编制标准时，应采取因地制宜的方法，充分考虑乡村地区的实际情况，适量增加乡村地区小学教师的数量。

4. 解决教师参与学校管理机会少问题的对策建议

教师参与学校管理具有提升教师工作积极性、提高学校管理效能、降低决策风险等重要意义。但是目前乡村教师参与学校管理的机会非常少，其原因可分为以下几点：一方面学校中以校长为首的领导班子对于教师参与学校管理的价值和意义缺乏深刻的认识，很少给教师参与学校管理的机会；另一方面许多乡村教师参与学校管理的意识不强。学校必须采取各种措施改善管理方式，以提升教师的参与学校事务的能力与水平。美国教育家杜威也指出："教师应该通过民主的方式选出代表来管理学校。"要解决教师参与学校管理机会少的问题，具体可通过以下几点措施：第一，要不断健全和完善相关的法律法规，依法保障教师参与学校决策的权利，使其参与学校管理有法可依。第二，要完善教职工代表大会的各项制度，如管理制度、组织制度、决策制度、会议制度等，以保障教师能切实参与到学校管理中去。第三，通过定期会议、讲座等形式提高教师对参与学校管理重要性的认识。

二、提高乡村在编教师社会认同感的对策建议

1. 提高学生尊师重教意识的对策建议

首先，学校举办各种活动，积极营造"尊师重教"的文化氛围和积极向上的校风校纪。定期举办家长培训会，增强家长在此方面的家庭教育意识，双管齐下，增强学生的尊师重教意识。其次，通过举办各种读书活动，建立书香校园，宣扬学习的重要性，提高学生对学习重要性的认识，抨击"读书无用论"的不良风气，让教师和家长都参与其中，给学生树立读书的榜样，增强学校的学习氛围，从而能促进教师教学质量的提高。

2. 提高家长对教师认可度的对策建议

家长对教师认可度不高主要是因为对教育的重视度不够，乡村家长多数学历不高，对于"教育改变命运"的信条的认识不够深刻，而提高家长对教师的认可度不仅能够提高教师的社会地位、职业吸引力和职业认同感，而且能够改善"读书无用论"的思想，提高教育质量。具体可从以下几个角度来提高家长对教师的认可度：第一，建立家长学校，引导家长改变家庭教育的方式，走出家庭教育的误区，从而提高家庭教育的质量。并且能提高合作意识，主动与学校、教师沟通交流，时时了解学生在学校和家庭中的表现情况，共同引导学生健康成长。第二，成立家长委员会，依据学生和家长的实际情况，不定期召开不同类型主题的会议，增强家长对教育的重视和对教师的认可。第三，教师要主动与家长建立关系，可通过电话、家访、微信、QQ 等现代化手段，时刻保持沟通。双方应通力合作，从而在提高教学和家教质量的同时，增强家长对乡村在编教师的理解和认同，积极配合教师的工作。

3. 提高学校领导管理能力的对策建议

一个机构是否有凝聚力和向心力，领头人物的管理能力至关重要。这要求我们应该十分重视对乡村学校的领导班子的培养。对乡村学校的行政人员应该进行定期培训，提高领导班子的管理能力。同样，一个乡村小学是否有凝聚力，其教职工是否有较强的归属感和职业认同感，学校领导的管理能力也是不可或缺的。许多乡村教师之所以认为自己所在岗位没有吸引力或吸引力较低，很大程度上是因为在该岗位上得不到人性化的关怀与照顾，学校领导自然扮演的就是关怀者的角色。如为教

师创设良好的磨课的良好氛围，引导教师积极组织、参与磨课，提高教学效果。[①]因此，提高学校领导的管理能力对于增强乡村在编教师职业吸引力有很大的正面影响。要提高其管理能力，就要对其进行定期培训，增加其公共管理知识，提高其公共管理能力，增加其个人素质和个人魅力。一系列的培训旨在使学校领导意识到，应该对教师进行人性化的管理，要了解教师的需要，理解和尊重教师的劳动，尊重教师的主体地位，多关心教师的工作和生活，确保教师能在乡村学校的岗位上安心从教。从内心去激发教师的工作积极性，而不是在形式上限制乡村教师的自主发挥。学校领导要服务教师，把手中的权力变成对教师的服务和管理，主动经常地与教师谈心，在生活和工作上都多理解和关心教师，帮他们解决实际问题，最终达到促进教学质量的效果。

4. 提高教师专业地位的对策建议

第一，将乡村在编教师的职称评定标准单列，给予乡村教师公平公正的职称评定机会。[②]要理解乡村在编教师的实际，根据教师的各项表现来评职称，如教师的师德等；对乡村教师不要求必须发表论文；禁止简单地用学生的考试成绩作为教师评职称的标准，促使乡村在编教师加快职务晋升速度，使乡村在编教师更有动力和干劲。第二，要建立起乡村在编教师的荣誉制度，调动乡村在编教师的工作积极性和社会地位。使长期在乡村地区从教的中小学教师得到尊重和认可。可以通过媒体宣传乡村在编教师职业的特殊性和崇高性，并对长期从教的教师进行物质、精神方面的表彰和奖励，提高乡村在编教师坚守岗位的信心，提高乡村在编教师的地位和工作干劲，提高乡村在编教师尤其是青年教师专业地位和职业荣誉感。第三，乡村学校建立完善的职称评定制度，客观公正，有能者居之，避免论资排辈现象的发生。

---

① 李中国，辛丽春，赵家春，G-U-S 教师教育协同创新模式实践探索——以山东省教师教育改革为例 [J]. 教育研究 .2013(12).

② 邬志辉 . 打出"全方位组合拳"大力支持乡村教师发展——《乡村教师支持计划（2015—2020年）》分析 .[J]. 时政 . 解读 .2015：5.

第三节　促进乡村在编教师专业化发展的对策建议

一、促进外控式教师专业化发展的对策建议

1. 增加继续教育机会的对策建议

培训课时严格按照规定进行，在实际的教师继续教育培训中可能会出现这样一种情况：虽然学校给教师提供了各种形式的继续教育机会，但教师由于教学任务繁忙或对继续教育的重要性认识不足等原因，许多乡村在编教师会自愿放弃或逃避参与继续教育的机会。这启示我们，不能只在增加继续教育机会相关的政策方面提建议，还要密切关注教师的实际情况，尽量把继续教育安排在周末或假期，并建立监督机制，通过签到、不定期点名、考试等措施来落实继续教育。另外，要开展进行不定期的会议，让教师对继续教育的意义和作用形成正确的认识。还应该建立健全教师个人电子档案，将每人每学期继续教育获得的学分、应达到的课时数、作业完成情况严格记录在案，对于未完成相应培训课时的教师了解情况后予以通报，以督促其认真进行继续教育。

2. 完善继续教育内容的对策建议

要建立完善的、有针对性的乡村在编教师继续教育内容体系。改变原先单一地对教师进行专业知识和技能的培训，建立科学合理、有针对性的乡村在编教师培训内容体系主要涵盖教学学术与文化、教学能力与方法、教学质量与评价等三个领域。[1]首先，应有针对性地对乡村在编教师进行心理健康方面的教育和培训。乡村教师由于工作任务繁重、家庭经济压力较大、身体状况较差、婚恋问题、子女教育等一系列问题，幸福感不强，心理也可能会产生这样那样的问题。因此继续教育内容可包括心理健康培训，聘请资深心理咨询师为乡村教师开展讲座、心理咨询、团体辅导等一系列的教育内容，使乡村教师首先拥有一个健康的心灵，才能提高其职业幸福感和职业吸引力，并且能提高其教学质量。另外，乡村在编教师学历水平不高是普遍现象，对心理学有深入研究的教师更是少之又少，而要做好教师工作尤其

---

① 李中国，黎兴成. 我国高校教师教学研究的热点状况分析——基于 2005-2015 年 CNKI 文献的共词分析 [J]，教育研究，2015(12):59—66.

是班主任工作，要具备心理学方面的知识，才能对学生做心理辅导。因此，对乡村在编教师进行心理健康教育也是提高乡村教育质量的重要手段，促进乡村学生心理健康发展。第二、对教师进行现代化教学设施使用方法的培训。乡村在编教师老龄化较严重，虽许多老教师虽然拥有丰富的教育教学实践经验，却缺乏现代信息技术知识。目前，部分乡村地区已经覆盖落实了计算机、班班通、电子白板等现代化的教学设施，但许多老教师依然弃之不用，而坚持使用传统的"黑板＋粉笔"的教学手段，这不利于乡村教育教学质量的提高，因此要对乡村教师尤其是中老年教师进行现代教学基础设施使用方法的培训。第三、对教室进行思想政治素质和职业道德素养的培训，乡村教师职业本身就是一个如太阳般崇高、具有奉献精神的岗位，在职在岗教师应该具有相当高的奉献精神和职业道德素养，愿意坚守在这片岗位上，因此，应该开设相应的培训课程来提高乡村在编教师的思想政治素养、奉献精神和职业道德素养。第四、应针对没有接受过师范教育的老教师开展教育理论知识方面的培训，理论联系实际，才能使教学更有效。

　　3. 改善继续教育形式单一问题的对策建议

　　国家应该投入大量继续教育资金，对乡村在编教师进行各种形式的职后培训，促进培训方式多样化。加大乡村在编教师职后培训经费的投入，促使培训方式多样化。由于学校教学任务安排或教师个人原因，不能对所有教师的继续教育任务做统一要求，但是可以通过改变单一的继续教育形式来改善教师因工作任务繁重和家庭原因而不能参加继续教育的问题。通过增加丰富教育形式，可让教师任选不同的、适合自己的形式接受继续教育。继续教育形式可多种多样，如请专家、名师来校讲座，师范高校与小学合作"双培"，对培养学生的各方面能力和素养是不可或缺的重要手段。[①]工作任务繁重的教师可选择听校内讲座，因家庭关系而时间不能灵活掌控的教师可选择计算机远程培训，工作任务较轻、时间灵活自由的教师则可选择"双培"或外出参观听课等形式。继续教育形式单一问题得到解决可在很大程度上提高继续教育的效率和效果，从而提高乡村在编教师综合素质，最终达到提高乡村教育教学质量的效果。

---

①　李中国等著 . 科学磨课设计与实践 [M], 科学出版社 ,2017:45.

二、促进内隐式教师专业自我发展的对策建议

1. 提高教师自我规划观念

提高教师自我规划观念能督促乡村在编教师制定合理有效的、适合自己的职业发展蓝图，从而在职业发展的每一阶段都有明确的目标、发展任务、发展计划，从而加速其专业成长。规划的内容有主要关注传统的知识、技能转向重视知识、技能与教学学术的有机统一。① 具体可采取以下几种措施：第一、开展相关的培训、讲座，使乡村在编教师明确教师专业发展的几个阶段以及阶段性理论，并且能对号入座，了解自身的实际情况和当前所处的阶段。第二、在了解了自己的实际情况后，规定每个教师都要制定本阶段的详细的专业发展规划，并在教研组长或学科带头人的督促下逐步执行，小组成员间定期交流，检查完成情况。

2. 增强教师自我反思意识

教学和学习一样，温习旧的知识才能得到新的启发。教学反思就是一个温故知新的过程。通过教学反思，教师可以发现自己在教学过程中存在的问题和不足，同样也可以发现其中的闪光点，从而促进教师对实践性知识的掌握。因此，乡村在编教师如果能增强自我反思意识，在教学后及时进行自我反思，一定能有所进步，快速成长。促进乡村在编教师的自我反思可通过以下几点做法：第一，邀请名师到学校讲座，营造教师自我反思氛围，让教师意识到教学反思的重要性。第二，学校可以规定教师撰写反思日记，定期检查。第三，将教师的课堂教学录成视频或音频，以便其能够直观的感知并回忆起课堂教学的细节，并能做出更加深刻的反思札记。第四、国家要加大对乡村在编教师的优惠政策，吸引大批教师和大学毕业生到乡村任教，解决乡村小学师资不足问题，减轻其工作压力，给他们留出更多的自我反思时间，加速其专业成长。

3. 增强教师群体之间的合作交流，共同发展

萧伯纳曾说："你有一个苹果，我有一个苹果，彼此交换一下，我们仍然是各有一个苹果；你有一种思想，我有一种思想，彼此交换，我们就都有了两种思想，甚至更多。"教师的专业发展更是如此，孤掌难鸣，只一味地闭门造车得不到最大化的发展，只有增强教师群体之间的合作交流，才能使教师的专业成长得更快。要促

---

① 李中国，黎兴成 . 我国高校教师教学研究的热点状况分析——基于 2005—2015 年 CNKI 文献的共词分析 [J]，教育研究，2015(12).59—66.

进教师之间的合作交流，可通过以下几种途径：第一，建立强有力的学习共同体，组员和组长之间要定期开展会议交流在实际的教育教学中存在的问题和困惑，促进教师群体的共同发展。第二，采取优惠政策吸引优秀骨干教师来乡村小学任教，发挥老教师的"传、帮、带"作用，提升其他教师的专业成长速度。第三，教师之间的交流时间可以选在假期，避免时间上的冲突。

第二部分　当代乡村代课教师 生存现状及对策建议

一、研究背景

1.乡村教师是促进乡村教育发展的主体力量

2003 年的 9 月 17 日，国务院发布《关于进一步加强农村教育工作的决定》。决定全文分为 34 条共八个部分，就新时期农村教育工作发展做出了全面部署，提出了明确农村教育在全面建设小康社会中的重要地位，把农村教育作为教育工作的重中之重等，是我国新时期推进与开展农村教育工作的纲领性文件。该文件把乡村教育教育的发展作为我国教育发展的重中之重，这是因为乡村教育直接关系到最广大人民的教育要求；直接关系到教育的建设质量与发展；直接关系到教育公平与全面建成小康社会目标的实现。因此，乡村教育有着举足轻重的地位，而乡村教育的发展离不开乡村教师，乡村教师是提高乡村教育质量、促进我国教育发展的中坚力量，所以乡村教师是促进乡村教育发展的主体力量。

2.乡村代课教师是乡村教师队伍构成的有机组成

乡村教师中存在着一些乡村代课教师，而这些乡村代课教师的问题就显得甚为重要。2006 年的 3 月 27 日教育部发言人王旭明发言：在短时间内我国将会清退 44.8 万中小学代课教师，而这些代课教师中大约有 30 万人分布在农村公办的中小学之中。据教育部统计，到 2008 年年底为止，仍然存在 31.1 万的代课教师，虽然代课教师的人数从 44.8 万降到了 31.1 万，但是仍然是一个庞大的数量。到目前为止，我国有 330 万的乡村教师，乡村代课教师有 20 多万，并且主要集中在中小学，所以说乡村代课教师是乡村教师队伍的有机构成。

3. 乡村代课教师的生存状况堪忧

随着教育部的表态，使得代课教师这一特殊群体备受关注。而社会对代课教师问题的关注也达到了空前未有的高度。一言激起千层浪，代课教师这一原本被人忽视、处于边缘化的特殊群体，成为社会关注的中心，2008 年底，我国仍然有 31.1 万人，虽然代课教师的人数已经从 44.8 万减少至 31.1 万，但是这 31.1 万的教师仍然是不小的数目，对于一些代课教师来说，他们已经做代课教师几十年，一下子要"清退"他们，他们一时无法另寻出路。而乡村代课教师还存在工资水平低、没有福利待遇与人身保障、工作条件较差、职业认同感低以及工作压力大等问题。因此，乡村代课教师的生存状况堪忧。

二、研究意义

1. 为乡村代课教师生存状况问题的改善提出建议

乡村代课教师的问题已经受到国家的关注，并且国家有着关于清退接代课教师的声明，但是，就目前来说乡村代课教师依然存在，并且乡村代课教师的生存状况不容乐观，本研究旨在探讨乡村代课教师的生存路径，并通过生存路径来探求原因，进而提出可行性建议。

2. 推动乡村教师队伍的高质量建设与高水平发展

教育质量是生命线，培养目标是教育工作的核心。[1] 当前我国农村的基础教育正在面临着较为严峻的考验，尽管农村地区的教育已经初步达到了"两基"目标，但这仍然是一种较低水平的完成，除了基础教育设施落后之外，农村教育师资困难成为制约着乡村基础教育发展的关卡。而在中小学教师中，乡村代课教师是最为边缘化、弱势以及被忽视的特殊群体，解决好这个问题，对于乡村教师队伍高质量建设、高水平发展具有重要意义。

3. 提高我国社会成员的素质，为全面建成小康社会奠定基础

教育是民族振兴、社会发展以及国家繁荣的基石，是促进人的全面发展、提高全民族素质的基本途径，把教育摆在优先发展的地位、提高教育的科技化与现代化水平，为实现全面建设小康社会的奋斗目标、建设富强民主文明和谐的社会主义现代化国家具有决定意义。而乡村教育是教育建设中最基础、根本的教育，乡村教育

---

① 李中国.综合实践型教师培养模式研究 [M].山东人民出版社，2013:28.

直接关系到最广大人民的教育要求；直接关系到教育的建设质量与发展；直接关系到教育公平与全面建成小康社会目标的实现，因此，解决好乡村教育的问题是教育的重中之重，有利于提高全体社会成员的素质，为全面建成小康社会奠定基础。

三、国内研究综述

目前我国有关乡村代课教师的研究的资料比较丰富，从文献的形式来看，不仅有代表提案，还有大量的期刊论文以及一些新闻报道，还有逐渐增多的硕士、博士学位论文，却还没有关于乡村代课教师方面的专著，相关的研究成果大体可以归结为以下几个方面：

1. 关于代课教师概念厘定

在《教育词典》中关于代课教师的解释："中小学教师因事或因病一时不能上课，与学校主管部门商得同意请人代为上课，以免耽误学生的学习，代课的人称为代课教师。"① 赵晓红、王献玲等基于不同的参考对象提出了不同的称呼如"计划外民办教师"，还有其它学者在概念定义时加上了"不享受政治与经济待遇""在中小学任教"等不同的定语。

2. 关于代课教师生活现状的研究

对于这个问题有很多学者进行了研究，其中杜娟学者是采用实证研究的方式进行研究，专门论述甘南藏区代课教师的生存状况，而且是按照"现状—成因—对策"的逻辑顺序进行研究的。从总体上看，现有的文献资料认为代课教师群体的生存状况有：数量庞大、学历较低、教龄短、福利待遇低、工作量比较大、生活与工作压力大、等共同的特点。在杜娟的硕士学位论文中，除了提到上述共同特性外，还通过调查得出"代课教师所处的社会地位低下、对婚姻的满意度较低、家庭生活不尽人意、交往范围小、交往观念单纯、闲暇生活简单、时间少、对自身价值认同度低"等特征。

3. 关于代课教师的归因分析

代课教师这一特殊群体的存在，大多学者认为其具有历史的必然性和现实的合理性。熊英认为：代课教师产生的根本原因是教育经费投入不足；代课教师存在的直接原因是师资短缺；代课教师不乏来源的客观原因是职业吸引力。李友玉认为产

---

① 教育词典编写委员会. 教育词典 [M]. 江苏教育出版社 ,1998, 213.

生代课教师的原因有：低下的经济发展水平、城乡差异以及农民教育热情的下降。综合各种资料来看，代课教师的产生既有国家、地方、社会的原因，也有学校、教师自身、家庭各种方面的原因，代课教师的产生是在多种因素的共同作用之下产生的。

4.关于代课教师群体存在的负面影响

一些学者专门对代课教师群体存在的负面影响进行了列举，赵晓红认为：代课教师群体的存在对师范毕业生就业有严重的冲击，大量挤占了教育经费，并且严重影响教育质量，加重农民的负担，影响干群关系；李友玉认为：代课教师的存在加大了农村小学教师队伍管理与建设的难度，挤占了教育经费，加重了农民负担，教育教学质量得不到保证，影响社会稳定。

5.关于解决代课教师问题的对策建议

每位学者都有不同的对策建议，但又有其共同之处，大体包括以下方面：首先大多数的学者反对国家立即清退全部的代课教师；其次对现已存在的代课教师，一方面要提高其应有的待遇、加强对他们的在职培训，另一方面要科学审定编制，建立公平的选拔机制进行分流，对已经退休的代课教师或者是不合格的代课教师进行合理的安置与适当的补偿；最后是要建立健全并完善教师政策法规，规范对代课教师的管理等。

四、目前研究评述

1.研究内容比较全面

现有文献资料从理论与实践两个层面对代课教师有关问题进行了大量有价值的研究，文献形式较为多样。研究内容包含了对代课教师概念的界定、历史贡献、生存现状、负面影响、归因分析、对策建议等各个方面。

2.自上而下的研究视角

对代课教师的研究略显简单，虽然采用了一些实证调查方式，但是关于代课教师的研究大多集中于对他们的年龄、教龄、学历等有关数据的收集，以往的论文中多是对于代课教师群体进行整体的分析，听不到代课教师个体的声音，缺少与代课教师的真正交流，对研究对象的内心世界缺乏真正的了解。借用社会学家怀特的话来说，这些研究中"没有人"。

3. 缺乏针对性

通过文献总述可以看出：大部分的研究分析了代课教师的生存状况、代课教师产生的原因以及相应的对策建议，但是并没有针对乡村代课教师的生存状况进行分析并且没有针对原因提出政策建议。

第三章　当代乡村代课教师生存现状

　　乡村代课教师作为时代发展的产物，是教育发展诉求与体制机制共同作用的结果，其主要表现在两个方面：一是教育规模不断扩张，教师数量短缺，尤其是农村中小学艺术、科学等薄弱学科更为常见。乡村学校规模小、学生少，配备专职艺术教师非常困难，一人兼任多门学科教学的现象十分普遍。科学教师同样严重短缺，我国科学课自 2001 年正式开设并逐步推广，而科学教师自 2002 年起才有部分本科院校开始培养；很显然，2005 年以前没有科班出身的科学教师。至 2012 年 12 月，全国科学教育专业毕业生不足 1 万人，相对于 24 万所小学而言，每 24 所小学仅有 1 名科学教育专业的毕业生。70.1% 科学课教师来自数学、物理、化学、生物、地理等理工类学科，6.4% 的教师来自音乐、体育、美术等文体类学科，23.4% 的教师来自政治教育、行政管理等思政或管理类学科。二是教师编制得不到有效解决，缺编现象比较严重。2009 年，有研究专门对吉林省艺术教育教师情况进行了全面调查，发现全县义务教育阶段艺术教师的师生比为 1:191.4，其中小学艺术教育师生比为 1:212.5，初中教师师生比为 1:165.6；98% 左右的村小班主任兼任艺术教师，艺术课教师严重缺编；造成缺编的原因固然很多，但其主要原因是教师需求主体中小学校没有人事管理权，负责进人的单位编制部门不负责用人，二者之间没有建立协同机制，教师缺编不补的现象较为普遍。

　　为解决现实问题，代课教师应运而生。不可否认，代课教师为解决发展过程中教师缺编、确保教学活动的正常运行起到了缓冲作用；但由于该类教师身份、素养的参差不齐，也带来不少的负面影响；有学者认为，代课教师群体的存在对师范毕业生就业有严重的冲击，在本来资源奇缺的状态下，还大量挤占了教育经费，由于缺乏必要的专业教育，不少代课教师严重影响了教育质量，影响了干群关系。为此，代课教师现象的渊源，代课教师的生存现状及其面临的困境，以及代课教师发展的整体设计与行动部署，成为当下教师研究与管理的重要议题，备受国家和社会的广泛关注。

第一节　相关概念界定

一、代课教师

代课教师与民办教师的概念与界限一直比较模糊，两种概念一直混合使用，在民办教师的问题解决后，民办教师的概念使用频率逐渐降低，但代课教师的使用频率变得更高。关于代课教师的概念不同的学者有不同的定义：一种是认为在学校教育活动中为保证学生顺利进行学习而招聘的临时代替在编教师上课的教师；另一种是认为是与在编教师相对应的没有编制的长期代课的教师。综合不同学者对代课教师的概念界定，我们通过以上分析，可以概括出代课教师有临时顶岗的教师与长期顶编的教师，在这其中，临时顶岗的不能称为是教育问题。本书中研究的代课教师是后一种类型——长期顶编的教师，即在教育教学活动中没有编制的，由聘任主体承担劳动报酬的长期工作人员。

二、乡村代课教师

代课教师分布在不同的区域与层次。从区域来说，有东部地区的代课教师、有中部地区的代课教师、有西部地区的代课教师；从代课教师的层次来看，有的代课教师在城市学校代课，有的代课教师在农村学校代课。不同区域与层次的代课教师有不同的问题、不同的情况，本书中所研究的乡村代课教师是在指沂蒙地区最基层的乡村学校中没有编制的，由聘任主体承担劳动报酬的长期工作人员。

三、生存状况

通过搜集、查阅与"生存状况"有关的资料，并没有发现有关于"生存状况"

概念的明确界定。文化学者陈慧博于 2001 年提出了"生存状态"的定义，是指生物体在生存过程中由于自身因素及外界因素的复合影响而形成的综合状态。综合多种资料，本书中所使用的生存状况是指群体在生存过程中由于多种因素而形成的物质、精神状况的综合。

四、乡村代课教师的生存状况

综合以上关于"代课教师""乡村代课教师""生存状况"概念的界定，笔者在本研究中所使用的乡村代课教师的生存状况，是指在沂蒙地区最基层的乡村学校中没有编制的，由聘任主体承担劳动报酬长期工作人员所处的物质、精神的综合。具体包括以下两个方面：一是物质生存状况，包括工资水平、福利待遇与人身保障、工作环境与条件；二是精神生存状况，包括职业认同、工作压力。

第二节　实证调研

一、研究设计

（一）研究对象

在《教育词典》中关于代课教师的解释："中小学教师因事或因病一时不能上课，与学校主管部门商得同意请人代为上课，以免耽误学生的学习，代课的人称为代课教师。[①] 赵晓红、王献玲等基于不同的参考对象提出了不同的称呼如"计划外民办教师"，还有其他学者在概念定义时加上了"不享受政治与经济待遇""在中小学任教"等不同的定语。

代课教师与民办教师的概念与界限一直比较模糊，两种概念一直混合使用，在民办教师的问题解决后，民办教师的概念使用频率逐渐降低，但代课教师的使用频率变得更高。关于代课教师的概念不同的学者有不同的定义：一种是认为在学校教育活动中为保证学生顺利进行学习而招聘的临时代替在编教师上课的教师；另一种是认为是与在编教师相对应的没有编制的长期代课的教师。综合不同学者对代课教

---

① 教育词典编写委员会 . 教育词典 [M]. 江苏教育出版社 ,1998, 213.

师的概念界定，我们通过以上分析，可以概括出代课教师有临时顶岗的教师与长期顶编的教师，在这其中，临时顶岗的不能称为是教育问题。本书中研究的代课教师是后一种类型——长期顶编的教师，即在教育教学活动中没有编制的，由聘任主体承担劳动报酬的长期工作人员。代课教师分布在不同的区域与层次。从区域来说，有东部地区的代课教师、有中部地区的代课教师、有西部地区的代课教师；从代课教师的层次来看，有的代课教师在城市学校代课，有的代课教师在乡村学校代课。不同区域与层次的代课教师有不同的问题、不同的情况，本书中所研究的乡村代课教师是在指沂蒙地区最基层的乡村学校中没有编制的，由聘任主体承担劳动报酬的长期工作人员。

（二）研究方法

1. 文献分析法

文献研究法就是通过查阅有关文献，搜集国内外现有的与某一特定研究领域相关的信息，对所要研究的问题做系统的评判性分析的研究方法。本研究通过查阅图书，并运用中国知网期刊全文数据库、万方数据库及读秀学术搜索等多种渠道搜集和查阅了关于乡村代课教师的文献等，为此部分的研究奠定基础。

2. 访谈法

访谈法是指通过与调查对象面对面谈话的方式来了解情况，来收集各种有关的资料。本研究通过与某地区部分乡村代课教师面对面的谈话，来收集有关乡村代课教师生存状况的资料，并将收集来的资料进行客观的概括，提炼出关于乡村代课教师的情况与观点，并将一些富有说明性的话语收入进来，是本部分研究更具有说服性，更好的体现乡村代课教师的心声。

3. 比较研究法

比较研究法就是对某类教育现象在不同时期、不同地点、不同情况下的不同表现进行比较分析，以揭示教育的普遍规律及其特殊表现，从而得出符合客观实际的结论。本部分研究针对乡村代课教师的存在，将乡村代课教师与乡村编制教师的情况进行对比，进一步说明乡村代课教师的生存状况，以期得到社会关注。

乡村代课教师尽管是没有编制的教师，但是他们承担着与在编教师相同或者是更多的责任，他们履行着在编教师应履行的义务与职责，但是他们的身份却不被认同。由于身份得不到认同，乡村代课教师得不到应该有的待遇，他们在物质方面与精神方面的生活状况更为值得关注。

第三节　当代乡村中小学在编教师物质生存现状

一、工资水平

乡村代课教师的工资水平与正式教师存在着较大的差异，乡村代课教师的工资水平整体上比在编的教师低，乡村代课教师的工资只能满足他们的基本生活需求。在与张老师交流的过程中，提及工资水平时张老师是这样描述的：

"我今年考的在编教师，但是没有考上，关于乡村代课教师的生存状况我现在还不是很清楚，毕竟当乡村代课教师才当了三个月，但其中一点我可以肯定的就是工资不是很高，我们这里的代课教师的工资是根据代课时数来发的，我一个星期是上十来节课，工资1300多一点，一个星期十节课，一个月四十节课，一个月上四十节课才发1300多一点的工资，嗯……一节课也就30元钱吧！在咱们市里乡村在编教师不到2500，不过也差不多，我一个同学也是今年考的教师，不过她是在编教师，也是咱们市的，她在县里教学工资要更多一点，她第一个月工资就发了3000多，唉！简直没法比啊！"

从与乡村代课教师的访谈中，我们可以看出沂蒙地区乡村代课教师的工资水平偏低，工资约为在编教师的1/2，甚至是不到在编教师工资水平的1/2，乡村代课教师与乡村在编教师的工资水平存在着较大差距，与城镇在编教师的工资水平差距更大。从临沂市教育局中获得的资料如下：

表 3-1　教师工资待遇

学校性质	年平均工资（人，万元 / 年）	
公办学校	编内教师	代课教师
幼儿园	4.31	1.49

学校性质	年平均工资（人，万元 / 年）	
小学	4.66	1.36
初中	4.77	1.95
高中	4.91	2.33
中等职业学校	4.48	1.75

从表格中我们可以得出如下信息：在不同的学习阶段，代课教师的年平均工资水平都比在编教师的年平均工资水平低，并且两者的年平均工资差距很大，在小学阶段编内教师的年工资水平约为代课教师年工资水平的 3.43 倍。综合以上资料，可以说明乡村代课教师的工资水平较低，与在编教师的工资水平差距较大。

二、福利待遇

整体上乡村代课教师没有享受福利待遇，在编教师有的福利待遇比如："五险一金"、取暖费以及纳凉费等，而乡村代课教师基本上没有享受。小玲教师说：

"像那些正式教师啊，冬天他们有相应的取暖费，在 2000 元左右吧，夏天也有相应的纳凉费用的补贴，他们正式教师还有住房公积金、五险一金等等，就拿我说吧，上述我说的这些福利，我什么都没有，我就只有那个 1600 元的工资，关键是工资才那么一点。"继续问："那你们会像在编教师一样有定期的体检吗？"小玲教师："恩，这个倒是会有，每年全身检查一次，不收费用。"

张老师在谈到福利待遇时，这样说道：

"其他的学校我就不知道了，反正我们学校是没有什么福利待遇的，我是没听说我们学校代课教师有，不比他们在编教师，什么都有！"

从乡村代课教师的交谈中，我们可以看出访谈的两位乡村代课教师都没有福利待遇、没有五险一金、没有津贴，他们只有最基本的工资，但是有定期体检。

三、工作环境与条件

工作环境与条件主要包括两个方面：一方面是指乡村代课教师工作的基础教育设施；另一方面是指乡村代课教师的生活环境。乡村代课教师工作的基础教育设施落后，沂蒙地区的乡村学校的基础教育比起那些贫困地区来说要好点，但是与经济发达地区、市、县区、乡镇之间相比较还有较大的差距，具体表现为：教学媒体落后、教学用具单调、图书资料少、学校建设落后等。乡村代课教师的生活条件差，乡村代课教师的宿舍设施不齐全，对于基本的淋浴设备都不能提供给乡村代课教师，乡村的冬天比城市要冷，但连取暖设备也没有，并且乡村交通不便利。在对乡村代课教师的访谈中，乡村代课教师略带嘲笑提到在乡村当代课教师有一个好处：空气比较清新，不像城市似的污染严重。整体上说，乡村代课教师的工作环境与条件较差。

第四节　当代中小学在编乡村教师精神生存现状

一、职业认同

职业认同是一个心理学概念，是指个体对于所从事职业的肯定性评价。教师职业是一个比较崇高的职业，也是很容易受到尊重的教师职业，教师在教育教学的过程中实现自身的价值。而乡村代课教师作为非正式教师，与在编教师相比享受着不平等的待遇，不仅没有感受到作为教师职业所特有的职业幸福感，而且还心理上不平衡，缺乏职业认同。在谈到职业认同的问题时，张老师的回答是这样的：

"我是师范生毕业的，今年考在编教师没有考上，我就当代课教师了，肯定对代课教师这个工作不认同、不喜欢，代课教师的地位低，别人都看不起，更没出息，更何况是在乡村当代课教师，对乡村代课教师的职业我是不认同的，不过对在编教师这个职业还是认同的。"

另一位乡村代课教师小玲说：

"我选择这个职业应该算是我比较喜欢这个职业吧！因为我的性格比较适合干

这个，其他的我也干不了，去工厂干活没有劲，去真正的社会当中没有社会履历，对吧？就和孩子在一起，孩子天真、活泼、可爱，没有什么这些外界的影响，是吧？但对乡村代课教师的职业就是不大认同了，乡村在编教师也行啊，乡村代课教师就一点都不认同了！"

乡村代课教师的社会地位低、不被重视、工作不稳定、工资水平低等多种因素，使乡村代课教师对自身所从事的职业缺乏职业认同感，体会不到教师职业所特有的幸福。上述访谈中的小玲教师在说到职业认同的问题时，用了一个"应该算是"的词语，并且是因为其他的工作对自己来说都不适合，才选择教师这个职业的。通过访谈我们也得出乡村代课教师对在编教师的职业是认同的，但是对于在编教师职业的认同是以生存为导向的，并不是真正喜欢教师这个职业，而是因为教师职业有寒暑假、工资水平适当、有津贴、有带薪休假等的待遇。

二、工作压力

工作压力是指因工作负担过重、变换生产岗位、工作责任过大或改变等对人产生的压力。乡村代课教师的工作压力包括生活压力与工作压力。生活压力主要是指乡村代课教师的工资低，但生活的物价不断上涨，致使乡村代课教师的生活压力较大。工作压力主要是来自教学方面教学成绩的压力、学校领导者方面的压力以及学生家长方面的压力。当笔者问及工作压力怎么样时，小玲老师毫不犹豫地回答：

"肯定大啊！当校长有一个什么政策下来，你就必须去实施，对吧？如果你实施不了，校长就会说你这个没干好，然后反正全部你所有的工作和你的工资是挂钩的，就是说，你这项工作没干好会扣你一分、两分，我们是拿着人家的钱不干不行，嗯，就这样。"

乡村代课教师需要比在编教师付出更多的努力，一旦有过错就会被放大且与乡村代课教师的职业连在一起。社会也会因为他们是代课教师的身份而对乡村代课教师的能力产生轻视与怀疑，他们辛勤的付出却得不到社会的认同，使乡村代课教师的心里产生了巨大的挫败感，再加上工作不稳定，生活水平差，使乡村代课教师承受的工作压力较大。

第五节　乡村代课教师生存困境原因分析

一、从国家层面看

（一）国家教育经费投入不足

在 20 个世纪 90 年代的以前，我国关于教育经费的投入一直排在世界的末尾。在 1993 年中国政府制定并出台了《中国改革与发展纲要》，2000 年前，我国的财政性教育经费支出应该占国民生产总值的 4%。与世界平均水平的 4.9%、发达国家教育经费的 5.1%、欠发达国家的 4.1% 相比较，这个目标已经很低，但是这个很低的目标直至 2012 年才实现，并且在 2013 年与 2014 年有下降的趋势。

表 3-2　教育经费投入占比

年份	2004	2006	2008	2010	2012	2013	2014
财政性教育经费比例 (%)	2.79	3.01	3.33	3.65	4.28	4.16	4.15

数据均来自教育部、国家统计局发布的《全国教育经费执行情况统计公告》

人均公共教育经费中国为 9.4 美元，而美国、日本、法国为 1000—1500 美元，瑞典为 2000 美元以上，经过以上数据，我们可以得知中国的教育经费投入不足。而教育经费投入不足，致使一些乡村地区教育设施落后、教学条件差等一系列问题，学校与政府没有足够的经费用于教育的建设，这就从宏观层面致使乡村代课教师的生存状况不容乐观。

（二）国家教育经费分配不均

在国家教育经费投入不足的前提下，国家教育投入资金存在的又一个严重问题就是分配不均：城乡分配不均、区域分配不均①，其中城乡差异是制约乡村教育发展的关键问题，也是致使乡村代课教师生存状况落后的重要原因。这种差异主要表现为教师物质待遇的差异，城市教师物质待遇偏好，乡村教师物质待遇偏差，而乡村代课教师的物质待遇更差，在上述关于乡村代课教师的现状调查中张老师就提道：

---

① 崔铭香 . 青年农民工的生存境遇与学习行为研究 [M]. 北京：中国社会科学出版社 ,2015.

县城的在编教师第一个月工资就 3000 多，乡村在编教师第一个月不到 2500，不过也差不多，而乡村代课教师一个月 40 节课才 1300 多一点。从张老师的话中我们可以看出县城里在编教师与乡村在编教师第一个月工资就相差 500 多，县城在编教师比乡村代课教师的工资第一个月就多了 1700 多，这差距着实太大。从中我们可以看出，国家教育资金在城乡之间差距甚大，这只是在工资方面，在其他的教育设施、教学环境的建设等方面差距也是不小，这方方面面都导致乡村代课教师的生存状况较差。

二、从地方政府看

（一）地方政府的不重视

乡村代课教师属于边缘群体，被称之为"农民中的教师，教师中的农民，[①]"其代课教师的身份不被政府认同，政府没有认识到乡村代课教师在教育建设与发展过程中的地位与重要作用，并且乡村代课教师没有相应的法律保护其合法权益，他们的工资水平低、没有福利待遇，他们作为特殊教师群体并没有受到重视，从而导致乡村代课教师地位低下，身份不明确，造成乡村代课教师对自身职业认同感低，进而导致乡村代课教师不被认同，生活状况不容乐观。

（二）地方政府的放任与限制

地方政府的放任是指地方政府没有发挥应有的职责，在笔者所访谈的乡村代课教师中，他们都没有与地方的劳动局等部门签订正式的工作合同，他们虽然长期代课，但是没有相应的合同书，这些乡村代课教师只能称之为"长期的临时人员"，既是长期代课，又是临时人员，这在很大程度上是由于政府的放任而造成的，没有正式的合同，这就导致乡村代课教师就只能依照当时答应的工资来获取报酬，从事了很多年的乡村代课教师也只能发多少工资拿多少工资，没有合同来保障其应有权利。这里地方政府的限制专指对乡村学校的限制，主要表现在乡村学校的资金交由政府保管，乡村学校没有相应的资金来给乡村教师提供适宜的工资水平，也不能开展乡村学校的建设，这种过多的限制间接的造成了乡村代课教师的工资水平低、工作条件差等生存状况。

---

① 杜鹃.甘南藏区代课教师生存状况调查分析 [D].北京：中央民族大学.2010:35.

三、从学校层面看

（一）学校的不平等对待

乡村在编教师属于正式教师，受到相应的国家法律保护，如《中华人民共和国教师法》《中华人民共和国教育法》等一系列国家法律法规，而乡村代课教师属于非正式教师，所访谈到的乡村代课教师没有与学校等有关机构签订合同，没有法律保护其权益。国家的"清退政策"与政府的不重视导致乡村代课教师地位低下。这各个方面的原因导致学校对乡村代课教师与在编教师的不平等对待，表现在：乡村代课教师工资低于乡村在编教师，其工资约为在编教师的1/2，或者不到1/2；乡村代课教师没有福利，而在编教师有相应的取暖费、住房公积金等；乡村代课教师的工作量与乡村在编教师的工作量相当，甚至高于乡村在编教师。这些原因就导致乡村代课教师的生存状况不容乐观。

（二）乡村学校提供的工资待遇低

在本研究的沂蒙地区中，乡村代课教师的工资是由聘任主体承担，也就是说由乡村代课教师所在学校承担，而关于乡村代课教师又没有相关的政策明确规定其工资待遇，这些乡村代课教师的工资待遇由乡村学校自己规定，乡村学校自己规定乡村代课教师的工资水平，沂蒙地区是革命老区，并不是很发达，上述提到，在沂蒙地区的乡村代课教师的工资是由乡村学校来支出，由于在这些乡村学校中资金缺乏，并且资金筹措渠道不多、收入也不多，只能提供很低的工资水平，这就直接致使乡村代课教师的工资低。

（三）学校缺乏教育资金

教育资金是学校自身进行建设的经济基础，也是学校建设的物质基础。国家的教育经费投入不足是学校教育资金缺乏的重要原因，然而学校自身的建设也不能仅仅只依靠国家教育经费的投入，也得需要依靠自身学校的力量进行学校建设。乡村学校缺乏教育资金导致学校不能依靠自身的力量建设学校，也是导致乡村学校的教学环境差、基础设施落后的原因，导致乡村代课教师教学条件落后。

四、从个人层面看

（一）个人自身的不合理认知

乡村代课教师在国家、社会、政府多方面的影响之下，自己产生了一种不合理的认知，认为自己能力不够、社会地位低下，甚至自己对自己产生了一种贬低，自己瞧不起自己，工资不多，还要与自己的工作情况相挂钩，福利待遇与人身保障也没有、工作环境还不好，精神方面还要受到各个方面的压力，来自社会方面的压力、学校方面的压力、学生家长方面的压力以及学生方面的压力，使自己处于巨大的压力之中，使乡村代课教师对自己产生了一种贬低。

（二）个人对教师的狂热追求

随着教师地位的提升与师范教育的扩招等多种原因，选择教师职业的人数越来越多，师范学生与非师范学生中选择教师职业的都越来越多，但是对于教师职业的选择大多数人员皆是因为教师的福利待遇好、地位比较高等原因，在编教师的招聘人数是一定的，这就导致一部分人员不能考上正式的教师，未能考上在编教师的人员，就选择了代课教师的职业，他们认为可以通过代课教师来提高自己的从业知识与技能，为再次考教师积累知识与经验，把代课教师当作成为在编教师的跳板，以至于代课教师的备选人员很多，按照经济学的原理，供大于求，再加上国家、政府以及学校的影响，势必导致乡村代课教师的生存状况差。

五、其他方面的原因

（一）社会、家长的高要求

教师被夸美纽斯誉为太阳底下最光辉的事业；加里宁则认为教师是人类灵魂的工程师，自古以来教师就被推上了较高的位置。社会对教师职业有着更严格的要求，乡村代课教师是教师的一部分，不但没有享有在编教师该有的待遇，但也被赋予高要求，这使乡村代课教师有较大的精神压力，要时刻注意着自己的一言一行。在现在社会中家长"望子成龙""望女成凤"的要求，都希望自己的子女有较大的出息、较高的成就，但家长更多注重的是子女的成绩，他们认为自己孩子的成绩不好是因为教师教学不好，乡村代课教师不属于正式教师，他们需要承担更大的责任与压力，家长的这种高要求使乡村代课教师的精神压力更大。

（二）社会刻板效应的影响

社会刻板效应是指人们对某个社会群体形成的一种概括而固定的看法，并以此作为评价和判断其人格的依据，并忽略群体间个体成员的差异性。在此效应的作用与国家的"清退政策"、政府的不重视、学校的不平等对待共同影响之下，使乡村代课教师的地位低下，并且使人们对乡村代课教师产生了一种偏见，乡村代课教师不是正式的教师，便认为乡村代课教师是不合格的教师，认为他们教学能力不够，这就致使学生家长、在编教师对乡村代课教师产生歧视，以一种瞧不起的眼光来对待乡村代课教师。这种社会刻板效应以及家长、同事之间的歧视，使乡村代课教师对自己的职业产生了一种不认同感。

第四章　改善当代乡村代课教师生存现状的对策建议

通过对乡村代课教师的现有生存状况及其产生的原因进行探析，进而针对产生的原因提出相应的措施，更好地改善乡村代课教师的生存状况，然而乡村代课教师生存状况的改善并不是通过某一方面的努力就可以改善的，也不是一蹴而就的，这就需要多方面的共同努力，大到国家、社会以及政府，小至学校、学生家长、乡村代课教师自己都得做出努力，才能更好地改善乡村代课教师的生存状况，从而促进乡村教育的发展，提高乡村教育的质量，为我国基础教育的发展做出贡献。

第一节　国家层面

一、加大教育经费投入

大力发展经济、增加教育经费的投入是改变乡村代课教师生存状况的重要措施，也是彻底解决乡村代课教师问题的根本出路。在国家的不断努力之下，在 2012 年，中央财政终于实现全国财政性教育经费支出占国内生产总值 4% 的编制预算，但是国家关于教育经费的投入绝不能止步于此，应在实现 4% 编制预算的基础之下不断增加教育经费的投入。只有国家的教育经费投入足够，我国乡村学校才有足够的资金来改善乡村学校的教学条件，才有足够的资金来提高乡村代课教师的工资水平与福利，从而改善乡村代课教师的生存状况，进而提高我国乡村教育的水平质量，更好的推动与促进我国基础教育的发展。

二、协调教育经费分配比例

国家在教育经费的分配上，应该要侧重于偏远地区与不发达地区、侧重于弱势群体、侧重于基础教育，更重要的是侧重于乡村地区，逐步缩小城乡之间的差距，缩小普通学校与重点学校之间的差距，为不断地促进教育公平而努力。从人力、财力这些最切实的环节出发，才能真正地实现城乡教育公平。教育经费分配更协调，或者是更偏重于乡村地区，使乡村学校的教师设施、教学环境更加先进、完善，使乡村学校教师与镇、县、市级的教师待遇一致，甚至可以是乡村、欠发达地区的教师待遇比城市教师待遇更高，可以切实的改善乡村代课教师的生活环境、教学环境，进而改善乡村代课教师的生存状况。

第二节 地方政府层面

一、承认乡村代课教师的身份、地位及贡献

乡村代课教师作为我国一种较为特殊的教育群体，在乡村尤其是在偏僻的地区与欠发达地区中发挥了重要作用，在我国义务教育事业建设的过程中起到了关键的作用。在沂蒙地区中，地方政府由于财政紧张便允许学校招收代课教师，一些师资短缺的乡村学校便招收了一部分代课教师，这些乡村代课教师为沂蒙地区乡村义务教育的普及与发展以及"基本扫除青壮年文盲、基本实现九年义务教育"攻坚任务做出了重要贡献。在当代情况下，代课教师在我国教师队伍中仍然占有一定的比例，并且政府资金不能支持全编招聘的情况下，我们还是需要这些乡村代课教师在其岗位上奋斗并继续做出新的贡献。因此，基于乡村代课教师的实际贡献以及作用，地方政府必须承认乡村代课教师所做出的贡献，承认乡村代课教师作为"教师"的身份，切实提高乡村代课教师的地位，并将其当作一个特殊教师群体给予应该享有的待遇。通过地方政府承认乡村代课教师身份与贡献，提高乡村代课教师的地位，来增加乡村代课教师对自己职业的认同感，使乡村代课教师做到"干一行、爱一行"，

进而促进乡村教育的发展。

二、将合格的乡村代课教师转为在编教师

提到乡村代课教师印象中便认为是：能力不够、不合格的教师，然而当前乡村代课教师队伍中不乏合格甚至优秀的人才存在，乡村在编教师与乡村代课教师在各个方面都存在着差距，要改善乡村代课教师的生存状况，可以将乡村代课教师转为在编教师，这样，乡村代课教师的生存状况就能达到较大的改善。为此，地方政府需要与教育、人事、财政等多个部门进行商讨并增加乡村教师的编制，严禁"有需无编"和"有编不补"等情况，在招聘在编教师时，地方政府可以优先从乡村代课教师中招考聘用教师，使乡村代课教师中符合我国《中华人民共和国教师法》规定的、热爱教育事业、品行端正、为人师表的，具备与所任职位相应的教师资格证、学历的乡村代课教师能够转正，也可以通过在同等条件下优先考虑聘用合格的现有乡村代课教师的措施，使乡村代课教师中合格甚至优秀的代课教师能够转为在编教师，充分发挥他们对乡村教育事业发展的重要作用。

第三节　学校层面

一、学校领导者平等对待

在上述原因分析中，学校在对待乡村代课教师中，首先应该要从观念上提高认识，要对乡村代课教师与在编教师一视同仁。学校要充分挖掘乡村代课教师的潜力，观念上真正地把乡村代课教师看作学校教师中的一员。赫兹伯格的双因素理论认为成就感、获得他人认可、工作具有挑战性、工作责任和发展机会五个因素能够起到对员工的激励作用。[1]学校应对他们的做出的成绩给予及时的奖励与肯定，为他们提供与在编教师相对公平的晋升加薪机会，满足他们的合理、基本的需求，倾听他们内心真正的想法，真正重视乡村代课教师，让乡村代课教师充分的融入工作群体，这些措施可以激励乡村代课教师，也能够有效地提高乡村代课教师对自己所从事职

---

① 　王晓楠，赵小云．新生代代课教师的现状、问题及对策 [J]. 现代中小学教育 ,2015,（ 1 ）:75

业的认同感，更好的形成归属感。

二、适当提高乡村代课教师的工资待遇与福利

针对本书中对乡村代课教师工资水平的研究，发现乡村代课教师的工资水平明显比在编教师差，与乡村在编教师的工资水平仍存在着较大的差距。美国著名的人本主义心理学家马斯洛曾提出了需要层次理论，将人的需要从低到高依次分为：生理需要、安全需要、归属和爱的需要、尊重的需要、求知的需要、审美的需要以及自我实现的需要。教师的工资待遇差、生活不稳定都影响着乡村代课教师安全需要，安全需要包括社会环境安全、生命财产得到保护、摆脱失业的威胁、生活有保障等。安全需要位于需要层次的第二个层次，需要的层次越低力量就越大，马斯洛认为只有在较低级需要基本满足之后才会出现更高一级的需要，教师工资待遇低、生活不稳定会影响教师的教育教学工作，影响教师的教育教学质量，影响乡村教育建设的质量。学校应该在经济承受范围之内，适当根据乡村代课教师的教龄等提高乡村代课教师的工资水平与福利待遇，如：根据乡村代课教师的教龄适当的提高教师的工资；对于代课教师中代课十年以上的提供一定的福利等措施。只有满足乡村代课教师的生理性需要，乡村代课教师才能更好的履行自己地职责，更好地完成教育教学工作。

三、筹措教育资金并改善乡村学校的教学条件

学校要改善本学校的教学条件，实践证明，教学条件乃至材料的提供和思维的提升可以做到完美的统一，[①]这对改善乡村代课教师的工作状况发挥重要作用。国家已经在通过一系列措施来提高乡村学校的教学条件与设施，笔者观察到沂蒙地区在2015年的夏季已经建立了不少新的乡村学校，并且在2015年的秋季很多乡村学校已经正式启用，在国家的重视的同时，学校也应该依靠自身的力量来改善学校的教学条件，前文提到资金缺乏是乡村代课教师生存状况产生的重要原因，乡村学校除了依靠国家与政府的资金支持外，还可以通过多种渠道筹措教育资金，如：在不影响正常的教育教学秩序的前提下开展勤工俭学、组织社会服务与兴办校办企业等；可以利用社会力量进行融资等，将筹措的资金改善乡村学校的教学条件。

---

① 李中国等著，科学磨课设计与实践 [M]，科学出版社,2017:23.

第四节　个人层面

一、提高自身认识，保持良好心态

教师是一个伟大、高尚而神圣的职业，尽管乡村代课教师没有编制、对自己从事的职业不认同，但是他们与在编教师一样从事的都是教书育人的工作，在向学生传授知识的同时，还要教给学生做人的道理并且以人格的力量感染学生、以自身的言行去影响学生，他们与在编教师一样都是伟大的人民教师，他们站在讲台上同样肩负着为国家培养人才的重任。乡村代课教师要正确地认识自己，在遇到问题与困难时要保持良好的心态，建立和谐的人际关系，并在生活与工作中学会释放自己所承受的压力，从内心深处接受与对待自己所从事的职业，从而增强对自己职业的认同感，以积极地心态去迎接与对待各方面的压力，并学会调节压力的方法，乡村代课教师可以采用：合理宣泄法、认知调节法、注意转移法、幽默法等措施来合理地释放压力，使自己处于良好的情绪中，更好的从事教育教学工作。

二、转变教师自身的就业观念

个人应该从主观上改变自己的就业观念，树立"三百六十行，行行出状元"的观念，职业没有高与低、好与坏、贵与贱之分，每一行都有其重要性与必要性，每一行都需要有人从事并做出贡献，每一行都可以实现自己的价值，只要脚踏实地地做事、做人，不论哪一行都可以取得成功，要考虑多种因素选择自己的职业，不一定必须从事教师这个职业，我们也可以通过其他的职业来实现我们自身的价值，为社会服务。

第五节　其他层面

社会与家庭的接纳与理解在改善乡村代课教师生存状况方面有着重要的作用。社会应该接纳乡村代课教师这一群体，认识到乡村代课教师的在乡村教育发展过程中起的作用，真正地接纳这一特殊群体，并对乡村代课教师多些理解，理解乡村代课教师的辛苦与不易，乡村代课教师是处于边缘化的群体，他们更加需要关爱与支持，他们与在编教师承担的工作量是一样的甚至是更多，履行着同在编教师一样的职责，但是得到的待遇却与在编教师差距甚大，他们的付出与回报不成正比，付出远远超过回报。家长也应该接纳与理解乡村代课教师，他们一直都在尽职尽责的完成教育教学工作，履行在编教师的职责。社会与家长应多给予他们鼓励，更多支持他们的工作，更多的理解。

第三部分　当代乡村幼儿教师
生存现状及对策建议

《国家教育发展中长期规划纲要（2010—2020）》提出了要全面发展我国的农村学前教育事业，有计划地提高农村学前教育的普及程度。同时，国务院也颁发了《国家关于当前发展学前教育的若干意见》，提出：重点发展农村学前教育，更要切实保障农村学前儿童接受最基本的并且要提供有质量的学前教育。中央一直尤为强调发展农村学前教育的重要性，把学前教育事业作为一项十分紧迫的任务，力争全国各地政府努力建设农村学前教育基础硬件设施。面对今天的统筹城乡发展和教育公平背景下，为了更好地贯彻落实我国的科学发展观、构建一个和谐社会，目前以及今后的日子里，我国教育事业的建设重点就是广大的农村贫困地区。为了发展更好地农村教育，国务院办公厅又印发了《乡村教师支持计划（2015—2020）》，全面竭尽全力部署乡村教师队伍建设工作，培育一批优良的乡村教师队伍是发展农村教育的关键。与此相适应，乡村幼儿教师是农村学前教育事业的重要保障。当前，发展农村学前教育的最大瓶颈在于师资力量的建设，因此加快建设一支具有尚德师高、热爱幼儿、专业素养的高素质农村学前教育教师队伍，是发展农村学前教育事业的关键所在。

农村学前教育发展在我国整个学前教育中处于不利地位，发展比较落后，农村幼儿教师是农村学前教育的具体推动者和实施者，提高乡村幼儿教师的满意水平不仅对农村学前教育事业发展具有重要意义，对于充分激发教师自身的工作热情与教学能力，积极投身于学前教育事业具有重大的推动作用。国家和各级政府对幼师的重视，因此伴随的有关幼儿教师的研究也越来越丰富。

一、研究背景

1. 我国发展农村学前教育事业的战略诉求

目前，我国农村贫困地区的学前教育基础建设十分薄弱，努力发展农村贫困地区学前教育对于促进城乡一体化建设和和谐发展、实现教育机会均等公平具有重要的现实意义。随着 2010 年《国家中长期教育改革和发展规划纲要 (2010—2020 年)》的颁布，纲要明确提出：重点发展我国的农村学前教育事业，明确我国未来十年发展农村学前教育事业的工作重点地区是贫困地区，这说明农村学前教育受到了党和国家前所未有的关注和重视。努力发展农村学前教育，首先是稳定乡村幼儿教师，提高乡村幼儿教师的工作满意度。为了支持乡村教师，国务院办公厅又印发了《乡村教师支持计划（2015—2020）》，全面部署我国乡村教师队伍建设工作，全面提高乡村教师工作满意度。与此相适应，对乡村幼儿教师专业化发展提出新要求。

2. 乡村民办幼教的现实生存状况不容乐观

2013 年 1 月 10 日，人民日报发表的《中国农村教育发展报告》显示，目前我国农村民办幼儿园占到了 90% 以上。农村民办幼儿园实际上是农村学前教育的中心，其发展直接决定着整个农村学前教育的质量。因此，必须大力发展农村新区教育事业，改善内存以教师的生存状况。

在我国农村地区，民办幼儿园占主体，并且大多教师都是民办教师。农村民办幼儿园的条件不容乐观，乡村民办幼儿教师生存状况更是令人担忧。乡村民办幼儿教师师资普遍存在着学历低、职称评定差、非专任幼师比高、社会待遇差、职业稳定性差等问题。据不完全统计，我国乡村专业幼儿教师师资严重不足，平均每班 45 名幼儿仅有一名幼儿教师。在农村地区，幼儿园实行了包班制，各幼儿班实行了保教任务一人化，即所有的保育和教育工作由一人负责，这不免增加教师工作任务。因为教师短缺，幼儿班级教师配备不足，使教师整天忙于工作，根本没有自由支配时间，没时间学习、备课，就是满足于幼儿的安全，不出事故就好。乡村幼儿教师福利待遇及其低，社会认同度低，根本社会没有地位，然而乡村幼儿教师承担着农村基础教育的重大责任，却未能真正享受到一名人民教师拥有的基本尊严。乡村幼儿教师师资数量少、水平低、教育教学观念陈旧、教学方式落后、队伍极不稳定，这些都会影响到教师工作的满意度，所以提高教师工作满意度，提高乡村幼儿教师的生存状况才是关键。

3. 乡村幼儿教师工作满意度状况亟须提升

农村地区生活条件恶劣，教师工资待遇不好，如何留住教师，就是要提高教师工作满意水平，尤其是解决工资水平是根本。因为教师的工作满意度直接影响着教师职业的选择性，影响着农村学前教育事业的发展。乡村幼儿教师工作任务繁重、社会认同度较低等问题，都会影响到乡村幼儿教师的工作满意度。2015 年 4 月 1 日审议通过的《乡村教师支持计划（2015—2020 年）》提出把乡村教师队伍建设摆在优先发展的战略位置，拓展乡村教师补充渠道、提高乡村教师生活待遇、统一城乡教职工编制标准、推动城市优秀教师向乡村学校发展。在此背景下，乡村幼儿教师队伍亟待得到更多关注。

基于以上问题，本书通过对山东省临沂市在职的 200 名乡村幼儿教师进行研究，挖掘影响她们工作满意度的因素，剖析这些是如何影响其工作满意度的，进而探索出提高建设满意度的可能路径和发展方向。以补充现有对农村幼儿教育机构管理以及乡村幼儿教师研究的不足，并为乡村幼儿教师人才队伍建设提出相应的建议。

二、研究意义

1. 有助于完善乡村幼儿教师专业化发展理论

目前，对乡村幼儿教师职业的研究关注的是乡村幼儿教师的专业价值、工作方法、能力和结果。讨论乡村幼儿教师面临的问题的研究大多在理论层面上对整个职业的发展提出观点性意见。实证研究大多涉及的是乡村幼儿教师职业倦怠、职业角色认同和工作满意度等现象，但对乡村幼儿教师职业稳定性的问题还没有系统的研究，乡村幼儿教师职业稳定性现状是什么样的，影响乡村幼儿教师职业稳定性的因素又有哪些，目前对这些问题研究尚待加强完善。本研究有助于理清乡村幼儿教师职业稳定性和工作满意度、职业认同度之间的关系，揭示这些因素与乡村幼儿教师职业稳定性的深层关系，完善乡村幼儿教师专业发展理论。

2. 有助于为农村教育政策制定提供数理依据

采用定性与定量研究相结合的数理研究方法，通过数据计算的科学方法得出山东省临沂市乡村幼儿教师各维度的工作满意度及其作用大小，从而可以更直观、更具体的为区域学前教育特别是农村学前教育政策的制定提供数理依据。

3. 有助于构建稳定的乡村幼儿教师队伍体系

当前，我国乡村幼儿教师专业人才队伍规模远未能满足农村幼儿教育事业发展的迫切需求，专业幼儿教师人才缺口非常大。然而，当前乡村幼儿教师极不稳定，人才流失率偏高。本书的研究在于探索影响乡村幼儿教师工作满意度的因素到底有哪些，这些因素是怎样影响其工作满意度的，使人们对乡村幼儿教师的生存状况和从业环境有更深刻的认识，尝试建立我国乡村幼儿教师人才队伍稳定性的机制，同时也为当地有效地解决乡村教师职业不稳定性提供参考意见，从而有效制止临沂市乡村幼儿园教师的流失，稳定更要优化乡村学前教师队伍，提高教师工作满意度，推动临沂市乡村幼儿教育事业向更好、更快、更健康的方向发展。

三、国外研究综述

教师的工作满意度是教师对其工作整体以及工作不同方面的满意程度。教师工作满意度的高低直接影响教师工作绩效的提高和教师队伍的稳定。国外有关教师工作满意度的研究相对比较成熟，主要涉及定义与测量、满意度结构、因素及其他研究领域。

1. 关于工作满意度定义与测量的研究

霍伯克（Hoppock）把工作满意度定义为一种心理状态整体性的单一概念，即员工对工作满意的程度，而不需划分数个层面来衡量。[1] 洛克（Locke）把工作满意度看作是源于工作的一种愉快且正面的情感性反应。波特（Porter）认为，工作满意度是一个人在工作中实际获得的与他所应该获得的差距一个的情况，同时表明差距越小，工作满意度越大，反之越小。[2] 弗洛姆（Vroom）从多维度定义工作满意度，他认为组织本身、升迁、工作内容、直接主管、待遇、工作环境、工作伙伴这七个维度构成了工作满意度的内容。[3] 史密斯（Smith），肯德尔（Kendall）和胡林（Hullin）在 1969 年则仅提出工作本身、升迁、薪水、上司和工作伙伴等五个构面。[4]

---

[1]　Hoppock R. Job Satisfaction [M].New York: Harper & Brothers Publishers,1935:21.

[2]　Porter et al. Organizational work and personal factors in employee turn-over and absenteeism[J]. Psychological Bullet in, 1973 (50):151-176.

[3]　Vroom Ego- lvolvement. Job Satisfaction and Job Performance[J].Personnel Phychology,1962 (15):159-177.

[4]　Locke E. A. The nature and causes of job satisfaction [A]. In M. D in Dunnette (Ed.). The handbook ofindustrial and organizational psychology[C].Chicago,1L: Rand McNally, 1976:297-1549.

在工作满意度测量上，有比较可靠和有效的工具，包括由 Hack man 和 Lawler 编制而成的工作满意度调查 (JSI)、由 P.C.Smith 等人于 1969 年编制而成的工作描述指数 (JDI)、D. J. Weiss 等人于 1967 年基于工作适应理论编制而成的明尼苏达问卷 (MSQ)、由 Hack man 和 Oldham 于 1975 年编制而成的工作诊断量表 (JDS)。[1]

2. 关于教师工作满意度结构的研究

关于工作满意度的结构有两种观点，一种是单一结构，Parter 等研究者认为职业满意度是一种单一结构，即从总体上来说，职业满意度是对自己所从事的工作是持满意还是不满意的一种态度；另一种是多成分结构，Smith 等学者认为职业满意度是一个多成分的结构，总体包含对工作、上司、工资、工作环境等满意或不满意的情感。[2]

Locker 把职业满意度构成分为工作本身、福利待遇、管理者、认可度、自我因素、薪资、晋升、工作条件、同事关系和组织外成员等 10 个因素。泰勒和鲍尔斯则把工作性质、晋升机会、同事、管理者、收入和组织七个因素作为工作满意度的衡量指标。[3] 哈菲尔德认为职业满意度由工作本身、管理者、晋升、报酬以及同事满意度等五个因素组成。[4] 冯伯麟认为职业满意度主要由自我实现、工资收入、同事关系、领导关系和工作强度等 5 个因素共同组成。[5]

综上所述，我们可以看到工作满意度都涉及的因素有：工资待遇、领导与管理方式、工作本身、物质环境、晋升机会及人际关系这几方面。

3. 关于教师工作满意度影响因素的研究

Leeand Wilbur 和 Weaver 研究证明了工作满意度与年龄之间存在着正相关，Herz berg 研究发现在年龄与总体工作满意度呈 U 型相关，SinSh 则发现两者无关；Leung 等 (2000) 的研究发现，已婚大学教师比单身大学教师有着更高的工作满意度。[6]

在工作因素方面，FredLuthans(2002) 认为，工作条件与工作满意度之间呈正相

---

① 兰惠敏 . 国外教师工作满意度的研究综述 [J]. 平顶山学院 ,2007(06).

② 马向真 . 教师工作满意度及其评估意义 [J]. 江苏教育学院学报 ,2007,(5).

③ Hafield.J,Robinson.R.B&Huseman.R.C.An emPirical evaluation of a test for assessing job satisfaetion [J].Psycholgical RePorts.,1985:56

④ Cook.J.D.Hepworth.S.J,Wall.T.D&Warr.p.B.The experience of work:a compendium and reriew of 249 measurements and their use[J].British Journal of sociology,1983(4):26.

⑤ 冯伯麟 . 教师工作满意及其影响因素的研究 [J]. 教育研究 ,1996,(2).

⑥ 汪丽 . 西北少数民族地区农村中小学教师工作满意度的调查研究——以甘肃省临夏州东乡县为例 [D]. 西北师范大学硕士学位论文 ,2012.

关关系；波德西科（Podsakoff）和麦肯齐（Mackenzie）研究也表明，良好的会工作环境会使工作满意度更高，两者存在正相关。[①]

4. 其他相关研究领域

研究者研究了教师工作满意度与离职倾向、教师身心健康和教师缺勤等之间的关系。工作满意度的高低直接影响着教师职业的稳定性，工作满意度与职业倦怠相关具有显著的相关性。Lee 和 Ashford(1993) 通过比较人格解体与个人成就感，发现在工作满意度与职业倦怠间存在一种负的相关关系。[②]Smith(1977) 认为工作满意度在组织成员是否决定缺勤的行为中起着关键作用。[③]

四、国内研究综述

目前我国有关教师工作满意度的研究的资料比较丰富，主要在职业满意度的概念及测量、职业满意度的理论基础、影响教师职业满意度的心理因素等方面进行了研究，获得了一定的发展。

1. 关于工作满意度的概念及测量

工作满意度是指个体对其工作内容、工作性质、工作的客观条件及职业成就等职业要素的一种心理感受和态度。[④]

在研究过程中，国内的一些研究者自己编制了问卷或量表，例如：朱新秤和卓义周的自编问卷《高校教师职业满意度问卷》，赵玉和刘嘉欣自编了《中职教师工作满意度调查问卷》，刘冬莹自编了职业满意度调查问卷，陈云英、孙绍邦（1994）研究自编了《教师工作满意度量表》等。[⑤]

2. 关于教师职业满意度的理论基础研究

国内有关工作满意度的理论比较丰富，主要有：马斯洛的层次需要理论、赫茨伯格的动机双因素理论、弗洛姆的动机期望理论、教师专业发展理论、公平理论、环境事件理论、工作特征理论等等。在这里着重介绍两个理论：马斯洛的层次需要

---

① 汪丽 . 西北少数民族地区农村中小学教师工作满意度的调查研究——以甘肃省临夏州东乡县为例 [D]. 西北师范大学硕士学位论文 ,2012.

② 兰惠敏 . 国外教师工作满意度的研究综述 [J]. 教育探索，2007(06) :131—132.

③ 兰惠敏 . 国外教师工作满意度的研究综述 [J]. 教育探索，2007(06) :131—132.

④ 吕芳卉 . 国内教师工作满意度的研究综述 [J]. 教育理论与实践 ,2008(06);94—96.

⑤ 李中国 . 两种"三位一体"教师教育模式比较研究 [J]. 教育研究 . 2014(08).

理论和教师专业发展理论。

（1）马斯洛的"需要层次理论"

1943 年，美国心理学家马斯洛 Maslow 在《人的动机理论》中提出了需要层次理论，这一理论有广泛的影响。马斯洛认为人有多种需要，包括缺失需要和成长需要两类，缺失需要又包括生理、安全、归属与爱、尊重的需要，这四个需要由低到高进行排列，当达到一定程度满足后就有了更高层次的欲求，即成长需要，成长需要又分为求知与理解、美、自我实现的需要。[①] 人共有七个不同层次的需要，缺失需要是最基本的，也是生存必备的需要。成长的需要是使我们积极地融入大社会集体当中，在社会中施展才能，从而获得愉悦和享受的感觉。

依据马斯洛的需要层次理论，教师同样也具有多种层次的需要。最重要的需要的解决温饱问题，然后才能在安全的环境中获得归属和爱，得到尊重之以后才有可能思索继续学习以来提高教学技能和进行研究的水平，保持与时俱进的精神，不落后于时代发展，最终达到实现精神、能力施展的目标。

（2）教师专业发展理论

教师的专业发展理论对于培养优秀教师、提升教师素质、提高教师的整体水平有着重大的意义。教师专业的发展不仅仅包含着对于学术与知识上的学习与补充，不只是单一的对于技术与知识的获得，更在于教师通过一定的学习实践进行反思，从而提高自身水平。教师专业化的发展，是一个循序渐进的过程，是教师长久以来对于各项专业知识、技术能力累积和提高，同时也是自身素质的长时间修养，是一个向着教师职业专家或者教育家发展的漫长的过程。[②] 教师的专业发展当然主要靠教师充分发挥自身主观能动性，教师对工作的满意度会极大地影响了到教师的进步与发展的积极性。如果长期对当前工作现状不满意，有无法找到合理解决途径，就会对教师产生职业倦怠情绪。

教师自身工作的满意与憧憬对于提高教师素质以及教师专业发展起着至关重要的作用。而教师专业自我的形成，也是教师在职业化生涯中的个性化形成，是良好的教师形象的形成过程。它不仅会影响到教师自身对于工作的态度与积极性，而且

---

① 陈琦 , 刘儒德 . 当代教育心理学 [M]. 北京：北京师范大学出版社 ,2007:219.
② 叶澜 . 教师角色与教师发展新探 [M]. 北京 : 教育科学出版社 ,2001:222—224.

对于教育教学的效果也有着更为直接的影响。[①]

表 5-1　动机相关理论

理论	主要观点
赫茨伯格的动机双因素理论	双因素指使员工感到满意的因素主要是与工作的内容相联系的称为激励因子，而那些使员工对工作感到不满意的因素主要是与工作的环境相联系的保健因子。
弗洛姆的动机期望理论	工作满意度取决于个体期望与实际取得成就相吻合的程度，期望未能实现便产生不满意感，人们只有在他从工作中得到的回报大于他所期望的回报时，才会对工作满意。
公平理论	人的自我价值感的确立，是通过社会比较过程来实现的，即会有意或无意地将参照群体的反应或状态当作自己的反应状态是否恰当的评判依据。
环境事件理论	工作满意度是由环境特征和环境事件组合在一起的函数。
工作特征理论	人的自我价值感的确立，是通过社会比较过程来实现的，即会有意或无意地将参照群体的反应或状态当作自己的反应状态是否恰当的评判依据。

3. 关于教师职业满意度影响因素的研究

我国学者把影响工作满意度的因素分为三个方面。如图所示：

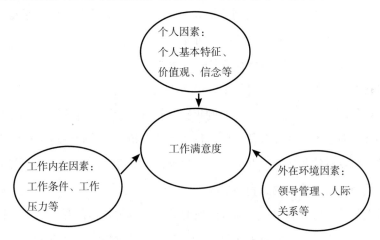

图 5-1　工作满意度的影响因素图

关于教师工作满意度的影响因素可以总结为个体因素 (户口、性别、年龄、教龄、婚姻状况、学历水平等人口学变量)，研究表明女性工作满意度高于男性；年

---

① 石中英 . 教育学基础 [M]. 北京：教育科学出版社 ,2008:126.

龄与工作满意度呈倒"U"形或正相关，也有研究证明两者不相关；学历与满意度呈负相关；已婚教师的工作满意度高于未婚教师等等。工作内在的因素：包括工作内在因素：工作条件、工作压力等；外在环境因素：领导管理、人际关系等。

陈云英、孙绍邦则认为工作的物质环境和条件、薪水、教师的业务进修和提升、教师对其工作性质本身的看法、人际关系、教师的个人特点、学校的领导与管理等都对工作满意度产生影响。

（4）其他相关研究领域

很多研究也涉及教师的职业倦怠与工作满意度的关系、教师职业认同与工作满意度、教师的人格特点与工作满意度的关系。

五、研究述评

1.研究内容比较全面，还有待于深入

现有文献资料从理论与实践两个层面对乡村幼儿教师有关问题进行了大量有价值的研究，文献形式较为多样。研究内容包含了对乡村幼儿教师的流动流失状况、职业认同、职业倦怠等研究比较深入。研究指出，目前幼儿教师存在着社会认可度低，专业建设不完善，职业化刚刚开始等问题。少量研究涉及乡村教师或者是幼儿教师的工作满意度缺乏对其内容的深入研究。

2.自上而下的研究视角，研究方法有待完善

对乡村幼儿教师的研究略显简单，虽然采用了一些实证调查方式，但是关于乡村幼儿教师的研究大多集中于对他们的年龄、教龄、学历等有关数据的收集，以往的文献中多是对于乡村幼儿教师群体进行整体的分析，听不到乡村幼儿教师真正的心声，缺少与乡村幼儿教师的真正交流，对研究对象的内心世界缺乏真正的了解。

3.缺乏针对性，研究对象有待扩大

通过文献总述可以看出：大部分的研究分析了乡村教师或者幼儿教师的满意状况、产生的原因以及相应的对策建议，但是并没有针对特定乡村幼儿教师的工作满意度进行分析并且没有针对原因提出政策建议。本研究研究了临沂市农村幼儿教师的工作满意度，以期分析出临沂市乡村幼儿教师与其他乡村教师或者幼儿教师满意的差异状况。

第五章 当代乡村幼儿教师生存现状

　　《国家教育发展中长期规划纲要（2010—2020）》提出了要全面发展我国的乡村学前教育事业，有计划地提高乡村学前教育的普及程度。同时，国务院也颁发了《国家关于当前发展学前教育的若干意见》，提出：重点发展乡村学前教育，更要切实保障乡村学前儿童接受最基本的并且要提供有质量的学前教育。中央一直尤为强调发展乡村学前教育的重要性，把学前教育事业作为一项十分紧迫的任务，力争全国各地政府努力建设乡村学前教育基础硬件设施。面对今天的统筹城乡发展和教育公平背景下，为了更好地贯彻落实我国的科学发展观、构建一个和谐社会，目前以及今后的日子里，我国教育事业的建设重点就是广大的乡村贫困地区。为了发展更好地乡村教育，国务院办公厅又印发了《乡村教师支持计划（2015—2020）》，全面竭尽全力部署乡村教师队伍建设工作，培育一批优良的乡村教师队伍是发展乡村教育的关键。与此相适应，乡村幼儿教师是乡村学前教育事业的重要保障。当前，发展乡村学前教育的最大瓶颈在于师资力量的建设，因此加快建设一支具有尚德师高、热爱幼儿、专业素养的高素质乡村学前教育教师队伍，是发展乡村学前教育事业的关键所在。

　　乡村学前教育发展在我国整个学前教育中处于不利地位，发展比较落后，乡村幼儿教师是乡村学前教育的具体推动者和实施者，提高乡村幼儿教师的满意水平不仅对乡村学前教育事业发展具有重要意义，对于充分激发教师自身的工作热情与教学能力，积极投身于学前教育事业具有重大的推动作用。国家和各级政府对幼师的重视，因此伴随的有关幼儿教师的研究也越来越丰富。

第一节　相关概念界定

从相关研究文献看，乡村幼儿教师作为一特殊研究对象，目前研究呈现多样化趋势。对乡村幼儿教师的突出研究主要集中于乡村幼儿教师的生存状况、职业认同及职业倦怠等精神方面。而工作满意度作为一个研究对象的衡量标准，需要对其做出解释说明，以明确本研究内容。通过对大量文献资料的查阅，综合国内外研究者的观点以及基于本次研究内容的定位，对乡村幼儿教师和工作满意度的内涵做了界定。

一、乡村幼儿教师

农村，指乡下，不同于城市、乡镇而从事农业的农民聚居地。以从事农业生产为主的劳动者聚居的地方，也叫乡村。《中国学前教育百科全书·教育理论卷》将幼儿教师定义为"在幼教机构中，对3—6岁幼儿进行教育的主要工作人员，即指受社会的委托，在幼儿园或其他幼教机构中对儿童的身心发展施加影响、从事教育和保育工作的相关人员"。[1]

综合以上，本研究的乡村幼儿教师指工作在以村为单位的幼儿园，对3—6岁儿童实施教育的工作人员，不包括幼儿园的园长及其管理人员。

二、工作满意度

工作满意度是Hoppock(Job Satisfaction)在《工作满意度》一书中最早提出的。他认为工作满意度是指员工在心理和生理这两方面上对工作本身和工作环境所感受到的满意效果，工作满意度的影响因素包括工作条件、工作疲劳、工作单调和领导方式等。[2]陈云英认为教师的工作满意度就是教师对所从事的职业以及工作条件与状况的一种整体的，并且带有主观情绪色彩的感受与看法。[3]董朝辉则总结了学者们对教师工作满意度的定义，并将其划分为三大类型：综合型、期望型、参考架构型，他还指出我国学者在测定教师满意度时把重点放在了满意度的具体维度上。[4]

---

① 梁志燊,霍力岩.中国学前教育百科全书.教育理论卷[M].沈阳:沈阳出版社,1995:168.
② Hoppock, R. Job Satisfaction. New York. Harper Brothers, 1935:25-30.
③ 陈云英,孙绍邦.教师工作满意度的测量研究[J].心理科学,1994,3:146—149.
④ 董朝辉,杨继平.教师工作满意度研究[M].北京:中国社会出版社.2012:2—4.

基于以上探讨，本研究将工作满意度界定为：乡村幼儿教师在从事工作过程中，在幼儿园管理、工作环境、工作任务、人际关系、自身发展、薪资福利等方面的期望与需要得到的满意程度。

第二节　实证调研

一、研究设计

（一）研究对象

乡村，指乡下，不同于城市、乡镇而从事农业的农民聚居地。以从事农业生产为主的劳动者聚居的地方，也叫农村。《中国学前教育百科全书·教育理论卷》将幼儿教师定义为"在幼教机构中，对3—6岁幼儿进行教育的主要工作人员，即指受社会的委托，在幼儿园或其他幼教机构中对儿童的身心发展施加影响、从事教育和保育工作的相关人员"。[1] 综合以上，本研究的乡村幼儿教师指工作在以村为单位的幼儿园，对3—6岁儿童实施教育的工作人员，不包括幼儿园的园长及其管理人员。

（二）研究方法

1. 文献法

文献法就是通过查阅有关文献，搜集国内外现有的与某一特定研究领域相关的信息，对所要研究的问题作系统的评判性分析的研究方法。目前，国内外对教师的工作满意度的状况研究很多，通过文献分析法能够了解其研究现状，为本研究提供研究经验、理论依据。通过查阅图书，并运用中国知网期刊全文数据库、万方数据库及读秀学术等多种渠道搜集和查阅了国内外大量相关研究的成果，并进行整理分析，掌握乡村幼儿教师研究的最新趋势，提取出科学性较强、适用性较高的研究方法，进而利用这些方法构建研究设计。

2. 问卷法

以山东省临沂市农村幼儿教师为研究对象，进行问卷调查。

---

[1] 梁志燊，霍力岩. 中国学前教育百科全书. 教育理论卷 [M]. 沈阳：沈阳出版社,1995：168.

3.访谈法

通过走访临沂市农村幼儿园，对该村幼儿教师进行专项访问，还与园长以及在职教师进行沟通、访谈，访谈的主题主要是围绕教师的工作满意度各方面来展开。其中包括幼儿教师对目前的工作环境以及工作待遇等各方面存在的不满因素，以及使幼儿教师产生职业离职想法的原因等等。

4.观察法

在深入幼儿园做问卷调查时，同时也是一个观察幼儿园教师精神状态的好机会，通过观察她／他们的言行举止，也能得到一些对本研究有帮助的信息。

本书运用混合研究法，定性研究与定量研究相结合，理论的研究和数量的分析并举，通过调查研究总结出影响农村幼儿教师工作满意度的主要因素，再结合访谈进一步探讨影响乡村幼儿教师工作满意度的原因，并根据原因分析，给出自己的解决方案。

（三）研究工具

本研究主要采用了问卷作为研究工具，同时结合访谈法对临沂市在职的乡村幼儿教师进行调查研究，以便得到更加有效的信息。

结合本研究内容及调查对象，对幼儿教师的生存状况进行测量，探究乡村幼儿教师工作与生活状况。包括基本情况、幼儿园管理、工作环境、人际关系、工作任务、自身发展、工资水平与福利待遇以及被调查者个人对于职业满意的总体评价八个方面，问卷设计涵盖 12 个人基本信息和 25 个具体意愿性的调查问题（包括一道开放性题目）。其中，幼儿园管理方面主要包括园所的考核机制、用人机制以及职称评定；工作环境包括工作稳定性、园所教学配套设备、幼儿人数以及工作环境；人际关系主要包括教师与上级领导、同事、家长以及幼儿之间的关系；工作任务方面主要指的是工作量、教学量以及保教任务等方面；自身发展包括进修培训机会、晋升空间以及教师个人价值实现；总体评价指教师对目前工作以及生活状态取向的一个整体的满意度。

通过查阅文献资料，借鉴已有的相关满意度的访谈提纲的基础上，设计了专门针对乡村幼儿教师生存状况的访谈提纲（见附录），以此作为临沂市乡村幼儿教师生存现状的影响因素的研究的补充。访谈提纲分为基础信息和正式访问内容两部分。

（三）基本描述性分析

本调查从临沂市的沂水县、兰山区、河东区地区抽取了 200 名乡村幼儿教师进行了问卷的发放，分别包括了以示范幼儿园、民办幼儿园、普通幼儿园及私立幼儿园的农村幼儿教师为研究对象，发放乡村幼儿教师问卷 240 份，回收 234 份，回收率 98%，经过筛选和整理，剔除 8 份作答不完整和回答方式不符的问卷，实际有效问卷 228 份，有效率 96%。问卷由教师填写，调查采用不记名的方式，要求如实、认真填写。调查对象详细分布情况见下表（表 5-2）

表 5-2　农村问卷调查对象基本情况

项目	组别	人数	百分比
年龄	小于 20 岁	56	24.6%
	20—25 岁	89	39%
	26—30 岁	47	20.6%
	31—35 岁	28	12.3%
	35 岁以上	8	3.5%
教龄	1 年以下	32	16.7%
	1—3 年	91	39.9%
	3—5 年	94	41.2%
	5—10 年	7	5.2%
	10 以上	5	2.2%
学历	初中以下	34	14.9%
	初中	67	29.4%
	中专或高中	89	39%
	大专	36	15.9%
	本科	2	0.8%
	研究生	0	0%

续表

项目	组别	人数	百分比
专业	是学前教育	58	25.4%
	否学前教育	170	74.6%
婚姻状况	未婚	149	65.3%
	已婚	79	34.7%
班级	托儿所或小小班	18	7.9%
	小班	32	14%
	中班	37	16.2%
	大班	58	25.4%
	学前班	83	36.4%
班级人数	小于30人	32	14%
	30—40人	57	25%
	41—50人	71	31.2%
	大于50	68	29.8%
工资水平	1000元以下	38	16.7%
	1000—2000元	94	41.2%
	2000—3000元	75	32.9%
	3000元以上	21	9.2%
园所性质	民办园	109	47.8%
	公办园	83	36.4%
	普惠园	36	15.8%
户口	农村	173	75.9%
	城市	75	24.1%

从表5-2可以得知，调查的对象具有如下基本特征：

从年龄方面来看，20岁以下幼儿教师占24.6%，21—25岁之间的教师所占的比例最高，为 39%，26—30 岁为 20.6%，31—35 以及 35 岁以上教师所占比例分别为 12.3% 和 3.5%，其中年轻幼儿教师占大多数；

从教龄来看，近一半幼儿教师工作年限低于一年，且有十年以上教龄的仅为 2.2%。

从受教育程度来看，大部分幼儿教师具有初中和高中（含中专）学历，这二者所占比例分别为：29.4% 和 39%，另外有 14.9% 的幼儿教师具有初中以下学历，大专学历所占比例为 15.9%，本科的教师仅为 0.4%。并且非学前教育专业高达 74.6%。

从班级管理看，大部分是一学前班为主，幼儿班级人数较多；园所性质以民办园为主，公办园、普惠园居少。

本次调查者的年龄层次、教龄、受教育程度等方面均能反映出乡村幼儿教师的基本情况：年轻幼师居多、就业年限短、学历水平低、工资水平低，幼儿班级以学前班居多、人数多，且多出自民办园，并且多是农村户口。在幼儿园园长的帮助下，在发放调查问卷的同时随机选取了几家农村幼儿园的 10 名背景变量不同的幼儿教师进行个别访谈，其中 3 名幼儿园领导者，7 名普通幼儿教师。

第三节　乡村幼儿教师基本生存现状

把收集来的问卷进行归类整理，对乡村幼儿教师生活和工作状况进行统计，在幼儿园管理、工作环境、人际关系、工作任务、自身发展、工资水平与福利待遇以及被调查者个人对于职业满意的总体评价七个方面的现状描述如下：

一、幼儿园管理

表 5-3　幼儿园管理方面各项目频率表

题项		频率	百分比（%）
职称评定的机会	缺乏	100	54.1
	不关心	3	1.6
	不缺乏	82	44.3

续表

题项		频率	百分比（%）
幼儿园用人机制	不合理	113	61.1
	一般	8	4.3
	合理	64	34.6
幼儿园考核机制	不合理	60	32.4
	一般	9	3.2
	合理	119	64.3

在幼儿园管理方面，临沂市乡村幼儿教师的满意程度整体处于一般的状态。在职称评定的机会、用人机制和考核机制三方面中不满意程度依次为：44.3%、34.6%、32.4%。其中有超过 1/3 的幼儿教师认为缺乏教师职称评定的机会，这表明临沂市乡村幼儿教师的满意度要更低一些，说明了在职称评定方面，仍然有许多教师表示不满。幼儿园的用人机制、考核机制也存在着不同程度的不合理状况。这势必会影响乡村幼儿教师工作满意度。

二、工作环境

表 5-4　工作及工作环境方面各项目频率表

题项		频率	百分比（%）
工作稳定性	稳定性差	18	9.7
	一般	5	2.7
	比较稳定	162	87.6
园所教学设备配套	不太好	51	27.6
	一般	4	2.2
	还不错	130	70.3
工作环境和氛围	不太好	78	42.2
	一般	6	3.2
	还不错	101	54.6
幼儿数	多，应付不过来	97	52.4

续表

题项	频率	百分比（%）
一般	3	1.6
不多，可以应付过来	85	45.9

从表 5-4 显示出，临沂市乡村幼儿教师认为幼儿教师这一职业比较稳定，但在题目工作环境和氛围中，表现出不太好的有 78 人；在幼儿数方面则更明显，表现出幼儿教师多，根本应付不过来。这说明目前幼儿园中的工作环境氛围以及班级容量还有待改观。

三、工作任务

表 5-5　工作任务方面各项目频率表

题项		频率	百分比 (%)
日常工作量	日常工作量太大，难以应对	102	55.1
	一般，没什么感觉	5	2.7
	日常工作量不大，轻松应对	78	42.2
时间量	时间量大	76	41.1
	一般	6	3.2
	时间量小	92	49.7
保教任务	任务繁重	103	55.7
	一般，没什么感觉	7	3.8
	比较轻松	86	46.5
是否觉得工作缺乏教学管理引路人	缺乏	60	32.4
	不关心，没感觉	4	2.2
	不缺乏	121	65.4

统计结果显示：就整体来看，幼儿教师的工作任务比较繁重，尤其在日常工作量和保教任务方面。其中有 55.7% 的幼儿保教任务繁重，这势必会对幼儿教师产生低的工作满意，影响其职业坚守度。教师工作任务重，使教师产生工作压力越高，教师的离职意愿越弱。在是否觉得工作缺乏教学管理引路人中，有 65.4% 的幼儿教

师觉得不缺乏，不知道是不缺乏还是意识不到，还需要进一步访谈其原因。

四、人际关系

表 5-6　人际交往方面各项目频率表

题项		频率	百分比 (%)
与同事及领导关系	关系复杂，难以相处	17	9.2
	一般	2	1.1
	相处融洽	166	89.7
认为与幼儿之间的关系	关系恶劣，难以相处	13	7.0
	一般	4	2.2
	相处融洽	168	90.8
家长对教师的要求	要求过高	96	51.9
	一般	5	2.7
	要求不高	84	45.4
是否觉得人格尊严会受到威胁	觉得	52	29.7
	一般	5	2.7
	不觉得	128	73.1

　　在人际交往方面，临沂市乡村幼儿教师大部分在交往中表现出和谐愉悦的特性，处于比较满意的状态，其中与同事领导关系以及在与幼儿相处之间都有很好的融洽度。但是，有一部分教师觉得在工作当中受到了人格尊严方面的威胁及侮辱，达到接近 30%。同时，在与家长的交往方面，有近一半的教师觉得家长对教师提出了过高的要求。这容易使教师工作压力增大，影响教师职业工作满意度。

五、自身发展

表 5-7　自身发展方面各项目频率表

题项		频率	百分比 (%)
是否缺乏进修的机会	缺乏	113	61.1

题项		频率	百分比 (%)
	不关心，没感觉	2	1.1
	不缺乏	70	37.8
是否缺乏培训的机会	缺乏	92	49.7
	不关心，没感觉	2	1.1
	不缺乏	91	49.2
工作是否有发展的机会和前途			
	缺乏机会，没有前途	119	64.3
	一般，没什么感觉	7	3.8
	机会多，前途好	59	31.9
是否缺乏提供实现自身			
价值的平台	缺乏	116	62.7
	不关心，没感觉	9	4.9
	不缺乏	60	32.4

　　在自身发展这一方面，临沂市乡村幼儿教师的自身发展受到限制，很难实现自身发展。具体来看，幼儿园是否提供培训的机会和幼儿园是否提供进修机会这两方面各项的所占比例相当，总体是缺乏培训与进修机会的．而在自我价值的实现以及和工作发展前途这两项，幼儿教师普遍感到缺乏的人数较多，处于劣势地位。由此可以看出，幼儿园在为教师提供一些进修与培训机会的同时，更多关注教师自身价值的实现。

六、薪资福利

表 5-8　薪资福利方面各项目频率表

题项		频率	百分比 (%)
劳动付出与工资			
收入比例如何			
	劳动付出多于工资收入	139	75.1
	劳动付出与工资收入持平	44	23.8

题项		频率	百分比 (%)
劳动付出低于工资收入		2	1.1
幼儿园的 福利待遇如何差		147	79.5
一般		25	13.5
挺好的		13	7.0

表 5-8 统计结果表明，在薪资福利待遇方面，临沂市乡村幼儿教师认为目前幼儿园的福利待遇极差；在劳动付出与工资收入比例方面，很大一部分教师都认为自身的劳动付出要多于工资的收入，这两项都处于不平衡的状态。从以上数据可以看出，目前，临沂市乡村幼儿教师的工资以及福利待遇迫切需要得到提高才能留住乡村幼儿教师。

七、幼儿园管理

表 5-9　工作及工作环境方面各项目频率表

题项		频率	百分比（%）
总的来说您对您目前的生活状况是否满意	满意	58	31.4
	一般	72	38.9
	满意	55	29.7
总的来说您对您目前的工作状况是否满意	满意	54	29.2
	一般	76	41.1
	满意	55	29.7

表 5-9 总体来看，临沂市乡村幼儿教师在工作以及生活方面的满意程度普遍偏低，在生活和工作方面的满意度处在一般水平。目前，乡村幼儿教师的工作满意度有待改善，特别是生活和工作状况。

八、临沂市乡村幼儿教师工作满意度各维度比较

表 5—10 中每一个题目的理论平均值为 (1+2+3) *1/3=2。每一个维度的理论平均值为 2* 每个维度所包含的项目个数。当实际维度的平均值大于理论维度的平均值说

明此项维度满意，当实际维度的平均值小于理论维度的平均值说明此项维度不满意。

表5-10　临沂市乡村幼儿教师工作满意度比较表

影响因素	每个维度所包含的项	理论平均值	实际平均值	比值	排行
人际关系	4	8	9.34	1.167	1
自身发展	4	8	8.02	1.002	2
幼儿园管理	3	6	5.76	0.960	3
个人的总体评价	2	4	3.74	0.936	4
工作环境	4	8	7.48	0.935	5
工作任务	4	8	7.16	0.895	6
薪资待遇	2	4	2.63	0.657	7

以上七项因素调查结果表明，目前临沂市乡村幼儿教师对于自身工作的满意程度整体处于一般状态。在人际交往这一项中教师满意人数较多，人际关系比较满意水平较高，而在薪资福利满意水平最低，其次是工作任务和工作环境方面的教师处于不满意的人数较多。由此我们可以得出，幼儿教师的薪资福利是最迫切需要解决的问题，工作环境有待于改善，工作任务有待于明确，以减轻教师压力。而想要整体提高农村幼儿教师对于自身工作的满意度，仍然需要在各个方面做出努力。

第四节　乡村幼儿教师现状困境原因分析

一位乡村幼儿教师在问卷调查的开放性问题上写道："我有一个梦，这个梦就是我做一个幸福快乐的幼儿老师。"这一句话既饱含了无奈又充满着期盼。通过在幼儿园的实习，结合问卷和访谈，对临沂市乡村幼儿教师满意度的调查，分析得出目前临沂市乡村幼儿教师整体的工作满意度并不高，处在一般的状态，这一定会影响着乡村幼儿教师队伍的稳定，并且在很多方面继续存在着众多的问题。根据调查结果，笔者对这些问题进行了归纳总结。

一、社会环境因素

1. 幼儿教师的社会认同度低

通过调查发现，很多教师认为幼儿教师的社会地位偏低，社会各界也对幼儿教师存在较大的偏见，这都会影响到教师对于自身工作的坚持与满意度。很多幼儿园曾出现过幼儿教师虐待幼儿、关禁闭等现象，这严重损害了众多幼儿教师的职业形象地位。此外，还有一些教师也说出，农村幼儿教师的社会地位极其低，受到他人的轻视。在访谈时张教师说到：

"人家都说，你一个幼儿园的老师，就天天跟一帮小毛孩子打交道呀，你的智商也就和孩子一样了，经常也有人说，教小孩人人都能教，不用多高学历啊。"

幼儿教师的社会地位太低，有太多的无奈，与其说是教师不如说是孩子的保姆。而且要管好孩子，如果孩子受到伤害，就要得到家长的不理解，甚至是社会上的舆论压力。调查的数据结果也表明，有接近一半的教师认为家长对教师的要求过高。

由此可以看出，目前农村幼儿教师的社会地位的确很不高，教师行业得不到社会重视，社会对于教师的舆论导向也不乐观，很多群众往往在看热闹的同时就一概否定了所有的教师，对那些在岗位上兢兢业业、默默付出的教师十分不公平。

2. 社会对幼儿教师要求和期望过高

通过数据分析显示，有一半多的幼儿教师认同社会给予了过高的期望，社会的期望给幼儿教师造成了巨大压力。同时结果显示有 51.9% 的幼儿教师表明家长提出了过高的要求给自己工作带来了压力。幼儿教师一方面要承受来自社会要求又有家长要求的压力，这是稳定幼儿教师队伍的重要因素。通过访谈了一位幼儿教师，她说：

"有一个家长，她是做生意的，她说她工作太忙，下班比较晚，要求所有老师在她没来接孩子的时候多陪陪孩子，别让孩子孤独了。""有的家长不愿意听老师说孩子哪里表现不好，就愿意听说孩子好听的话，一说到孩子哪里表现不好，就说是老师教得不好，说什么孩子在家里表现挺好的。"

这无形中给幼儿教师增添了压力，幼儿教师既要满足家长对孩子提出的要求，同时更要努力工作，保证教学质量，接受领导的检查等，这种社会竞争意识给幼儿教师造成了不小的压力。

二、幼儿园因素

1.幼儿教师工资及福利待遇相对不高

通过调查数据（表 5—8）可以看出，有 75.1% 的教师认为劳动付出多于工资收入，她们对工资相对不满意。在问卷月收入的最高项达到 3000 元以上教师少之又少，通过进一步的访谈了解到，目前教师的工资水平并不高，许多在职教师的教龄达到了一二十年工资收入也只有 2500 元上下，他们说自己的收入与其他行业的同龄人有时候能少将近一半；而很多新来的年轻教师在转正前的工资往往只有 1000元左右，有的教师甚至要干 3—5 年才有机会转正。

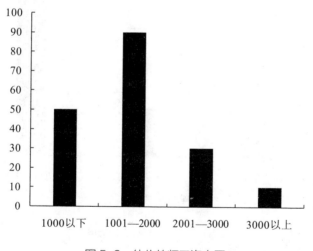

图 5-2　幼儿教师工资水平

有着十二年教龄的陈教师说：

"现在我一个月工资包括补贴的钱，再加上绩效等杂项，也就两千多块钱。这两千多块钱要应付家里头各种费用，我这点工资，也就够自己生活的所需。而那些年轻教师，工资还不如我，别说奢侈品，就是想让自己的生活质量高一点儿，都好像有点儿不太可能。"

目前临沂市教师的工资水平并不高，与工资相关的一些政策也不够合理。

整体上农村幼儿教师没有享受福利待遇，在城市的教师他们的福利待遇较好，比如："五险一金"、取暖费以及纳凉费等，而农村基本上没有享受。小王教师说：

"与城市幼儿教师福利待遇相差悬殊，我个人工资一千六，除此之外再没有别的，完全不敢请假，请假的话就会扣全勤扣工资。有的非在编的幼儿教师工资更少，工资待遇低到几百块钱，还是从幼儿保育费挤出，更别说五险一金了，期待早日解决我们的待遇问题。"

从以上访谈中，我们可以知道农村幼儿教师的工资偏低，福利待遇也没有保障。

2.幼儿教师工作负担重

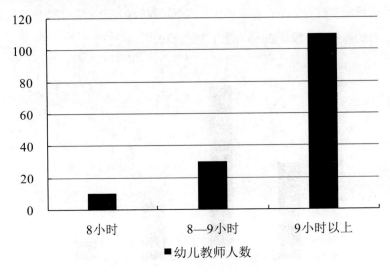

图 5-3 幼儿教师工作时间

图表结果显示，幼儿教师的工作时间基本上在 9 小时以上，他们的工作时间大，给幼儿教师带来大小的负担压力。在幼儿园工作期间，工作时间在八小时之内的 16 人，占 12.5%；工作时间在九小时之内的有 32 人，占 20.8%；工作时间在九小时以上的有 116 人，占 66.7%。可见，大部分的民办幼儿园教师的工作时间是在九个小时以上。这一工作时间违背了劳动者每日工作八小时的规定，而在访谈中，他们额外的工作时间也没有加班费。其中有一位老师说：

"我每天工作的时间是十小时，每天七点二十到岗，五点半下班，中午有休息时间，但是我们也不能休息，要时刻关注着孩子的动静，即使有的时候需要加班也没有给支付过加班费，这实在是让我感到力不从心啊。"

3.幼儿园管理模式存在漏洞

据问卷调查研究发现，临沂市农村幼儿园在培训、评优评奖机会上比较缺乏。

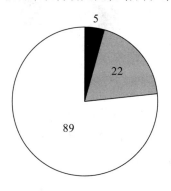

■一年几次　■几年一次　□没有

图5-4　幼儿教师外出培训机会

图中显示，幼儿教师外出培训机会一年几次的有5人；几年一次的有22人，占到总人数的10.4%；没有外出培训机会的有89人，占到总人数的89.6%。从调查的结果看，大部分教师在幼儿园工作期间都没有外出培训的机会，缺乏专业成长的途径及条件，使得她们的专业成长异常的艰难，也看不到发展的前途。作为幼儿园管理者，没有提供给幼儿教师足够的发展空间，使得幼儿教师的专业发展受到了限制。相比农村幼儿园，城市幼儿园的教师拥有广阔的发展空间，不仅在基本工资、奖金、评奖评优、社会保险等物质方面能够得到满足，而且在外出培训、在职培训、专业成长等方面，幼儿园也给予了她们广阔的发展空间。所以农村幼儿园在这些方面都没有优势，农村幼儿园管理者为了压缩成本，减少额外的开支，并没有将资金投入给外出培训、教师专业成长等领域，导致农村幼儿教师队伍的素质及专业化程度普遍偏低。

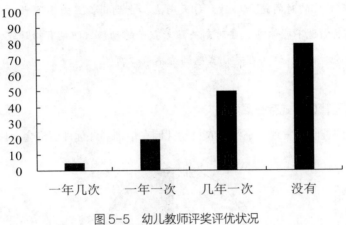

图 5-5　幼儿教师评奖评优状况

幼儿教师在幼儿园工作期间，评奖评优的机会一年几次的有 3 人，一年一次的有 22 人，几年一次的有 58 人，从来没有的有 89 人，从数据中分析，在一年中有评奖机会的只有 25 人，仅占被调查人数的 31.25%，拥有评奖评优机会的教师非常的少。有一位教师说：

"我在这所农村幼儿园工作了三年仅有一次评奖评优的机会，那是幼儿园里举办了一次优质课评选活动，让每位教师都积极参与，当时调动了大家的积极性，提前一个多月就开始准备，在那次活动中，大家都准备得很充分，发挥得很好，当时我就觉得幼儿园应该多开办一些活动，多一些评奖评优的机会。而且我所在的幼儿园没有外出培训的机会，平时只能靠自己去借阅一些书籍来提升自己的专业水平，也从来没有过聘请一些专家来园举办讲座，所以感觉自己的信息很封闭，只是时不时地在网上看一些幼儿教育的新闻。"

从调查问卷和访谈中我们看到，农村幼儿园在教学管理上存在很大的漏洞，园所在管理上没有考虑到教师的诉求以及教师将来长远的发展。幼儿园管理是强制型的管理模式，园所的管理者只是看到了眼前的利益，并没有在提高师资队伍素质上下功夫，并没有看到评奖评优的利处所在。评奖评优可以调动幼儿教师工作的积极性，让她们可以在参评过程中发扬自身优点，弥补自身不足，互相交流，互相促进，提高自身的专业化水平，营造一种同学习共进步的工作环境。在这样的工作环境下，幼儿教师会提高工作的积极性，同时也会提高自己的专业化水平。

三、个体自身因素

1. 缺乏正确的职业价值观

农村幼儿教师的学历较低，缺乏较高的知识素养，在职前期，没有正确的职业定位，自主专业发展的意识不强，思维方式单一化，知识更新慢；对自己的评价较高，思想站位不准确而产生一些负面影响，使得一部分幼儿教师对幼教职位产生了理想化的工作场景。年轻教师又因缺乏工作经验，在基层做最辛苦的工作，这同自己的理想产生了极大的落差，而产生失落感和挫败感，导致工作没有积极性。幼儿教师自身的职业价值观不正确，导致她们对未来的职业生涯发展目标困惑、迷茫。有一位教师说：

"我在幼儿园工作就是觉得和孩子在一起，轻松愉悦，没有其他商业的钩心斗角，人际关系简单，但是来做幼儿教师才知道幼儿教师工作是最辛苦的，幼儿园里也为了一点利益而钩心斗角，相互猜疑，有时感觉也很累"。

这位幼儿教师在最初选择幼儿园工作时，并没有一个正确的职业发展观，只是出于一些个人私利，才选择这份工作。正确的职业价值观是指幼儿教师必须要有爱岗敬业、无私奉献的精神，干一行爱一行，在其位谋其职，将自身的职业发展与幼儿的身心全面发展以及幼儿教育事业的健康发展紧密结合起来。

2. 自身专业发展能力不强

教师的专业发展是指，教师作为专业人员，从专业理想到专业知识、专业能力、专业自我等方面由不成熟到成熟的发展过程，即由一个新手型的教师发展成为专家型教师的过程。[①] 而作为农村幼儿园教师，她们普遍缺乏正确的专业发展观，对专业发展没有明确的定位。她们把专业发展当作是专业学历的提升，有一位老师说：

"我的学历是中专，我也时常会在书上会看到'专业发展观'，'专业成长'这些名词，但是也没有去深入理解，我所理解的就是，提升自己的学历水平，通过再深造来提高自己的专业发展水平。"

张老师说："因为自己不是学幼师的，很多技能不会，画画、唱歌都是业余爱好，没有什么技术含量，尤其是钢琴最困难，没有人教自己一点都不会，非常希望提高这一块。"王老师说："对小孩完全不了解，小孩不听指挥。哭闹也不知道是什

---

① 戴鑫.民办幼儿教师流失的原因分析及对策研究 [D].内蒙古：内蒙古师范大学硕士论文,2015,(3).

么原因，经验也少，他们一闹自己就不知道该怎么办了，管不住小孩。"[1]

幼儿教师是一个集理论知识和专业技能于一体的专业性很高的职业，这些技能都需要经过一定时间的专业训练。而农村幼儿园招聘教师并不以专业对口为主，很多不相关专业的教师也有很多，且学历大都较低，以高中或者中专学历为主。农村幼儿园中多以年轻教师为主，他们本身没有相关经验，在幼师学校学到的知识又很单薄，不足以应付现实教学中出现的多种多样的问题。一些年长教师的方法不当，但立竿见影的教学行为也会歪曲新任年轻教师的教育理念。职业知识的缺乏使幼儿教师不能针对不同年龄特点的幼儿采取适宜的教育方式，对幼儿的心理缺少了解，幼儿的哭闹和不听话让许多乡村幼儿教师手足无措，只能采取简单不合理的方式解决。除此之外，职业技能的不足也会使幼儿教师感到没有自信，不知道怎么开展一节生动有趣的幼儿课程。面对这些专业性难题，乡村幼儿教师工作之外的时间又非常有限，对职业知识和职业技能的提升没有更好的解决方式。这些不足会影响到乡村幼儿教师工作的顺利开展，稳定有较大的影响。

3. 教师自身其他因素

影响一个人的职业有很多因素，比如一个人的性格、性别、婚姻状况、家庭因素、学历水平等。这些因素具有隐蔽性，其特征差异不明显。

人的性格特质决定一个人的外在行为。外向的人与内向的人在处事与交际存在明显差异。刘老师说：

"我是一个内向的人，平时不善于和别人打交道喜欢独来独往，我觉得这种压抑的人际环境让我想逃离这里。但是后来，一个老师主动指导了我，这是我很快融入帮助我跟老教师交流关系紧张会让一个人存在不安全感，记得我刚来幼儿园的时候，内心就特别忐忑，因为我不善于打交道，喜欢一个人独来独往，一种新环境会让我产生压抑感觉，现在我觉得很愉快。"

一个凝聚着和谐沟通交流愉悦的环境一定会给教师带来归属感与愉悦感，加强和巩固幼儿教师留守在农村幼儿园的决心。而不和谐、不理解的环境和孤僻的人际关系，会使教师产生职业倦怠，最终会对新环境产生不良感应，影响其工作的积极性与坚守农村的决心。

其次在性别上，女性的稳定性要明显地高于男性的工作稳定性，男性的天生就

---

① 窦青.论中国风格钢琴练习曲创作的体系性构建 [J].音乐研究,2017(6):81—89.

具有不安现状特质以及承担家庭责任的角色导致他们有义务有责任找个待遇更高、前途更好的工作。而女性倾向于稳定、安逸的工作生活。再次，婚姻状况也会影响农村幼儿教师职业稳定性，一般已婚的比未婚的职业稳定性要高。家庭经济条件比较富裕的很少做农村幼儿教师，有的也只是出于一种奉献爱心，发展农村学前教育事业的紧靠幼儿教师的奉献精神是没有出路的。最后，教师的学历水平因素也影响职业稳定性，拥有高学历的教师在农村幼儿园中鲜有。

第六章　改善当代乡村幼儿教师
生存现状的对策与建议

　　学前教育是基础教育中的有机组成部分，是步入小学阶段教育的关键一环，农村学前教育的发展是我国学前教育发展的重点，如何做好这一基础教育中的基础部分，农村学前教育教师起着非常关键性的作用，从本研究收集的调查材料看，临沂市乡村幼儿教师工作与生活现状不是很乐观，不少幼儿教师存在着可能会离职的倾向，这势必会影响农村学前教育的发展。黄英忠 (1997) 认为，员工离职对组织是极为不利的，会带来明显的负面效果，比如员工脱离组织可能会影响其他仍然在岗的同事的士气，间接地也会对组织目标完成造成较大负面影响 [①]。所以必须采取措施，提高农村幼儿教师的工作满意度，建设高质量幼儿教师队伍是目前亟待解决的突出问题。根据对农村幼儿教师工作满意度的产生的原因分析，以此来改善乡村幼儿教师的工作满意度。根据研究原因分析提出了以下建议。

---

① 关桓达 . 中西部地区农村中学教师工作满意度与工作稳定性研究 [D]. 华中农业大学硕士论文 ,2015(3).

第一节　国家和政府：制度建立与监督执行并重

一、地方政府加大投入力度

1. 加大农村学前教育事业资金的投入

要加大对农村学前教育事业资金专项投入力度，提高农村幼儿园办园条件，促进乡村幼儿教师基本条件标准化。由于农村地区条件极其差，各种办园水平与城市相比甚大，因此，需加大投入度，建设标准化设施，积极推动农村学前教育事业优质化发展。

2. 完善乡村幼儿教师的工资保障制度

建立健全教师工资保障机制，一方面制定最低工资保障机制，并建立完善各种福利政策，吸引更多的教师到农村去。另一方面通过转岗培训、公开招考等方式招聘正式幼教，逐步提高幼教工资待遇。

3. 全力开展乡村幼儿教师培训机制

试图建立一种有持续培训功能的、快捷有效的培训农村优势的新模式。可以组织孩子们到大自然去观察、学习，以及是否提供一些自然材料（如植物茎、叶、壳、砂砾、种籽等）让孩子操作，充分利用农村有利条件，发挥自然环境对孩子的作用。

因此，在培训时，注重农村本土资源的开发与利用、农村幼儿园区域活动如何开展、农村幼儿园的自制玩具等问题。区域活动设计中，设计《泥巴》专题，泥巴是农村到处都有的资源，而玩泥巴是儿童的天性。拟定不同教龄、年龄的乡村幼儿教师感兴趣的培训项目，有针对性的分别开设培训内容，满足不同阶段乡村幼儿教师的需要，发挥培训的最大功用。

二、完善相关法律法规，加强考核与监督

1. 制定实施乡村幼儿教师优惠倾斜政策

《国家中长期教育改革和发展规划纲要（2010—2020）》指出，重点发展农村学前教育。与此要大力支持贫困地区发展学前教育。而发展农村学前教育，关键在于乡村幼儿教师队伍建设。要切实提出乡村幼儿教师的工资福利待遇标准、聘任制度、编制政策、职称评级标准等问题的对策。《乡村教师支持计划（2015—2020）》，全

面部署乡村教师队伍建设工作。同时要提高乡村幼儿教师入职门槛，提高职业声望，对乡村幼儿教师任职资格和相应资历要求做出明确的规定和限制，把乡村幼儿教师作为专业人员。

2. 加强监督力度

制定实施国家颁布的相关法律法规必须有强有力的监督机构，保证其实施，才能保证教师的合法权益，稳定教师队伍。因此需加强监督力度，设立独立需监督机构严格监管，督促相关部门实施出台的相关国家政策，并纳入其政府政绩考核中，保证顺利实施。

第二节 社会和家长的支持

一、保障幼儿教师的合法权益，提高幼儿教师的社会地位

制定实施乡村幼儿教师优惠倾斜政策，要切实提出具体的关于乡村幼儿教师的工资福利待遇标准、聘任制度、编制政策、职称评级标准等问题的实施对策。加大对农村学前教育事业资金专项投入力度，提高农村幼儿园办园条件与水平，促进乡村幼儿教师基本条件的标准化。农村地区各种条件极其差，办园水平与城市存在较大差距，因此，更需加大投入力度，建设一批标准化设施，积极推动农村学前教育事业向优质化方向发展。切实提高完善乡村幼儿教师的工资保障制度，建立健全乡村幼儿教师工资保障机制，一方面要制定最低工资保障机制，同时建立完善各种福利政策，吸引更多更好的教师到农村去任教。另一方面要通过转岗培训、公开招考等方式招聘正式幼教，逐步提高幼教工资待遇。试图建立一种有持续培训功能的、快捷有效的培训农村优势的新模式。同时要提高乡村幼儿教师入职门槛，提高职业声望，对乡村幼儿教师任职资格和相应资历要求做出明确的规定和限制，把乡村幼儿教师作为专业人员。

二、社会和家长对幼儿教师的期望要合理

社会和家长要给予幼儿园教师充分地理解、尊重与信任。近几年来，由于我国基本国情，大部分都是独生子女。孩子们在家里都是"小皇帝""小公主"，走进幼

儿园更是社会、家庭、幼儿园、老师的各方面关注的中心，现在的孩子普遍"娇贵"。这无形之中给幼儿园教师带来了巨大的职业压力。有些时候的粗心大意就有可能受到孩子家长、社会各界的批评，这也是幼儿教师心理压力的重要来源。幼儿教师平均年龄并不大，在面对这些压力的时候，很容易出现畏缩、自卑，甚至想逃避、改行的心理问题，这也是很多教师不愿意在幼儿园工作的原因之一。所以，我们的学校、社会、家长，要给予幼儿园教师应有的理解和尊重，在发生问题地时候，理性的看待问题本身，不要对教师盲目指责。

第三节　完善幼儿园的管理制度

一、提高乡村幼儿教师工资待遇和福利待遇

我国《教师法》中明确规定，教师的平均工资水平应该不低于或者高于国家公务员的平均工资水平。[①] 而乡村幼儿园教师的工资待遇一直是备受高度关注的问题，大部分的农村幼儿园老师感叹道："起得比鸡早，睡得比狗晚，工资比民工还少"。这种工作状态很难让幼儿教师快乐工作，不能从根本上真正调动乡村幼儿教师的积极性和热情，相反会影响其工作满意度，也在一定程度上增加了教师队伍的不稳定性。跟中小学及高等教育教师相比，幼儿教师最大的特点是保育任务繁重，在教育教学上，可能没有高深的理论，但是在幼儿的心理成长、在园内的衣食住行、人身安全等许多方面都需要投入大量精力，所以说幼儿教师每天的工作琐碎而繁重。现在，乡村幼儿园老师工资水平福利待遇普遍不高不完善，这需要幼儿园和上级主管部门，都应该努力提高幼儿园老师的工资水平完善福利待遇保障机制，让教师满意安心工作。

二、完善园内考核与奖罚制度

幼儿园要建立健全园内的幼儿教师考核和奖罚制度，来进一步提高教师工作的积极性。在园内组织开展不定期与不定期的教师考核，对幼儿教师的教学质量、工

---

① 中国政府门户网站. 中华人民共和国教师法（第 25 条）[EB/OL]. http://www.gov.cn/banshi/2005-05/25/content_937.htm. 2005-5-25.

作能力、工作态度、积极性进行全方位的检验。通过考核，要对于那些考核成绩好的幼儿教师给予奖励，并评定模范幼师，以此激励大家大学习，促进幼儿教师专业发展，形成"先进更先进，先进带后进，后进赶先进"的良好园风，调动乡村幼儿教师的积极性激发她们的工作热情和进取心。与此同时，也要严格建立健全各项规章制度，以制度规范行为，避免人浮于事，"当一天和尚撞一天钟"现象的发生，从而真正做到"有章可循"，奖罚分明，实现"考核评定 - 赏罚分明"的管理体制。

三、提供幼儿教师的培训支持

幼儿园要组织幼儿教师进修，让幼儿教师走出幼儿园去获取更高层次的学习和锻炼，促进自身个人专业成长。这样既可以培育人才又可以极大限度的留住人才，特别是一批的青年幼师，让他们真正感受到园所领导对幼儿教师个人成长的关注和支持，在幼儿园里工作真正可以学到东西，能力有所提升，自身有所成长，从而提高了教师队伍的稳定性。

第四节　提升幼儿教师自身专业发展水平

一、树立正确的择业观

个人应该从主观上改变自己的就业观念，树立"三百六十行，行行出状元"的观念，职业没有高与低、好与坏、贵与贱之分，每一行都有其重要性与必要性，每一行都需要有人从事并做出贡献，每一行都可以实现自己的价值，只要脚踏实地做事、做人，不论哪一行都可以取得成功，要考虑多种因素选择自己的职业，不一定必须从事教师这个职业，我们也可以通过其他的职业来实现我们自身的价值，为社会服务。

二、提高专业能力与修养

现代教育信息化、终身教育、继续教育的提出，对教师专业发展提出更高要求。中国教育改革发展的大背景下，终身教育思潮影响下，对教师的职业声望提出更高要求。这就需要教师树立终身学习的理念，不断参加培训，以提高自身能力与素质，适应现实之需。乡村幼儿教师更要全面提高自身素质，不断提高自己专业能力与素养。建立和谐的人际关系，并在生活与工作中学会释放自己所承受的压力，从内心深处接受与对待自己所从事的职业，从而增强对自己职业的认同感。加强自身修养，多读书，多好书，使自己处于理想生活中，更好的从事教育教学工作。

发展农村学前教育，关键在于乡村幼儿教师队伍建设。目前，乡村幼儿教师普遍存在着师资学历低、职称评定差、非专任幼师比高、社会待遇差等问题，这严重导致了乡村幼儿教师工作的积极性，降低工作满意度。本研究基于这一现状，试图寻找影响工作满意的各因素差异性。以此分析原因并提出相应对策。

然而本研究存在着很多不足之处，如访谈提纲设计的不够完善，有些问题也只是停留在表面，在设计问题时也缺少更深入思考，可能会影响到调查的全面性总之，另外，在调查对象上仅有 228 名，可能会导致样本的代表性不足，这些都会影响本研究结果的应用价值。总之本次研究还存在许多不足之处，需要进行更深入的调查和分析，需要继续思考和研究。

第四部分　当代乡村教师乡土文化素养现状及对策建议

"百年大计，教育为本"，教育问题大到关系到国家发展、社会稳定和民族团结，小到关系到千家万户生存发展，乡村教育在我国教育发展中占有重要地位，乡村教师作为乡村教育的主体，其教师专业发展对乡村教育具有重要意义，乡村教师乡土文化发展关系到广大乡村教育发展，关系到新农村建设，关系到乡土文化传承发展。2015年12月26日，进行的"中国教师　敬德会讲"，其主题为"乡村教师与乡土文明"，更关注乡村教师对乡土文明的传承、传播、创新发展。而就目前来看，乡村教师乡土文化缺失严重，不利于乡土情结人才的培养，不利于乡土文化的传承发展，不利于教育公平的实现，也不利于新农村的建设。

一、研究背景

1. 乡土文化具有重要的教育价值

第一，乡土文化对儿童教育具有重要的启蒙作用。乡土文化植根于中国农村这个特定的环境中，有着深厚的历史积淀，是乡村特有的文化产物，并随着经济社会的变化发展不断发展、创新。培育和弘扬乡土文化是农村文化建设的重要使命，也是乡村教师的重要使命。儿童在家庭或社区中通过身边的人经常会直接接触到或多或少的乡土文化。乡土文化中蕴含了大量的民间传说、传统习俗、口语谚语等，它们在潜移默化中影响着儿童，这不仅可以使儿童充分了解自己所在地域的历史文化、民族风情，还可以激发儿童的学习兴趣，并且可以使儿童在听故事、参加乡土文化活动的同时也能够领悟到地域文化所带来归属感，并能用乡土文化规范自己的行为。在参与活动过程中，儿童可以通过亲身经验来获得丰富的生活经验，学到为人处事的方法，并衍生出自己的世界观和价值观。第二，乡土文化是基础教育重要的教育资源。乡土文化影响着个体发展，学生的学习离不开与他们所生活的社会环境，因此，教学时应该注意结合学生已有的知识经验、生活体验，尤其学生所具有的乡土文化；我们生活在一个文化多元的社会，要想使主流文化得到推广，就要促进亚文化的发展。而乡土文化是一种重要的亚文化。对亚文化的接受有助于促进对主流文化的认同，更好地使学生适应多元文化的社会。

2.乡土文化在乡村教师素养构成中占有重要位置

第一，乡村教师掌握乡土文化可以有效促进其专业化发展。长久以来，我国教师专业发展忽视了城乡教师的地区差异，忽视了乡村教师发展所需的乡土文化资源，使得乡村教师专业发展空间变得狭窄，失去专业发展的话语权，因此，需要基于乡土文化的视野来看待乡村教师专业知识发展。而就目前对于乡村教师所具有的乡土文化素养的研究较少，这主要是因为：首先，乡村教师的特殊性易被忽视，目前很多研究都将教师作为一个特殊的群体来看待，而很少注重把乡村教师作为特殊个体来研究。乡村教师的乡土知识发展对教师的专业发展有着独特的意义。其次，乡村教师乡土文化素养不易被轻易察觉，是内潜的。乡村教师乡土文化素养的发展具有很强的主观能动性，主要是通过教师自身主观意识和实际行动来体现的。第二，乡村教师乡土文化素养的养成，可以更好地稳定乡村队伍。乡村教师良好乡土文化素养可以更好地实施《乡村教师支持计划（2015—2020）》，吸引优秀人才到乡村学校任教，稳定乡村教师队伍，带动和促进教师队伍整体水平提高。

3.乡村教师乡土文化素养堪忧

乡村教师是最基层的教育工作者，关系到最广大人民的教育诉求。乡村教师发展的质量直接关系到教育公平与全面建设小康社会目标的实现。乡村教师乡土文化缺失不利于乡土情结人才的培养、不利于乡村教师专业化发展、不利于校本课程的开发运用、不利于新农村的建设和学校功能的全面发挥。乡村教师应担当传承乡村优秀传统文化的社会责任，更好的建设乡村教育。《乡村教师支持计划（2015—2020）》提出在乡村教育中逐步形成"下得去、留得住、教得好"的局面，努力造就一支素质优良、甘于奉献、扎根乡村的教师队伍。这些教师他们能充分引导乡村孩子理解自己生活的乡村社会、积极获取乡村特有的教育资源，培养乡村儿童深厚的乡土文化情感，让乡村儿童不仅仅生活在对未来走出乡村的想象之中，而且要让他们生活在乡村中，引导他们热爱自己生活的乡村世界。乡村种丰富的乡土文化，既为乡村教师进行教育教学活动提供了丰富的乡土资源，又对乡村教师的素养有了提出高要求。但是就目前来看，乡村教师的文化素养偏低，无力承担传承乡村优秀传统文化的重任。

二、研究意义

1. 理论意义

研究乡村教师乡土文化有关问题，能够极大地丰富乡村教师教育理论，拓展乡村教师教育教学的途径和方法。使乡村教师乡土文化素养的发展能够与当地教育发展、教师专业化发展和乡土文化研究相结合，提升乡村教师专业化发展的本土性。

2. 实践意义

第一，研究乡村教师乡土文化有关问题，有利于实施《乡村教师支持计划（2015—2020）》，在乡村教育中逐步形成"下得去、留得住、教得"的局面，造就一支素质优良、甘于奉献、扎根乡村的教师队伍。

第二，有利于乡村教师更好的角色定位，有利于保护的乡土文化，有利于乡村教师专业化发展的本土性，有助于乡村教师文化素养的提升，有利于乡村教师参与新农村文化建设，实现乡村教师自身的回归。

第三，有利于继承、发展当地乡村文化，发掘乡土文化的教育价值。也有利于促进教育公平、推进社会主义新农村建设、实现中华民族伟大复兴的中国梦。

随着经济社会的快速发展，各国日益重视教育的发展，越来越重视乡土文化的教育价值和意义。本研究的文献来源于国内外期刊数据库资源、已出版发行的著作和其他文献，以"乡村教师乡土文化"为研究对象。笔者将其分为以下两类：第一类与本研究相近的研究，核心期刊只有两篇，即高小强《乡村教师的文化困境与出路》及其唐松林《理想的寂灭与复燃：重新发现乡村教师》；第二类是与本研究一般相关的文献资料，主要包括：有关乡村教师身份认同、乡村教师文化生存的困境、乡村教师的知识素养、乡村教师专业发展等。

三、国内研究综述

1. 乡土文化内涵研究

有学者认为乡土文化是发源于农业社会，蕴含于中国传统农民文化，从本质看是一种农业文化。乡土文化包含了许多的文化因素，如习俗、价值观、信仰、社会组织形式等，这些文化因素是农民群体在生产生活的过程中一代一代传承下来的，是一个地方共有的文化积累。[①] 还有学者认为乡土文化是一种小农经济文化，它的核心是"礼"，内容主要是等级制度和家长制度。这种乡土文化具有保守性与封闭性，是一种礼治文化、家族文化与安土重迁文化融于一体的综合性文化。[②]

2. 乡村教师的乡土文化素养研究

研究表明，乡村教学乡土文化缺失的现象相当严重。肖正德，井小溪《农村优秀传统文化难以融入教学：乡村教师的尴尬境遇》一文中，调查得出，乡土文化教学对乡村教师素养提出了较高的要求，而当下乡村教师的文化素养偏低，无力承担传承乡村优秀传统文化的重任。一项关于乡村教师对当地乡土文化了解程度的调查显示，非常了解当地乡土文化的乡村教师只占 6.3%，比较了解的达 56.1%，不了解达 37.6。调查中还显示乡村教师在课堂中融入教学的程度低，只有 8.8% 的乡村教师经常在课堂教学中融入当地乡土文化，56.8% 的乡村教师在课堂中偶尔提到，32.3% 的乡村教师只在必要时提及，还有 2% 的乡村教师从不在课堂上涉及乡土文化的内容。调研发现，乡村教师在运用乡土文化教学中，教学方式较单一，选择参观法、实习作业法教学的乡村教师仅占 25.9%。调查中还表示，有 29.4% 的乡村教师选择使用教科书作为教育资源，31.6% 的乡村教师选择了教学辅导资料，选择乡土文化作为教学资源的乡村教师只占 17.7%。[③]

乡村教师虔诚地守护和传承乡土文化，并在生活中践行与革新乡土文化。杜丽静，贾志国，张斌在《文化知识型视域下的乡村教师文化使命》中认为，第一，乡村教师是乡土知识的忠诚守护者。一方面，他们工作和生活在乡村，与村民联系密切，熟悉、了解当地的生产生活、当地的人文地理、故事传说、民谣戏曲，这使他们对当地的乡土知识了如指掌；另一方面，他们曾经在城市读书、学习，受过城市

---

① 朱方长，李红琼. 乡土文化传统的经济功能分析 [J]. 求索,2005(12):11.

② 廖亚辉. 乡土文化的擅变与社会稳定 [J]. 孝感学院学报,2005(1):13.

③ 肖正德，井小溪. 农村优秀传统文化难以融入教学：乡村教师的尴尬境遇 [J]. 当代教育与文化,2015.3:15.

文明的洗礼，在与城市技术教育、精英教育的对比中，乡土文化更显得无比的珍贵。因此，乡村教师应自觉承担起传承乡土文化的重任。第二，乡村教师是乡土知识的勤勉践履者。从时间维度而言，一方面乡村教师是乡土知识的历时性获得者，另一方面，乡村教师是乡土知识的现时性践行者。从地域的视角而言，乡村教师身上所焕发的乡土气息，所拥有的乡土情怀，所传递的乡土情感，所铭记的乡土知识都是一个特定空间、特定人群独具匠心的产物，换一个地域，甚至隔一座山、跨一条河，其意蕴都各不相同，甚至大相径庭。第三，乡村教师是乡土知识的虔诚传播者。乡村教师可以将自身所积累的乡土文化知识在教育教学活动中以灵活的方式传递给儿童，促使儿童对乡土文化加深，加深乡土情感，并将这种乡土情感和乡土认识传递给身边的每一个人。第四，乡村教师是乡土知识的积极革新者。乡土文化有精华与糟粕之分，乡村教师要取其精华，去其糟粕，并帮助学生和村民吸收优秀文化，剔除糟粕。[①]

3. 关于乡村教师乡土文化缺失的原因研究

有些学者认为乡村教师乡土文化缺失的原因既有宏观层面又有微观层面，主要是指宏观层面的国家权力的下沉、发展重心的转移，相关政策制度的颁布，微观层面主要指个体对于不同文化的自觉选择。[②]有些学者认为乡村教师对城市文化的依赖、跨文化生存能力的不足，乡村教师从小接受"离农"的教育一直与文化价值观混乱。[③]还有些学者认为乡村教师学习资源匮乏、学习制度僵化、评价体系僵化等。[④]

四、目前研究评述

综合国内已有研究我们可以发现：

1. 已有研究中对乡村教师乡土文化的相关研究很少。就查阅到的相关文献来看，目前对乡村教育的研究大多集中于乡村学校对于乡土文化的开发利用、乡土文化的危机、乡土文化传承、乡土文化的价值重构、乡土文化视野下的农村地方课程

---

① 杜丽静，贾志国，张 斌.文化知识型视域下的乡村教师文化使命 [J].常熟理工学院学报（哲学社会科学），2015.1.

② 段会冬.乡村教师文化困境的再思考 [J].学术争鸣,2011.11:13.

③ 高小强.乡村教师的文化困境与出路 [J].教育发展研究,2009.20:17.

④ 李中国.教师角色转换中内涵性特征的缺失与补救 [J].教育研究.2008(06).

的设置、乡村教师的角色转变等研究，而对于乡村教师乡土文化的研究还很少，即使有，也只是把乡村教师乡土文化建设看作乡村学校对乡土文化开发利用的一方面来研究，并没有形成较完善的研究体系。

2. 对文化以及乡村文化内涵的研究复杂多样，但大多数学者把乡土文化放在了文化的层面，也有小部分学者认为，乡土文化更重要的在于"乡村"二字。

3. 对乡土文化的教育作用的研究各持己见，但大多数学者认为乡土文化的教育意义主要集中于对乡村儿童自身及对整个乡村教育的发展两个大方向上。

4. 对乡村教师的乡土文化素养的研究，极少数学者的研究有数据的说明，大多数学者的研究只是基于文献的整理。

5. 关于乡村教师乡土文化缺失的原因研究。已有的研究关于乡村教师乡土文化缺失的原因的分析，主要从国家政策、社会发展、学校建设等大的层面来阐述的，很少涉及到教师层面，即使涉及教师本身，在论述上也会更偏重于国家政策层面。

6. 关于乡村教师乡土文化缺失的补救的研究。已有的研究虽重视了乡村教师乡土文化的素养的提升，但它把乡村教师提升乡土文化素养的路径的重点放在了国家、社会、学校层面，而对于教师自身要求未重视。本研究旨在研究乡村教师乡土文化缺失现状、原因、教师自身的提升路径。

第七章　当代乡村教师乡土文化素养现状

　　"百年大计，教育为本"，教育问题大到关系到国家发展、社会稳定和民族团结，小到关系到千家万户生存发展，乡村教育在我国教育发展中占有重要地位，乡村教师作为乡村教育的主体其教师专业发展对乡村教育具有重要意义，乡村教师乡土文化发展关系到广大乡村教育发展，关系到新农村建设，关系到乡土文化传承发展。2015 年 12 月 26 日，进行的"中国教师 敬德会讲"，其主题为"乡村教师与乡土文明"，更关注乡村教师对乡土文明的传承、传播、创新发展。而就目前来看，乡村教师乡土文化缺失严重，不利于乡土情结人才的培养，不利于乡土文化的传承发展，不利于教育公平的实现，也不利于新农村的建设。乡村教育的发展对全面建成小康社会、实现教育的公平有重要意义，它关系到最广大人民的教育要求，在整个教育中举足轻重。乡村教师作为实施乡村教育的主体，其本身所具有的乡土文化素养关系到乡土文化的传承发展，关系到乡土情结人才的培养，关系到新农村的建设。但就目前来看，乡村教师乡土文化缺失严重，对乡土文化乡土知识认识不足、对乡土文化的教育价值认识不够、对学习乡土知识积极性不高。对乡村教师乡土文化素养缺失现状从政府、社会、学校以及教师自身方面深入挖掘其原因，教育部门重视不够、忽视乡村教师乡土文化的培训，应试教育体制的制约；社会环境支持不足，乡土文化氛围缺失；学校忽视乡土文化的传承发展，乡村教师考核评价体系僵化；教师自身文化价值观混乱，职业素养不高，教学工作紧张忙碌，对学习乡土文化有意回避。鉴于上述分析，政府需加大重视力度，完善乡村教师培训体制；社会需加强舆论支持力度，形成重视乡土文化的氛围；学校需加强校本培训、校本课程的乡土文化建设，改革乡村教师考核评价的方式方法；教师要提高自身职业素养，从多元文化视角重新审视乡土文化，提升自身文化自觉性，积极走进乡村、走进农民。

第一节　相关概念界定

一、乡土文化

乡土文化起源于农业社会，本质上是农业文化，是中国传统文化的重要组成部分，是中华民族得以繁衍发展的精神保障，是民族凝聚力和进取心的精神支撑，具有鲜明地地域和和民族特色，是物质文明、精神文明以及生态文明的总和。各个地区的乡土文化有其共性，如教育观、价值观、宗教信仰等，又具有当地特色，如风土人情、民间传说、历史遗存、名人传记、古风古曲、传统技艺、地理风貌等方面。从乡土文化的构成要素分析，乡土文化是以"自然环境""社会环境"和"人"所组成的空间横轴和以"传统"和"现代"所组成的时间纵轴的综合统一体。

二、乡村教师

关于乡村教师并没有明确的定义，他和农村教师概念大致相同，指的是从事乡村教育教学工作的中小学教师。从地域上看，他是相对于城市教师而言；从时空上看，他是一个历史范畴。本研究中的乡村教师是指在公立乡村中小学任职的直接从事教育教学工作的全职教师，不包括学校不上课的后勤人员，不包括兼职教师、退休教师。

三、乡村教师乡土文化素养

教师基本素养包括教师道德素养、知识素养、能力素养和身心素养。即要求教师要有较高的政治素养，较高的业务水平，崇高的师德，较高的科学文化素养和良好的身心素养。乡村教师不仅要有最基本的素养，还要有独特的乡土文化素养。关于乡村教师乡土文化素养并没有明确的定义。本研究将乡村教师乡土文化素养定义为乡土知识素养、乡土能力素养和乡土人文精神。乡土知识素养主要是指对乡村生产生活知识、历史文化知识、传统民俗知识、民间艺术知识、地理景观知识、价值观念知识等乡土知识的了解程度。乡土文化能力素养主要指运用乡土文化组织教育教学活动的能力、运用乡土文化组织管理的能力和自我提高乡土文化知识的能力等。乡土人文精神是较高的乡土文化认同感、在教育教学中有较高的自觉传授乡土知识的责任感和发展自身乡土文化素养的积极性。

第二节　实证调研

一、研究目标

1.通过访谈、问卷调查研究方法，实地调研我国乡村教师乡土文化发展的现状，基于访谈和调查结果，提出一些对策性建议和反馈意见，促进乡村教师专业化发展。

2.深入了解乡村教师对于乡土文化的认同状况及其实际运用的能力，挖掘乡土文化对于乡村教师教育教学的相关促进及阻碍作用，为乡村教师有效运用乡土文化提供现实依据。

二、研究内容

本研究旨在调查和分析当前乡村教师乡土文化素养的基础上，挖掘乡村教师乡土文化缺失的表现与影响，并进行原因分析，提出乡村教师乡土文化缺失的提升路径促进教师的专业发展、学生的个性成长、课程的自身优化、农村社会的建设。

三、研究方法

1.文献法

文献法，就是对现存的有关文献、资料等进行检索、搜集、鉴别、整理、分析并进行研究，以达到某种调查研究目的的科学研究方法。因此，笔者通过在临沂大学图书馆，利用中国知网查阅到与题相关学位论文、期刊和报纸等数篇，从中整理出了有价值的文献资料，能够较为全面地对国内外已有的研究成果进行综述。

2.问卷调查法

本研究在文献梳理的基础上，对"乡村教师乡土文化"进行分析，将其分为对乡土文化的认同程度、了解程度、利用程度三个维度，自行编制《乡村教师乡土文化素养的问卷调查表》并先在小范围内进行测试，问卷收回后在因素分析、信度效度检验、征询导师意见的基础上，修改形成最终调查问卷。为了研究便利性和实用性，笔者将问卷发放分布在笔者所在地山东省的乡村学校。主要采用问卷调查和访谈法，基于便利性和有效性原则问卷调查的总体是笔者所在地山东省三个县以下小学区，抽样样本数450，在三个区中按人数的比例抽取各个区的人数，在各个区中选取整个学校作为对象，以更清楚不同教龄、不同学历的乡村教师乡土文化素养的高低。

3. 访谈法

访谈法是指根据研究需要，通过与受访人员面对面的交谈来了解受访人情况与想法的研究方法。为了进一步了解乡村教师乡土文化素养的现状，笔者根据研究的主要内容以及调查问卷中涉及的问题，预先设计了《乡村教师乡土文化素养的访谈提纲》。

四、现状调查

众所周知，乡土文化和乡土知识是我国民族文化的重要组成部分，而课堂教学则是弘扬和发展乡土文化的良好的载体。作为农村知识分子的乡村教师，是最基层的教育工作者，关系到最广大人民的教育诉求，更是承担着传承乡土文化的重任。乡村教师掌握丰富的乡土文化知识，对于乡土情结人才的培养、乡村教师专业化发展、校本课程的内涵发展、农村社会的持续发展和学校功能的全面发挥具有重要的意义。而当前乡村教师乡土文化缺失现象严重，主要从乡村教师对乡土文化的认同程度、了解程度和运用程度方面来探讨。

1. 调查目的

乡村教师乡土文化素养的高低以及对教育教学的影响，并对其出现的问题，提出对策建议，具体来说，调查着重从乡村教师对乡土文化的认同程度、乡村教师对乡土文化的了解程度和乡村教师对乡土文化的运用程度等方面研究。

2. 调查对象、方法

主要采用问卷调查和访谈法，基于便利性和有效性原则，问卷调查的总体是笔者所在地山东省三个县以下小学区，抽样样本数450，在三个区中按人数的比例抽取各个区的人数，在各个区中选取整个学校作为对象，以更清楚不同教龄、不同学历的乡村教师乡土文化素养的高低。问卷设计主要包括：教师的教龄、学历、所教科目、教学量、是否是本地人（第一部分），乡村教师对当地乡土文化的了解程度（第 7—15 题），乡村教师对乡土文化的兴趣和对提升自身乡土文化素养的积极性（第 2、4、5 题），乡村教师对乡土文化知识的运用（第 6 题）。

访谈对象的选取主要是依据不同教龄的乡村教师、教师是否是当地人等因素对了解和积极关注当地乡土文化的影响，主要选取教龄长达 15、在自己生活的本县任教的徐老师和教龄 2 年、外市来的王老师。

第三节　当代乡村教师乡土文化素养调查现状

一、乡村教师对乡土文化的认同程度

马克思主义认识论认为，实践决定认识，认识反作用于实践，正确的、科学的认识对实践的发展具有推动作用，错误的、不科学的认识对实践的发展具有阻碍的作用。乡村教师对乡土文化的认识态度影响乡村教师在教育教学中对乡土知识的运用，影响自身乡土文化发展的积极性。

乡村教师是乡土文化的传播者和捍卫者，在谈到乡村教师对乡土文化对乡土文化的看法时，徐老师说，"乡土文化是中华民族传统文化，对传承中华文明具有重要的意义。乡村教师可利用乡土文化促进自身专业发展，也可以在教育教育活动中应用乡土文化，促使学生了解从小生长的环境，激发学生强烈乡土意识，增强学生乡土情感，促使学生主动积极地参与乡村建设中。我在教学中也会时不时地告诉学生，我们要了解和热爱生于我们的这片土地。"而另一位教师张老师说，"虽然我们并没有系统的学习过当地乡土知识，并未清楚地感知乡土文化，但我们接受的学校教育告诉我，我们生活正经受多元文化观的影响，我们要平等、宽容地看待任何一种文化。乡土文化虽是传统文化，但它还继续存在就有其他文化不能取代的价值。即使在我们的教育中并未过重强调，但生活在何地，就该了解这个地方的饮食习惯、风俗传统等。"

而张老师这样说道，"我认为乡土文化非常重要，毕竟是一种民族文化，我们都应该去学习乡土知识，继承和发扬乡土文化，尤其是我们作为农村知识分

子——乡村教师，更应注重指导学生学习、运用乡土文化。了解当地的人文风情、交往习俗等知识也让我们可以更好地与家长沟通、更好地与当地人交流。"徐老师也说道："只要是文化，肯定有学习的必要。我刚过来工作的时候，还不太习惯。周围的老师基本都是本地人，他们都用方言聊天，聊得话题和教育理念等都和我不一样，我会觉得挺孤单的，要是也知道当地的文化传统就可以和他们一起说了。"

超过 90% 的乡村教师现任教学校是所在的县或所在市的其他县，他们对当地的乡土文化有着无比的熟悉感，70% 的农村教师认为乡土文化对促进教育教学工作顺利进展，促进教师与家长沟通、与同事友好相处等方面非常重要，而仅有 10% 左右的教师认为乡土文化不太有用。对问卷中问题二的回答。20% 和 70% 的乡村教师认为乡土文化知识对教育教学用处不大，而仅有 15% 左右的乡村教师认为乡土文化知识对教育教学影响比较大。90% 以上的农村教师的家乡在当地，只有不到 10% 的老师来自其他城市甚至是外省，因而大部分农村教师比较了解当地的语言文化和交往习俗，沟通更加顺畅。

二、乡村教师对乡土文化了解程度

乡土文化源于农村，它是中华民族得以发展延续的精神寄托和智慧结晶，是民族凝聚力和进取心的真正动因，对其他文化的繁衍发展具有重要的意义。乡土文化内涵丰富，既包括物质的，也包括非物质的。我们可以把乡土文化分为六个方面，即生产生活方面、历史文化方面、传统民俗方面、民间艺术方面、地理景观方面、价值观念方面。乡村教师对当地乡土文化和乡土知识有怎样的理解呢？

在与张老师交流的过程中，问及她是否了解当地的乡土文化，她是这样描述的：

"我是本地人，已经在这工作了 7 年，对当地的生活环境有一些了解。因为生活和工作都在农村，所以对当地饮食、服饰、交通、民间传说、婚丧仪式等都有一些关注，对当地的人际交流方式也会注意一些。虽然本身自己也算是本地人，但对当地人信奉什么，有什么民间艺术，什么重要的场合应该怎么做不太了解。你现在直接问我什么是乡土文化，这里有哪些乡土文化，我就说不上来了，我只能告诉你这里的人吃什么，穿什么。"

从笔者与乡村教师的访谈中，我们可以看出教龄较长的乡村教师对于当地的乡土知识了解一些，但也仅仅局限于表面，对于当地的历史文化、传统习俗、民间艺术、价值观念等方面并没有深入的了解。另一位受访的徐老师，在谈到乡土文化时，表示不了解、不熟悉，她说道，"乡土文化对我来说很陌生，我从初中的时候就去了城市上学，课本上也都是系统的理论知识，很少看到乡土知识的烙印。在来这之前，对于当地的风俗习惯，我问过一些朋友，在网上也查过；来这之后也询问过同事，她们也不太了解。不了解当地的乡土文化，对我的教学也没什么太大影响，之后我也没太关注过。"

在对乡村教师进行访谈的过程中，我们可以看出不同教龄的乡村教师对乡土文化的了解程度是不同的，教龄较短的教师对当地乡土文化知识了解的少一些，教龄较长的教师对当地乡土文化知识了解的多一些。调查表明，只有8.8%的乡村教师课堂教学会经常运用乡土文化，56.8%的乡村教师偶尔提到，32.3%的乡村教师表示只在必要时特别指出来，还有2%的乡村教师从不涉及乡土文化。更有一项调查中显示，非常了解当地乡土文化的乡村教师只占6.3%，比较了解的占56.1%，不了解和完全不了解占37.6%。[①]他们即使了解一些当地乡土文化，也仅仅是比较了解当地的乡风民俗、生产生活经验和有关地理景观等方面知识，而对民间艺术、思想观念等乡土知识的了解明显不足。在乡村有将近50%的乡村教师有着10年以上的工作经验，从近几年教师招聘制度来看，年轻乡村教师逐步取代年老的乡村教师，年轻乡村教师对当地乡土文化了解有限。

三、乡村教师对乡土文化的运用程度

乡村教师能认识到乡土文化对于教育教学的重要性，但是深入到乡村教师教学工作中，会发现很少有教师把乡土文化应用于课堂教学中。据调查了解仅有32.8%的乡教师认为自己会在教育教学活动中经常运用当地乡土文化知识，43.3%的乡村教师认为自己在教育教学活动会用到乡土文化知识，可以看出乡村教师在教育教育中对乡土文化的运用率并不高。

之所以会出现这种情况，一方面，由于自身乡土知识储备不足，在农村生产生活经验不够丰富；另一方面受到国家三级课程管理体系的影响，有些地方或学校的地方课程或校本课程融入了乡土知识教育，但在实施中却形同虚设，校本课程或综

---

① 肖正德，井小溪．农村优秀传统文化难以融入教学：乡村教师的尴尬境遇 [J]. 当代教育与文化 ,2015.3.

合实践课程中关于乡土文化课程的设计、教学研究、教学文化的研究还较少。[①] 徐老师曾谈到，"我们这些年轻的教师不太了解当地的乡土文化，而且每次考试考的是书本上的系统的科学知识，学不学习乡土知识，运不运用乡土知识教学，对学生的成绩并没多大影响，对教师的考核也没有影响。我们现在主要是运用现代科技，给学校的教学带来新的活力。再像那些老教师一样，用土里土气的教具教学，反而体现不出我们作为新教师的特色教学。再说，如果要用学生熟悉的乡土知识教学，我们还要再去学习当地的乡土知识，我们不会一直在这个学校，没有必要再去学习。"教师繁重的教育工作和教师对发展自身乡土文化素养积极性不高同样影响乡村教师在课堂教学中应用乡土文化。另一位老师也谈到说："农村地区学生多，老师少，一个老师要教几个班的学生，还要教许多科目。比如我除了教二年级两个班的数学，是一班的班主任，还要教一班的品德课、科学课等，每天都特别累，根本没有时间再学习当地的文化。

从调查中可以看出，80%以上的乡村教师认为乡土文化对于促进教育教学活动、促进人际交流很有用，但是只有不到 40% 的乡村教师会在教育教学活动中运用乡土文化知识，乡村教师对当地生产生活、风土人情、地理环境等方面关注不够，对运用乡土文化知识积极性不高。相比外地的教师而言，本地的乡村教师更了解当地乡土文化，教龄高的乡村教师比较关注乡土文化知识的运用。

第四节　当代乡村教师乡土文化缺失原因分析

一、政府层面

1. 教育部门重视不够

第一，国家和地方的教育部门对乡村教师专业发展的乡土性、独特性重视不够。长久以来，我们把乡村教师和城市教师统一的放在了"教师"这一概念下，对乡村教师专业发展的考核也与城市教师专业发展的考核无疑，忽视了乡村教师专业发展的乡土性、独特性，继而也忽视了乡村教师专业发展所需的乡土文化资源，忽视了

---

① 李中国, 黎兴成. 我国高校教师教学研究的热点状况分析——基于 2005-2015 年 CNKI 文献的共词分析 [J], 教育研究, 2015(12):59-66.

乡村教师乡土文化素养的养成。

第二，国家和地方的教育部门对乡村教师乡土文化素养的养成重视不够。即对于乡村教师应具有怎样的乡土文化素养和进行怎样的乡土文化教学并没有做出相应的规定，没有相应的法律法规。即使在我国新制定的课程标准中，也很少见到对于乡村教师乡土文化的相关文件。教育部门不重视乡土文化和乡土知识，这影响了教师尤其是农村教师教授乡土知识和传承乡土文化的热情和信心，在教育教学工作中，乡土知识和乡土文化的学习显得没有必要，乡村教师具不具有良好的乡土文化素养也就无关紧要了。

2.教育行政部门忽视乡村教师乡土文化的培训

对于教师的培训，一般包括职前的培训和职后继续教育培训。对于职前的培训重点在于高等师范院校的师范教育，师范生的课程体系一般包括教育学理论知识的学习、基本教学技能的养成、教师职业道德的培养等，相对而言缺少乡村教师对于乡土知识的学习。即便个别培训课程中有所涉及，但也多为教师单边主导的讲授为主，忽视了学生自我反思、自主建立及对培养的反作用，[①]这就造成了师范生对于农村不了解和对于乡土文化和乡土知识疏离、陌生，也不利于今后进入农村开展教育教学工作。

我国为贯彻党的十七大关于"加强教师队伍建设，重点提高农村教师素质"的要求和《国家中长期教育改革和发展规划纲要》精神，提高中小学教师特别是农村教师队伍整体素质，从 2010 起实施中小学教师国家级培训计划，简称"国培计划"，它通过培养"种子"教师，来带动整个乡村教育的发展。对目前乡村教师职后培训的内容，一般还是以教育学、心理学、教学法等为主，对于乡村教师乡土文化的学习很少涉及。

3.应试教育体制的制约

应试教育试是以升学考试为目的的教育。它采用死记硬背、"填鸭式"等教学方式，通过考试，以分数来衡量学生水平。试卷考什么教师就教什么，教师教什么学生就学什么，只考应试教育的内容而忽视了学生自身素质的发展。学生被动地接受书本知识，所学的内容与实际生活大相径庭。在对徐老师的访谈时，她谈到，"对老师的考核主要是依据学生成绩的好坏，试卷上考的是书本上学的，不考乡土知识、

---

① 李中国.综合实践型教师培养模式研究[M].山东人民出版社，2013:145.

传统知识等，我们老师教的也都是些书本上的知识，学习的内容比较枯燥，形式单一，学生生活实践能力极差。再加上高考考的也都是书本上学的知识，学不学乡土文化没太大关系，反正都不考。"

长久以来，应试教育影响着我们的教育，学校教育过分注重基本理论知识和技能的传授，而忽视了学生情感的培养。再加上现在的中考、高考都是选拔人才的制度，注重考察学生的科学理论知识，这使得乡村教师不注重自身乡土文化素养的养成，而注重传授书本知识，与考试无关的内容（乡土文化等）也随之被忽略。简言之，应试教育使得乡村教师有借口不了解乡土文化，只要考试不考，乡村教师就可以不教。

二、社会层面

1. 社会环境支持不足

众所周知，事物的发展需要周围力量的支持。乡土文化和乡土知识是一种亟待挖掘的教育资源，乡村教师乡土文化素养的养成不仅在于教师自身，还需要社会各界的支持。事实上，我国比较重视科学文化知识的学习，乡土文化教育则显得不那么重要。政府部门要求培养科学文化素质高的教师；媒体过多关注给乡村教育带来新教育设备、新教学方法等方面，对于如何利用本地资源发展本地教育的事例报道的少之又少；乡村学校一直实行着"离农"教育；即使是一辈子生活在农村的农民家长，也会认为乡土文化是一种老文化，现在的孩子生活在新时代，就应该向前看，学习新的、老农民不懂的知识，只有这样才可以称得上一代更比一代强，他们只关注自己的孩子是否可以升学，不关注乡村教师是否具有丰富的乡土知识、是否参与到乡村建设中。因此，国家、学校不要求乡村教师了解本地的乡土文化，大量的乡土文化资源没有得到有效的利用，被搁置浪费。这对新农村建设、乡村教育发展造成了无法弥补的损失。为了加强乡土文化教育建设，迫切需要唤醒社会各界学习乡土知识、传承乡土文化的意识，形成良好的支持乡村教师乡土文化建设的氛围。

2. 乡土文化氛围缺失

现代社会是一个快速发展的时代，媒体的快速发展是时代发展的一个显著特征，给乡土文化传播提供了广泛的途径。但现实是多媒体并没有对乡土教育和乡土文化进行过多的宣传，而是过多的关注"三农"问题，对于新农村建设的重点，放在了农业发展上，不仅忽视了乡土文化的保护，甚至用乡土文化迎合城市人的心理。现代社会的日新月异，引起了教育的变革。主要表现为现代科技日新月异，教科书中多为科学文化知识，其中所涉及的乡土生产知识、习俗文化等，也已经失去了本土特色，深深地打上了"时代"的烙印；以顺应自然、尊崇自然为准则的乡土文化受到现代文明冲击。人口向城镇集中，现代学校蓬勃兴起，影响了传统乡土文化的传承。现代交通和现代媒体的发展，封闭的地区和外界紧密联系。经济的高速发展，人们获得更多的利益，拥有了更充裕的闲暇时间，等等。在现代文明的冲击下，乡土文化同现代科学理论知识相比较来说，乡土文化在乡村教育的发展中显现出不足，因而国家、社会更注重学生科学理论知识的学习，乡村教师学不学习乡土文化显得并不重要。

三、学校层面

1. 忽视乡土文化的传承发展

乡村学校即是乡村教育的重要场所，也是乡土文化传承发展的重要场所，它对社会主义新农村建设有重要的意义。当今的乡村学校更重视现代教育媒体、新教学方法的应用，多媒体已不是奢望，年轻教师比例不断增加，对新事物、新方式的关注度提高，反而对扎根乡土的乡土文化不那么重视，甚至是体现乡村学校教育的特色校本课程中也还难找出关于乡土文化教学的课程。校本课程是乡村教育独特性的体现，离乡土文化传承发展如此之近的乡村学校都未涉及关于乡土文化的内容，更不用说乡村教师会主动肩负起教授学生传承乡土文化重任的使命。即使学校认知到乡村教师乡土文化缺失严重，但在此后的校本培训中，也没有专门针对乡村教师乡土文化的相关培训。

2. 僵化的乡村教师考核评价体系

在应试教育的体制下，学生家长和社会看重的是学校的升学率；是老师教给学生的知识能让学生考出好的分数；能让学生上重点学校、重点班，在高考的大军中遥遥领先。对于教师的考核评价看教师所带班级的升学率，重点高校的录取率等。教师的教学水平、职称的评定、职位的晋升等都与学习成绩息息相关。乡村教师考核评价方式单一———采取量化得分的方式，以学生的学习成绩为主要的依据。近几年来，虽然也越来越重视学生对老师的评价，但就现实来看还是以学生的成绩作为评价教师的第一标准。在这种形势下，为了所谓的利益和作为教师的面子，教师不得不把更多的时间用在传授学生书本知识上。

四、教师层面

教师是传递和传播人类文明的专职人员，是教育工作的组织者、领导者，是影响教育教学改革的重要因素。[①]生活在乡村地区的乡村教师除了承担国家规定的教育教学任务外，也应承担传播本地乡土文化的任务。但实际上，具有较高的文化素养、拥有丰富的乡土知识并能够在教学中灵活运用的乡村教师少之又少。乡村教师为什么不了解乡土文化和乡土知识，为什么对提高自身乡土文化素养的积极性不高呢？究其原因，除了外部因素外，教师自身也有着不可推卸的责任。

1.文化价值观混乱

在调查中发现乡村教师老龄化情况依然严重，45岁以上的教师仍占多数，但就近几年来看，因学校的大量招生，年轻教师进入乡村学校任教的概率和比率不断增大，有些地方年轻教师成为乡村教师的主力军。即使是乡村出身的年轻乡村教师从小也是接受"离农"的教育，要求他们成为社会主义的建设者，而非乡村社会的建设者。他们的文化积累主要是通过农村环境中具有的城市取向的初等基础教育和城市环境中的初中、高中阶段的教育而完成的。年轻乡村教师深受城市文化的熏陶，思想观念、待人接物、教学理念等方面也多表现为城市化倾向，他们对于乡土文化不了解，也不想去了解。他们是学校"城市取向"教育的忠实执行者，他们按照城市教育的标准在乡村进行教育教学活动，同时也会受到当地独有文化的冲击，在日常生活中表现出对城市文化的依赖和对乡土文化的排斥。

2.自身职业素养不高

教师的职业素养包括教师的职业道德素质、教师的知识素养专业素养和个性素养三个方面。第一，乡村教师职业道德素养偏低。教师的职业道德素养是从教师对待事业、对待学生、对待集体和对待自己的态度上体现的。乡村教师在乡村工作大多是由于考市里的教师考不上，而不得不考乡村教师，更多的是出于无奈，计划着工作一段时间后想办法上调。他们仅仅把教师当作是谋生的手段，对教育教学积极性不高，缺乏工作热情，不注意关注学生的生存和发展，不能正确地对待学生，对

---

① 李中国，黎兴成. 教师教育学科的建设逻辑 [J]. 教育科学,2018(6).

自身的发展不思进取。第二，乡村教师知识素养和能力素养偏低。从总体上看，乡村教师自身教学水平和教学能力较低，教学方法单一，教学观念陈旧，知识结构单一，教学专业知识不足。尤其是乡村教师多依据课本，采用"注入式"教学，无法更好的启发诱导学生。并且乡村教师对课本中需要解释的问题自己不懂或者是刚刚懂，课堂教学能力差，无法很好地完成教育教学任务，对于学习当地的乡土知识，弘扬乡土文化无从谈起。

3. 教学工作紧张忙碌

近几年来，虽教师队伍不断壮大、数量稳步增长、师生比例不断增大，但乡村教师数量依旧不足，乡村学校师生比例严重失调。在对张老师的访谈时，她说道，"我们这里是村小，基本上是一个老师带好几个班，既是当班主任，还是各个科的任课教师。要教这个班的主课数学和语文，还要教一些副科，比如音乐、美术、思想品德、科学与社会等，我们既要备课、上课，还要课下批改作业、辅导学生等，一天到晚基本上没有自己的时间，工作特别辛苦。"我们不难看出，乡村教师教育教学工作紧张繁重，这使得乡村教师没有过多时间学习其他教学内容，尤其是对于乡土文化和乡土知识的学习。

4. 有意回避学习乡土文化

乡村教师是乡村教育的主要承担者，对于乡土文化的传承具有重要的意义。乡村教师是否具有扎根乡土的理想信念是影响乡村教师提升自身乡土文化素养的重要因素。对于年轻的乡村教师而言，乡村工作环境差，生活条件差，交通不便利，晋升机会小等，他们虽工作在农村，但更多地表现对城市生活的向往。再加上同城市学生相比，乡村学生更显得无知和粗鲁，知识分子所赋予乡村教师的清高让他们不想与农民身份的学生家长有过多联系，不会主动了解学生生活的农村社会，他们并不想长久地留在乡村工作，他们在课堂上讲授远离学生生活的课本知识，在生活中，他们也与乡村社会相脱离。对于中老年的乡村教师而言，他们的家是在学校附近的村庄里，他们的父母、妻子或丈夫都是地地道道的农民，他们不仅仅是一位乡村教师，还是一位农民，或者这个农民的称号对他们来说更重要。他们具有一定的乡土知识，但也仅仅是了解一些皮毛，在他们看来，课堂就是讲授科学知识的场所，他们没有要向学生展示乡土文化的意识，更不知道如何向学生展示。

第八章　提高当代乡村教师
乡土文化素养的对策建议

在城镇化加速发展的今天，虽然大批的农民涌入城市，但农民的主体部分依旧生活在农村。尽管传统乡土文化经受着现代文明科技的不断冲击，但它仍是支撑着乡村社会稳定发展的重要因素。乡村教师作为乡村教育实施的主体需要不断学习、教授和运用乡土知识或乡土文化，加强乡村教师乡土文化素养的养成，可从政府、社会、学校、教师自身等方面来探讨。

第一节　政府层面

一、加大政府重视程度

乡村教师乡土知识的积累和乡土文化素养的养成，离不开国家和地方教育部门的支持。教育部门要重视乡村教师独特的社会生活环境，乡村教师工作在农村，有着可以随时利用独特的乡土文化资源。教育部门构建有效的乡村教师乡土文化素养养成机制是国家培养高素质实用型乡村教师、学校及教师顺利开展教育教学工作的重要保障。我国应重视乡村教师专业发展的乡土性，制订相关法律政策，但就现实来看，我国对这方面的法律法规缺失比较严重，而日本的教育部门曾制定颁布了诸如《社会教育法》《生涯学习振兴法》等有利于政策法规，从法律的形式上保证了乡土文化教育的发展。日本还采取了一系列的有关乡土德育方面的政策措施，要求学生注重人与自然、人与社会的和谐发展，加强学生乡土文化素养的培养。早在二战前就开设了有关乡土学习的科目，在课堂上教师培养学生热爱自己生活的土地、热爱美好家园的思想情感。二战后，更加注重乡土文化教育。这不可避免要求我国政府部门应借鉴国外有益经验，实事求是，立足本国教育国情，切实制定和颁布实施有利于乡村教师乡土文化素养养成的相关法律法规，使乡村教师在学习、教授和运用乡土文化方面有法可依。

二、完善乡村教师培训体制

1. 完善高等师范院校对于师范生的培养

现在年轻教师逐步成为乡村教育的主力军，这些人之中的师范类大学生又占据主体，虽然他们有些是来自农村，可他们从小接受"离农"的教育，并不了解农村。关于教师教育课程体系的设置，一般包括教育知识、学科知识、教育教学技能、职业道德等几方面，相对缺少学习乡土文化和乡土知识的课程体系。对于知识的学习，除了对必要的教育学、心理学、专业学科知识等外，还要编制相关乡土文化或乡土知识的教材，增设相关农村经济建设、文化习俗、社会生活等方面的学习，使他们在任职前就对乡村生活和乡村文明建设有一定的了解。除注重课程设置外，还要重视教育教学实践，要加强高等师范院校与乡村中小学间的联系，保证高校可以经常组织师范生深入农村学校学习，如组织见习、实习、支教等活动，使师范生更加深入了解乡村教学现状，加强农村教学技能。在对农村教师的培养上，高等师范院校应承担培育高素质教师的职责，加强师范生乡土文化素养。

2. 完善乡村教师职后继续教育培训机制

就目前乡村教师职后培训而言，主要还是以学习教育教学理论知识为主，忽视了生活在乡村领域中的乡村教师的教育诉求。因此，在乡村教师职后继续教育培训中，要重视乡土知识的教授和乡土文化的传承，凸显乡村教师专业发展的乡土性和独特性。如，要注重乡村生产生活、历史文化、传统民俗、民间艺术、地理景观、价值观念等方面的乡土知识。引导教师思考怎样从日常生活中加强自身乡土知识和乡土文化的学习，怎样运用乡土知识和乡土文化开展教育教学活动，怎样与学生、家长进行有效的交流沟通，等等。

第二节 社会层面

一、加强社会舆论的支持力度

乡村教师乡土文化素养的养成离不开社会舆论的大力支持。就目前而言，社会民众对于乡土文化存在偏见、不重视乡土知识的学习和乡土文化的传承发展。即使是乡村教师组织了乡土文化实践活动，也得不到家长和群众的理解和支持，甚至还极力阻挠学生的参与。为了使乡土文化走进学校、走进课堂，使乡土文化得到传承发展，提升乡村教师乡土文化素养，需要社会舆论的鼎力支持和广泛参与。一方面，社会应为乡村教师开展乡土教育提供帮助；另一方面，民间和社会人士可成立乡土教育的组织，主要目的在于便利乡村教师收集乡土知识、开发乡土文化开发、培训乡村教师。比如，学校可以经常坐直乡村教师同当地村民了解当地的民风民俗、风土人情等，可以直接参与当地风俗活动。民间机构可以到学校向学生讲授乡土知识、培训乡村教师。

二、形成重视乡土文化的氛围

当今时代随着信息化和全球化的发展，人们的精神面貌和价值取向也悄然地发生变化，人们更喜欢现代科技所带来的新鲜感，对乡土越来越疏离和陌生，对于乡土文化的认识也越来越少，作为乡村教育主体的乡村教师对乡土文化无论是在认知方面还是在情感方面更是少之又少。比如，人们喜欢吃肯德基、麦当劳等快餐食物，对于年糕、粽子等传统食物愈来愈少关注；人们喜欢科技产品，对自然景观和人工雕琢的工艺品关注的越来越少；情人节过得多，七夕节过的少，传统节日被忽视，对于节日中的传统习俗更是不甚了解。乡村教师乡土文化素养的养成需要形成全社会都重视乡土文化传承发展的良好氛围，要向民众呼吁：正确认识我们生活的这片乡土，正确认识乡土文化。引导乡村教师了解乡土文化，主动认识、学习、运用乡土知识，强化乡村教师强烈的乡土情结，形成共同了解、主动探求乡土文化或乡土知识的氛围。

第三节　学校层面

一、加强校本培训、校本课程的乡土文化建设

2003 年，教育部颁布条例，允许各地可以开发自己的本土教材，引起社会各界人士的关注，乡土文化教育再次得到发展的机会，但是就目前来看，乡土文化教育之零星的存在于部分学校，并没有形成合理的教学体系。在现行考试指挥棒模式下，看起来学生不必学习乡土文化，教师更不必具有丰富的乡土文化学识。针对乡村教师乡土文化缺失以及在教育教学过程中运用得少的困境，乡村学校应承担起构建特色乡土文化校本课程体系和增加乡村教师乡土文化培训的任务的重任。校本课程是教授乡土知识、传承乡土文化的重要载体。不同乡土，会有不同的乡土文化、不同的教育方式，乡村学校的校本课程也会不尽相同。我国小学三年级就开设了必修课综合实践课程，主要包括：信息技术教育、研究性学习、社区服务与社会实践以及劳动与技术教育。而在所开设的校本课程和综合实践课程中很少涉及有关乡土文化的内容。学校应该把具有地方特色的乡土文化融入校本课程中，可以聘请当地民间艺人对乡村教师进行乡土文化培训；可以依据学校的实际情况，设立乡村教师乡土文化培训的专项资金；可以组织乡村教师以为乡土文化核心进行定期交流，以此对乡土文化有深入了解，共同努力编制独具特色的乡土文化教材。除编制教材外，还可以开展乡村教师乡土文化实践活动，确保乡村教师切实运用乡土文化教学。

二、改革乡村教师专考核评价的方式方法

乡村教师与城市教师所处的工作环境不同，对于两者的考核评价也应是不同的。要看到乡村教师专业发展的特殊性，把乡村教师专业发展的焦点放在农村这个特殊的环境中。用多元的、多样化的、发展的、过程性的评价方式来考核评价乡村教师，完善乡村教师考核评价体制机制。基于特殊的乡村环境背景，以乡土文化为核心，挖掘特色的乡土文化，激励农村教师自由表达专业发展规划，积极主动地把乡土文化或乡土知识的学习纳入专业发展体系。学校可以规定每位乡村教师每个学期要完成的总课时数中，关于乡土文化或乡土知识讲授课的课时数。除对量的考核外，还可以通过教师自我评价、学生评价、同事评价等方式对乡村教师乡土文化实践活动

有一定的认知，注重实践性原则。将对乡土文化或乡土知识的考核纳入选出教师的考核评价体系中，会促使乡村教师重视乡土文化或乡土知识的作用，主动地在教育教学工作中学习、运用乡土文化或乡土知识。

第四节　教师自身层面

一、加强自身职业素养

乡村教师首先是作为教师而存在，必须要有作为优秀教师的职业修为，要有忠于人民的教育事业、热爱学生、团结合作、为人师表等良好的道德修为，要有政治理论修为、精神的学科专业知识、广博的科学文化知识、必备的教育科学知识和丰富的实践知识等知识素养，要有语言表达能力、组织管理能力、组织教育和教学能力、自我调控和自我反省能力等能力素养，也要有高尚的师德、愉悦的情感、良好的交际关系和健康的人格等职业心理健康素养，等等。乡村教师处在乡村这个独特的教育场所，有必要在乡村中，利用特殊的乡土文化，加强自身职业素养。虽然乡土文化和城市文化之间存在差别，但它们两者在价值重要性大小问题上，并不能进行比较。工作在乡村的乡村教师应充分认识到乡土文化价值，乡土文化中诚实守信、与人为善的道德规范，吃苦耐劳、坚忍不拔的精神品质，追求传统人伦之乐的幸福观念，倡导人与自然和谐相处的价值理念，无论对于乡村教师乡土文化素养的养成，还是对新农村文化建设都显得尤为重要，需要乡村教师进一步开采利用、传承发展。

二、从多元文化视角重新审视乡土文化

随着多元文化的发展，人们对文化的认识也发生改变。人们对现代文化更加重视，乡土文化面临严峻挑战。中国工业商品经济发展、工业化增强、工业文化逐步发展，广大农村正在走向城镇化，西方文化在世界文化中占重要地位，城市文明关注度逐步提升，乡土文化逐步被忽视。各种文化在发展的过程中，各自的优缺点也会客观地呈现出来，作为文化传播者的乡村教师，不仅要推崇现代文化，还要关注乡土文化。乡村教师要想全面了解乡村社会的发展，要想理解农村家长的教育诉求，就必须重视乡土文化，不仅要了解、学习、应用乡土文化，还要在多元文化背景下，

重新审视乡土文化，要学会适应乡土文化，既要看到科学的乡土知识和乡土理念，也要摒弃其中的封建落后的乡土文化。在对现代文化深入认识的同时，也要对乡土文化有一种全新的认识。

三、提升乡村教师文化自觉性

乡村教师作为乡村中的知识分子，不仅承担着发展乡村教育的重任，还应是新农村建设的主动参与者，要具有建设美好乡村的社会意识和公共责任感。这要求乡村教师不仅要具有精深的教育教学专业领域学识，还要了解所处工作环境的乡村经济稳定发展、社会文明建设等乡村问题，尤其要注意对乡村中优质乡土文化资源的开采和利用。一个优秀的乡村教师，要教授学生科学文化知识，发展乡村学校教育；要了解当地乡土文化，培养学生深厚的乡土文化情结；要走出课堂，利用学校中学得的科学知识和当地独有的乡土知识为乡村服务。在乡土文化逐步被忽视的今天，乡村教师可以充分开采和利用当地文化，为新农村建设提供丰富独特的文化资源，树立乡土文化权威，重新确立以乡土文化为核心的乡村文化建设秩序，激活整个乡村的乡土文化建设。

四、积极走进乡村，走近农民

农民是农村生活的主体，是乡土知识直接呈现者，农业生产活动是农民主要的生产活动。在农村，乡村教师要想了解、学习乡土文化，就必须与农民打成一片，从农民生活中直接获得。正如教育家晏阳初所说的，要想教育农民，就必须先成为农民，即所谓的"化农民"和"农民化"。乡村教师掌握乡土文化即使达不到"农民化"，也要和农民积极主动地联系，只有愿意和农民待在一起，才能真正生活在乡土中，理解农民的教育诉求，真正了解和传承乡土文化，甚至是改变农民对乡村教师和乡村教育的看法。为此，乡村教师要从封闭的学校走向田间地头，走入村庄院落，与农民一起进行农业生产、一起过民俗节日，与农民同吃同住，与农民紧密联系。只有这样，农民才会认可乡村教师，愿意和乡村教师沟通，愿意向乡村教师传授乡土知识，也愿意倾听乡村教师对他们的教育诉求。

结　语

　　通过对乡村教师乡土文化现状及其产生原因进行探析，进而针对产生的原因提出相应的对策，促进乡村教师乡土文化的提升。当然，要真正解决乡村教师乡土文化问题，并不是一两天就能够解决的，也不是通过某一方面的努力就可以解决的。我们要清楚地认识到，乡土文化对传承中华文化、促进教师和学生发展具有重要意义；乡村教师乡土文化素养的养成，需要各方面从思想上高度重视，行动上切实实施，无论教师职前培训还是就职中的校本培训都要纳入乡土文化课程，无论是教育部门、大众媒体，还是学校、家长、教师自身等都要付出努力。由于笔者的能力有限，对乡村教师乡土文化问题的研究有诸多不足，需要笔者在今后的研究中加以完善。一是加大乡村教师访谈数量，加强个案的研究。二是进一步挖掘乡土文化对乡村教育、教师、学生发展和新农村建设的价值，就如何形成乡村教师乡土文化素养构建完整的理论和实践体系。敬请各位专家学者给予批评指正，使笔者在以后的研究中进一步完善。

第五部分　乡村优秀教师特质研究

一、研究背景

　　百年大计，教育为本；教育大计，师资为根。在推进"两个一百年"的进程中，乡村教师所面临的教育环境、教育对象及人民群众对优质教育的新诉求发生了较大变化。乡村教师肩负了促进乡村教育发展、加快乡村文明建设的重任。新常态下，如何成长为一名优秀乡村教师，深化乡村教师支持计划，提升乡村教育质量，促进教育公平，具有重要的理论和现实意义。

　　（一）教育环境发生了变化

　　传统的城乡二元结构已经逐步转变为乡村城市化的一元化结构。曾经的城乡并立逐步转变为城乡融合。随着国家教育经费的持续支持，乡村学校的办学条件得到了极大的改善，城乡学校在硬件设施方面的差别日渐缩小。城乡教师在相同学段的学历提升通道、普通教师的在职培训机会、教师人均培训经费投入等方面基本持平。制约乡村教育发展的重要因素已经由外在的硬件差别化转变为内在的师资素养差异化。关注乡村优秀小学教师成长，是提升乡村教育整体水平的迫切需要。

　　（二）教育对象发生了变化

　　随着我国城乡一体化进程的不断推进，乡村教师所面对的教育对象随之发生了变化。从单纯来自乡村学校周边的本乡本土农民子弟的单一生源为主转变为原住民与外来务工人员的混合生源共同就读。不同生源地的学生在其个体成长环境、家庭教育观念、不同学习经历、传统生活习惯等方面存在着一定差异，这种客观存在的差异性将引发系列教育新问题，这些新问题都将成为乡村教师要关注的新视点，是乡村小学教师成长过程中将要面临的新挑战。探析新形势下乡村小学优秀教师专业发展的基本特征，明晰乡村小学优秀教师的生成路径，搭建乡村教师的发展平台，是我国基础教育阶段乡村教师队伍优质化建设的现实需要。

（三）教育诉求发生了变化

人民群众的教育诉求随着新型乡村建设的发展发生了显著变化。我国乡村基础教育的关注点已经从曾经的关注普及义务教育转向追求有质量的教育公平，表现为：从最初的解决"能上学"到当前注重"能学好"。可以说，接受有质量的教育已经成为我国当前乡村基础教育改革的核心追求，是乡村教育改革发展的主要方向。乡村小学教师优质化将对乡村学校教育水平和办学质量产生根本性影响，对满足乡村小学优秀教育诉求具有重要作用。

二、研究意义

第一，理论价值。运用教育学、心理学、社会学等相关理论开展乡村小学优秀教师基本特征及成长机制研究，对深化乡村小学教师专业发展理论，明晰乡村小学优秀教师专业素养，完善乡村小学优秀教师成长机制等，具有重要理论意义。

第二，实践价值。本研究基于乡村教师工作实景开展，运用田野调查的方式全景式解析乡村小学优秀教师应具有的基本特征，并基本现实问题及其分析，提出乡村小学优秀教师的成长路径，这种源于实践、应用于实践的研究方式，对乡村教师的自主发展和政府决策具有较强的借鉴和参考价值。

三、国外研究现状

从搜集到的数据来看，国外学术关注角度对于乡村教师的相关文献最早见于1955年。之后在1985年出现了一个小的关注高峰，之后的二十多年中保持震荡关注，近年开始了持续攀升的较高关注度。近年，媒体对于该命题保持了较高的关注度。从学科分布的角度看，前三名的关注学科分别是：教育理论与教育管理、人物传记和中等教育。

国外对于乡村小学优秀教师基本特征的关联研究较为丰富，不同国家的关注角度略有不同。搜集到的资料中，法国的研究成果是对于胜任特征的三类表述：知道为什么，知道怎么做和知道为谁服务。荷兰关注的是现代教学策略下的教师胜任特征。美国的研究成果较为丰富，包含了当代乡村中小学合并、小规模学校再生及教师教育等。澳大利亚则顺应国际潮流对教师教育进行的全方位改革在国际社会产生的影响较为深远。俄罗斯的乡村教育现状分析对于我国的现状分析有一定的借鉴价值。

表 9-1　国外关于乡村优秀教师特质的研究状况

国家	研究成果
法国	胜任特征可以分为以下 3 类： （1）目标明确 。法国在对乡村小学优秀教师的培养目的非常明确，其不仅与政府相关政策支持有着紧密的关联，同时乡村教师在职业规划、事业追求、对教育岗位的价值观和教育信念等方面都有着较为明确的认知和认同。而这种明确的职业规划和个人价值体现追求也为自己快速成长为乡村小学优秀教师提供了强有力的思想动力和保障。 （2）优质教师培养生成模式清晰完善。法国在长期的实践总结中，基本上已经形成了适合本国乡村教育发展需要的优质教师培养生成体系。这种培养体系不仅包括了教师在专业技能、教学能力、教学行为规范、专业知识等方面的提高和强化，同时对于乡村小学优秀教师职业规划、个人职业价值追求，教学意识等方面都比较完善全面。 （3）服务对象针对性强。其在乡村教育服务的对象上针对性比较显著。其针对乡村学生的成长环境等各方面的特点，在乡村小学优秀教师培养上充分地考虑到了教学目标的特殊性。
美国	目前美国在乡村中小学教师培养建设上，基本上已经形成了完善的保障制度。早在美国进行城市化和工业化转型的社会改革期，对乡村学校进行有整合、撤并等学区改革措施，并在有利制度的保障下随着美国经济和社会的不断发展完善，从根本上解决了城乡教育差距的问题。
澳大利亚	澳大利亚充分借鉴国际上其他发达国家在解决城乡教育差距、实现城乡教育协调统一发展问题的实践经验，在其原有制度的基础上在专业培养、教师资格认证标准、教学内容改革、教学模式选择等方面进行全方位的改变，并取得了较为突出的效果。这种改革模式也为国际其他国家进行教育体制改革，缩短城乡教育差距，实现教育机会均等提供了良好的成功案例借鉴。
俄罗斯	目前俄罗斯教育体制主要包括初级教育、中等专业教育以及普通中等教育。而这三种教育阶段和我国的教育体制相同，都是先后衔接的。但是与我国中小学教育不同的是，俄罗斯的小学教育一般都是以自主管理为主，而想要进行专业或更高知识的教育则需要进入较大的专业或普通中等学校进行受教育。同时俄罗斯的幼儿园是完全独立于小学之外的。这与我国幼儿园与小学教育衔接的体制有着很大的区别。

通过关键词检索发现，国外对于乡村教师生成路径研究的相关文献并不多见，

关于乡村教师成长的主要研究成果多集中于发达国家。从研究数量和整体走向看，近年来，国外对于乡村小学优秀教师发展的关注分别于 2008 年和 2012 年出现了两次高峰。对于薄弱学校优质教师的发展相关文献的关注目前呈上升趋势。最近十几年来国外对于乡村小学优秀教师成长机制的研究自从 2012 年进入了持续上升的较高关注度时期。对于乡村小学优秀教师成长机制相关联的研究学科较为集中，分别是高等教育、教育理论与教育管理和中等教育三个学科给予了关注。关联度较高的相关词语分别是：乡村教育、软实力、教师教育、国际经验和教师专业发展。

国外的相关研究为我们提供了多种借鉴价值，乡村小学优秀教师生成路径的视角包含了突破乡村教师质量低下和数量短缺问题的瓶颈，有效构建我国乡村教师的成长机制，乡村教师的筛选、招募和保留，合理完善乡村教师供给政策理念层面等。

表 9-2　国外关于乡村优秀教师培养举措

国家	研究成果
美国	为了满足乡村教育的实际需要和现实情况，美国部分高校根据乡村教育环境、教育目标等方面的特殊性开设针对性的专业课程，并培养除了针对这种乡村教学环境和任务要求的专业化师资队伍。
英国	英国在城乡教育建设上基本上已经形成了较为完整的优质教师培养体系。针对乡村教育需求，英国从高校培养、配套政策制度、教学时间以及教师岗前岗中岗后的各个阶段都实现了一体化的培养体系。
澳大利亚	澳大利亚充分借鉴其他发达国家的成功经验，实施了乡村教育体验项目。配套多种鼓励性政策，对乡村教师进行优先招募。利用网络技术构建了常规的乡村教师网络培训制度。
法国	为了缩短城乡教育水平差距，法国除了完善相关的教育体系之外，最大的特点则在于其为乡村教师提供了优厚的福利待遇。

四、国内研究现状

在我国对于乡村教师素质的相关研究由来已久，以陶行知为代表的老一辈教育家就曾经以乡村教育作为重点内容开展了相关研究。作为我国当代乡村教育、乡村教师发展的典范，陶行知先生创设了农民联合会，开展了师范教育下乡运动，明晰了《乡村教师》宣言等。改革开放以来，我国各界对于乡村小学优秀教师个性特征给予较大关注。依此为观测点会发现，学术关注度视角的曲线统计图表明自 1984

年至今出现了三次关注高峰；媒体未对本视角加以关注。相关联的研究成果的学科分布集中于教育理论与教育管理专业，心理学专业次之，共涉及了十余个学科。

我国对于乡村小学优秀教师基本特征的研究资料视角丰富，专业化程度更高。涵盖了学科教师胜任特征、个性化教师（教育型教师、卓越性教师）个性特征、不同学段教师的个性特征等不同的角度提供了借鉴价值。

表 9-3　国内关于优秀教师特质的研究

研究者	研究成果
李中国	科学课教师的胜任特征模型是由教育理念、学生理解、知识体系、行为能力、专业成长等要素构成的五维度模型。
孙颖[1]	（1）优质教师的评定标准涉及了教师自身教育事业认知，人格特征以及教学能力等各个方面，同时影响其优质教师成长的因素包括了社会经济文化、工作条件和环境等各方面。 （2）优质教师的特征表现可总结为六个方面：坚定的教育信念、个人魅力、教学实践性、教学模式和应用思维的灵活性、专业知识的广泛性、教学理念的独创性。而影响教师发挥其创造性的因素则包括了个人业务能力、生活状态、教学目标以及工作环境。 （3）在影响优质教师生成的因素上，学校类型、工作地点等存在很大的差异，而在性别、学科、民族影响因子上的差异一般，而在教龄因素上则体现不出差异性。
蒋珊[2]	作者在对优质教师表现特征研究中认为，我们常说的学者型教师、专家型教师、研究型教师等在某种程度上都可以看作是同一种优质教师的表现。而人们的这种界定标准体现了对现代教师在素养和能力等方面的要求取向。现代优质教师不仅需要具有扎实的专业知识、学科知识以及突出的教学能力，同时还要拥有坚定的教学信念、创造性的教学反思能力和教研能力及意识。
任家熠[3]	作者以中学阶段教师作为研究对象，对其优质教师的特征研究主要从个性特征、职业态度、构建师生关系以及教学管理这四个维度进行了建模。并从宽容理解、耐心细心、热爱职业、以身作则、全面了解学生、关爱学生、批评学生和沟通能力、专业知识、课堂管理能力这几个具体因子进行了研究，并总结出了《中学教师胜任素质辞典》。

①　孙颖. 城乡教师队伍建设一体化的路径探讨——兼论乡村小学教师一专多能培训的可行性前提 [J]. 教育理论与实践 ,2014,14:24-26.

②　蒋珊. 成都市统筹城乡教师资源均衡配置案例研究 [D]. 电子科技大学 ,2015.

③　任家熠. 县域城乡义务教育一体化发展研究 [D]. 河北大学 ,2015.

续表

研究者	研究成果
马家平①	卓越教师个性特征具体表现为人格特征和专业特征，专业特征又细分为专业理解、专业知识、专业情感、专业行为。教师的人格特征在一定程度上决定了该教师成为卓越教师的潜力和可能性，具备这些特征——稳定、成熟、责任心强、独立、执着、认真、好强固执等的教师更容易成长为卓越教师。

乡村小学优秀教师成长路经、方法以及政策制度的研究资料较为丰富。近年来，随着教育质量和教育公平诉求的持续升温，教师质量、教师成长路径成为人们关注的重点内容。综合现有资料，主要包括以下几个方面：一是自主发展型，即优质乡村的教师的成长，多为基于自身工作岗位的磨炼与提升，通过实践，提升了自身的专业发展水平；二是专家引导型。部分乡村小学优秀教师的成长源自自身生存、工作的环境，在传帮带和政策的双轮驱动下，实现了自身发展。三是混合发展型。①部分乡村小学优秀教师的成长结合了上述两方面的综合因素，二者共同作用下，实现了自身的有效发展。

---

① 王艳 . 乡村优质教师专业发展的叙事研究 [D]. 东北师范大学 ,2009.

第九章　乡村小学优秀教师特质与生成机制

第一节　基于文献资料获取乡村小学优秀教师基本特征

为确保文献资料的涵盖范围，分为了三个调查层面：国家政策层面、地方政府文件层面及大众舆论评价层面。

一、国家政策层面对于优秀教师基本特征的界定

（一）中小学教师职业道德规范

教育部与中国教科文卫体工会全国委员会 2008 年重新修订了《中小学教师职业道德规范》。规范中对于新形势下经济、社会和教育发展对中小学教师应有的道德品质和职业行为的基本要求做出了明确表述。提炼的关键词如下：爱国守法、热爱祖国，热爱人民，遵守教育法律法规、履行职责、爱岗敬业、忠诚、志存高远、勤恳敬业、甘为人梯、乐于奉献、工作负责、关爱学生、尊重学生人格、平等公正、严慈相济、教书育人、遵循教育规律、素质教育、循循善诱、诲人不倦、因材施教、培养学生、为人师表、高尚情操、知荣明耻、严于律己、以身作则、衣着得体、语言规范、举止文明、关心集体、团结协作、尊重同事、尊重家长、作风正派、廉洁奉公、终身学习、钻研业务、探索创新、专业素养和教育教学水平等。

（二）国家特级教师

1978 年 12 月 17 日，经教育部和国家计划委员会经国务院批准，联合发布了《关于评选特级教师的暂行规定》，规定中对于特级教师的评选条件中分为了政治性和业务性两方面。提取的关键词有：热爱学生、道德品质修养、认真负责、勤勤恳恳、刻苦努力、联系实际、理论知识、教学经验、知识技能、胜任教学、培养学生、

教学效果、教学质量、创新精神、刻苦学习、钻研业务、确有专长、勇于创新、成果著述、关心帮助等。

（二）全国优秀教师

全国优秀教师评选条件中提取的关键词有：立德树人、为人师表、师德高尚、坚守一线、履行义务、教育创新、教学改革、教材建设、实验室建设、教学质量、成绩显著、素质教育、全面发展、教书育人、敬业爱生、成绩显著、教育教学研究、科学研究、技术推广、科学价值、社会效益等。

二、地方政府文件层面对于优秀教师基本特征的界定

（一）上海市"园丁奖"

"上海市园丁奖"获得者，主要呈现了三个层面：教育理念、教学改革和全面提升。所呈现的关键词有：终身发展、素质教育、德育、育人环境、实效性、吸引力、感染力、显著成绩、课程教材改革、创新精神、实践能力、程设置、教学途径、学习管理、评价办法、专业素养、变革、求真务实、教育教学质量、效率、显著成绩、全面提升、管理水平、服务质量、教育质量、办学效益、开拓创新、协调发展、可持续发展、氛围、条件、改革实践等。

（二）江苏省"卓越教师"

该项计划的总体目标是培养信念坚定、学科基础扎实、教育教学能力全面、有一定研究能力的高素质新师资。提炼出的关键词有：信念坚定、学科基础扎实、教育教学、能力全面、研究能力、高素质、新师资、文化素养、专业理论扎实、专业技能、热爱教育、综合素质、一专多能型、高素质等。

（三）山东省"齐鲁名师"

山东省已经完成了培养周期为三至五年的两批齐鲁名师培养。所呈现的关键词语有：一线教师、科研成果、课题研究、专业技术职务、知名度、影响力、特级教师、优秀教师、论文著作等。

三、大众舆论层面对于优秀教师基本特征的界定

（一）国家教书育人楷模

2010 年 8 月 8 日教育部联合中央主要媒体和教育媒体，启动评选活动。大众媒体引导、人民群众参与的评选案例显示，其关注的主要核心词有：人民教师、高尚师德、履行高使命、尊师重教、高素质专业化、科学发展、忠诚、热爱祖国、服务人民，教书育人、为人师表、、爱岗敬业、立德树人，严谨笃学、无私奉献等。

（二）中国最美教师

由中央电视台和光明日报社共同主办的大型公益会动：寻找最美教师活动中呈现出的关键词有：无私奉献、理想信念坚定、道德情操高尚、有扎实学识和仁爱之心。

第二节　基于问卷调查获取基本特征

为了保证本次课题研究的科学性和最后数据结果的准确性，本次问卷调查按照处于城乡一体化进程中不同阶段的乡村教师划分为三个小组，分别是处于城乡一体化发展起步阶段阶段区域的乡村小学优秀教师、处于城乡一体化发展成长阶段阶段区域的乡村小学优秀教师、处于城乡一体化发展成熟阶段阶段区域的乡村小学优秀教师，针对城乡一体化进程中不同阶段的乡村教师及乡村小学优秀教师成长管理现状进行了实地的问卷调查及实际访谈。参与问卷调查的人员身份包含了学生、家长、教师、各级领导及学者专家。每个组别发放 200 份调查问卷，合计发放问卷 600 份，其中有效问卷 568 份，获得的乡村教师的基本特征主要体现在以下几个方面：

一、乡村小学教师队伍年龄结构特征

（一）处于城乡一体化发展起步阶段区域的乡村教师队伍年龄结构特征

针对处于城乡一体化发展起步阶段区域的调查问卷共发放了 200 份，其中有效问卷 182 份。30 岁以下教师 28 名，占总人数的 15%；年龄在 30 岁—40 岁的人数是 43 名，占总人数的 24%；40 岁—50 岁的人数有 73 名，占总人数的 40%；年龄在 50 岁以上的人数有 38 名，占总人数的 21%。

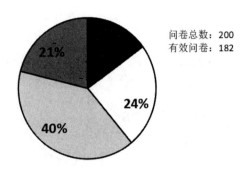

问卷总数：200
有效问卷：182

■30岁以下 □30—40岁 ▨40—50岁 ▩50岁以上

图 9-1　城乡一体化发展起步阶段区域的乡村教师队伍年龄结构特征调查结果统计分析

（二）处于城乡一体化发展成长阶段区域的乡村教师队伍年龄结构特征

针对处于城乡一体化发展成长阶段区域的调查问卷共发放了 200 份，其中有效问卷 190 份。30 岁以下教师 27 名，占总人数的 14%；年龄在 30 岁—40 岁的人数是 42 名，占总人数的 22%；40 岁—50 岁的人数有 75 名，占总人数的 40%；年龄在 50 岁以上的人数有 46 名，占总人数的 24%。

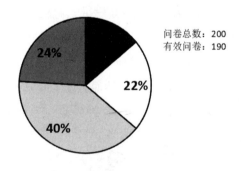

问卷总数：200
有效问卷：190

■30岁以下 □30—40岁 ▨40—50岁 ▩50岁以上

图 9-2　城乡一体化发展成长阶段区域的乡村教师队伍年龄结构特征调查结果统计分析

（三）处于城乡一体化发展成熟阶段区域的乡村教师队伍年龄结构特征

针对处于城乡一体化发展成熟阶段区域的调查问卷共发放了 200 份，其中有效问卷 196 份。30 岁以下教师 43 名，占总人数的 22%；年龄在 30 岁—40 岁的人数是 52 名，占总人数的 27%；40 岁—50 岁的人数有 76 名，占总人数的 39%；年龄在 50 岁以上的人数有 25 名，占总人数的 12%。

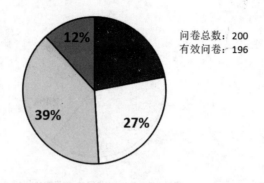

图 9-3　城乡一体化发展成熟阶段区域的乡村教师队伍年龄结构特征调查结果统计分析

从关于乡村教师队伍年龄结构的统计结果来看，城乡一体化进程中的乡村学校教师年龄结构构成呈现枣核状结构，中年为主，青年教师的占有比例偏轻，其中 50 岁以上教师比重较重。这种结构模式下，青年教师较多的伪工作量将对青年教师的专业化发展产生一定的负向影响。

二、乡村小学教师职称水平分布特征

（一）处于城乡一体化发展起步阶段区域的乡村教师职称水平分布特征

针对处于城乡一体化发展起步阶段区域的调查问卷共发放了 200 份，其中有效问卷 182 份。初级职称教师 111 名，占总人数的 61%；中级职称教师人数是 61 名，占总人数的 34%；高级职称教师的人数有 10 名，占总人数的 5%。

图 9-4　处于城乡一体化发展起步阶段区域的乡村教师职称水平分布特征调查结果统计分析

（二）处于城乡一体化发展成长阶段区域的乡村教师职称水平分布结构特征

针对处于城乡一体化发展成长阶段区域的调查问卷共发放了 200 份，其中有效问卷 190 份。初级职称教师 120 名，占总人数的 63%；中级职称教师人数是 59 名，占总人数的 31%；高级职称教师的人数有 11 名，占总人数的 6%。

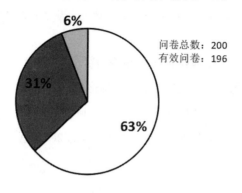

图 9-5　处于城乡一体化发展成长阶段区域的乡村教师职称水平分布特征调查结果统计分析

（三）处于城乡一体化发展成熟阶段区域的乡村教师职称水平分布特征

针对处于城乡一体化发展成熟阶段区域的调查问卷共发放了 200 份，其中有效问卷 196 份。初级职称教师 114 名，占总人数的 58%；中级职称教师人数是 60 名，占总人数的 31%；高级职称教师的人数有 22 名，占总人数的 11%。

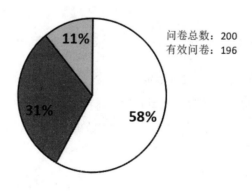

图 9-6　处于城乡一体化发展成熟阶段区域的乡村教师职称水平分布特征调查结果统计分析

从上述图示的数据显示，整体来说，乡村教师目前拥有的职称水平相对比较低。三组区域的初级职称的教师比重分别占到了 61%、63%、58%，该组数据显示乡村教师的初级职称比重相对较重。同时，具有高级职称的教师人数占比只有 5%、6%、11%，整体比重偏低。在我国现行教师薪资制度下，教师工资与职称的关联度较高，这种数据呈现的氛围，不利于激发乡村教师自我成长的需求。

三、乡村小学教师队伍性别结构特征

（一）处于城乡一体化发展起步阶段区域的乡村教师队伍性别结构特征

针对处于城乡一体化发展起步阶段区域的调查问卷共发放了 200 份，其中有效问卷 182 份。男教师人数 51 名，占总人数的 28%；女教师人数 131 名，占总人数的 72%。

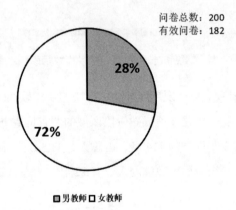

图 9-7　处于城乡一体化发展起步阶段区域的乡村教师队伍性别结构调查结果统计分析

（二）处于城乡一体化发展成长阶段区域的乡村教师队伍性别结构特征

针对处于城乡一体化发展成长阶段区域的调查问卷共发放了 200 份，其中有效问卷 190 份。男教师人数 57 名，占总人数的 30%；女教师人数 133 名，占总人数的 70%。

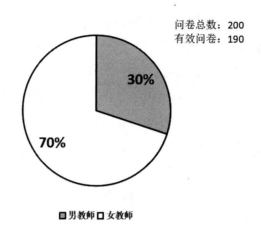

问卷总数：200
有效问卷：190

图9-8　处于城乡一体化发展起步阶段区域的乡村教师队伍性别结构调查结果统计分析

（三）处于城乡一体化发展成熟阶段区域的乡村教师队伍性别结构特征

针对处于城乡一体化发展成熟阶段区域的调查问卷共发放了200份，其中有效问卷196份。男教师人数49名，占总人数的25%；女教师人数147名，占总人数的75%。

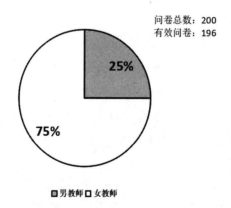

问卷总数：200
有效问卷：196

图9-9　处于城乡一体化发展起步阶段区域的乡村教师队伍性别结构特征调查结果统计分析

从上图笔者对调查对象的性别调查结果统计显示，整体来说，在这些受访对象中，男女教师的比例差异比较明显。其中女性教师的比例远远超过了男性教师数量。这种比率与当前小学阶段女教师数量偏多的现状较为一致。

四、乡村小学教师第一学历结构特征

（一）处于城乡一体化发展起步阶段区域的乡村教师第一学历结构特征

针对处于城乡一体化发展起步阶段区域的调查问卷共发放了 200 份，其中有效问卷 182 份。中师（高中）及中师（高中）以下学历的乡村教师有 128 人，占总数的 70%；大专学历的乡村教师有 36 人，占比 20%；本科学历的乡村教师 18 人，占比 10%；研究生及以上学历 0 人，占比 0%。

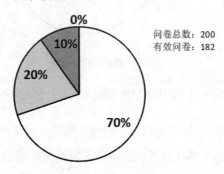

图 9-10　处于城乡一体化发展起步阶段区域的乡村教师队伍第一学历调查结果统计分析

（二）处于城乡一体化发展成长阶段区域的乡村教师第一学历结构特征

针对处于城乡一体化发展成长阶段区域的调查问卷共发放了 200 份，其中有效问卷 190 份。中师（高中）及中师（高中）以下学历的乡村教师有 124 人，占总数的 65%；大专学历的乡村教师有 54 人，占比 28%；本科学历的乡村教师 11 人，占比 6%；研究生及以上学历 1 人，占比 1%。

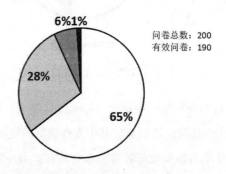

图 9-11　处于城乡一体化发展成长阶段区域的乡村教师队伍第一学历调查结果统计分析

（三）处于城乡一体化发展成熟阶段区域的乡村教师第一学历结构特征

针对处于城乡一体化发展成熟阶段区域的调查问卷共发放了 200 份，其中有效问卷 196 份。中师（高中）及中师（高中）以下学历的乡村教师有 114 人，占总数的 58%；大专学历的乡村教师有 47 人，占比 24%；本科学历的乡村教师 29 人，占比 15%；研究生及以上学历 6 人，占比 3%。

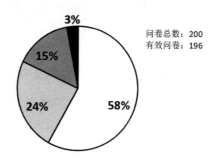

问卷总数：200
有效问卷：196

□中师（高中）及中师（高中）以下　■大专　■本科　■研究生及以上

图 9-12　处于城乡一体化发展成熟阶段区域的乡村教师队伍第一学历调查结果统计分析

从统计图显示的数据情况来看，当前三个区域的整体情况较为一致。乡村教师的第一学历层次为中等师范院校层别的人数占较大比率，以人数最多的中年教师为主的主力军第一学历大多处于这个层次。在大专及本科教育学历层次上，以大专学历的教师更多一点，且目前任教学科与大学所学专业不同的占多数。教师第一学历的基础表明，乡村教师在专业知识背景方面与城区教师相比较有一定差距。这种差距成为乡村教师的优质化发展的不利因素。

五、乡村小学教师最高学历结构特征

在被调查的 568 名教师中，最高学历为中师（高中）的乡村教师人数为 28 人，占总人数的 5%；大学专科学历的乡村教师人数为 29 人，占总人数 5%；最高学历为大学本科学历的乡村教师人数为 454 人，人数是百分比是 80%；最高学历为研究生的乡村教师人数为 57 人，人数是百分比是 10%。不容忽视的是，所学专业与任教学科之间关联度较低。多学科任教，无某学科专业背景任教该学科的情况较为常见。对乡村教师优质化的生成有一定的不良影响。

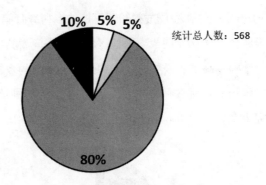

图9-13　乡村教师最高学历结构特征调查结果统计分析

第三节　基于个案访谈获取乡村小学优秀教师基本特征

乡村小学优秀教师在教学发展、教学文化、教学研究、教学学术、专业发展、教学反思等方面具有各自的特点。本研究根据官方层面档案的记录及学生、家长、教师以及学校民间层面的推荐，共搜集了132名乡村小学优秀教师样本，兼顾了不同任教学科、不同学历背景、不同性别特征等多个维度，最终筛选出82位典型个案，进行了访谈。基于访谈结果，提炼归纳出城乡一体化背景下乡村小学优秀教师的基本特征如下：

一、专业知识

（一）丰厚的专业知识

对于乡村小学优秀教师来说，他们除了对乡村教育事业始终保持着饱满的热情和对投身乡村教育的坚定信念之外，突出的专业知识修养是成为乡村小学优秀教师的基本条件之一。包括课堂教学、教学改革、教学方法、教学效果、教学效能感、教学能力、青年教师、教学技能等各个方面。[①] 因此，丰厚的专业知识是乡村小学

---

① 李中国，黎兴成．我国高校教师教学研究的热点状况分析——基于2005-2015年CNKI文献的共词分析[J]，教育研究，2015(12):59—66.

优秀教师的基本表现特征之一。这里的专业知识，由于乡村大部分教师需要担任多个学科的教学任务，所以这里针对乡村小学优秀教师所具备的专业知识特指有效的知识。也就是今后能对自己所工作涉及的可以继续学习、研究或对自己继续学习新知识而具有促进作用的关键性东西。

具体来说，有效的专业知识包括：一是通识的文化知识。这是优质教师在乡村众多教师群体中脱颖而出，并且能够胜任多学科教学任务的坚实根基；二是涉及学科的专业知识储备。对于乡村小学优秀教师来说，和大多乡村教师一样都需要承担着多学科的教学任务。但是其教学涉及的学科知识了解和学习能力要比大多数乡村教师更突出；三是教育方法知识，这是提供给教师圆满完成各种教学任务的方法保障。对于乡村小学优秀教师而言，他们不仅具有这些有效的专业知识，而且在长期的教学实践中总有着属于自己的一套具有鲜明个性特点，并且在一定环境中具有良好实效的个体知识体系。[①] 这种体系的特征在于无论是在课堂教学还是在与学生交流的过程中，这种娴熟有效、富于智慧的专业知识给予学生的，不仅是知识的获取、能力的掌握、思维的培训和学历的提升，更是一种思想的感动、心灵的洗礼、行为的陶冶和品格的养成。优质教师这种特有的人性优点，不仅是作为优质教师的基本特征，也是学生们成长过程中的一种幸福。

（二）持续的学习欲望

具备持续学习的欲望，保有持续学习的习惯，是接受访谈的优质乡村教师共同具备的一大特点。他们普遍认同教师专业职业化的重要性，认为对于教师这一职业要求来说，教师本身除了要承担必要的教学育人义务，同时还要进行终身的自我教育。这也是作为优质教师的根本条件。对于乡村过重的教学任务来说，紧张教学的疲困、安于现状的消极心态以及物质条件的限制等都无时无刻地冲击和销蚀着教师进行自我提升、强化的信念和意识。一般的教师往往在履行自己所承受的教学压力都显得力不从心，何况是在这之外还要学习新的知识。但是对于优质教师来说，他们对学习意义的领悟更加的深刻，认知也更加的明确，这种持续学习的强烈欲望是任何困难和障碍都无法撼动的。

优质乡村教师持续学习的强烈欲望和追求，一是表现在内心那股强烈的求知渴望。意识决定行为，欲望决定成就。只有强烈的欲望需求才能为不断追求自我成长

---

① 李迎春 . 我国乡村小学优质教师资源流失问题研究 [D]. 河南大学 ,2013.

提供持续不断的动力。① 对于乡村小学优秀教师来说，这种持续学习的欲望往往不需要外界的强迫和刺激，更多的是自我学习行为的一种习惯。二是他们对学习的价值和作用具有全面清晰的认知。乡村小学优秀教师一方面通常具有广泛阅读的习惯，另一方面也喜欢和周围的同事进行有效的交流；甚至有些优质教师十分重视学生对教学的实际反馈。在不断学习和反思中，丰富自我专业知识，不断提升自我；此外，虽然乡村教育硬件环境不好，但是随着我国整体经济的发展，乡村经济也得到了很大的改善。上网不再仅仅是城里人的特权，越来越多的乡村人也开始了上网的习惯。对于乡村小学优秀教师来说，他们基本上都保持着网上学习的良好习惯，通过网络及时的了解教育相关的政策和先进教学理念，不断的提升自己。

二、专业能力

（一）过硬的业务能力

对于乡村小学优秀教师来说，其表现出来的特征不仅具有丰富的专业学科知识，同时他们还可以将外在所获取的新知识有效的转为为自己的思想认知和知识的强化，并在教学实践中通过反复的论证来最终形成自己独有的教育理念和行为技巧。因此，具有过硬的业务能力也是乡村小学优秀教师的特征表现之一。

首先，在文化知识的学习方面，具体则体现在：一是对教育目的和课程目标始终都有着一个较为清晰系统的感知和理解能力；二是对当前新课改的认知、了解以及适应能力都有着独特且很强的适应性以及执行能力比较突出；三是在课堂实践活动的设计、组织、实施等具体教学内容上都有着突出的制定和实施能力；四是对教学过程中存在的不足以及教学实际效果都有着教学反思的改革意识；五是对学生具体的学习方法和行为有着显著的引导、改善效果；六是在作业布置和批改上也有着较为清晰的把握操作能力。②

其次，在品行人格的培养方面，与其他乡村教师相比，优质教师一是可以很好或者善于把握学生的各种心理特点以及变化特征，并主动及时地进行有效干预和引导，进而提高了学生的管理质量，避免各种不良现象的发生；二是优质教师在与同行、学生、家长的联系和交流上更加的频繁，采取灵活性的课堂总结、拓展延伸取长补短，

① 吴昕．将选调生机制引入乡村教师队伍建设中的策略分析 [D]. 陕西师范大学 ,2011.

② 孙健，陈衍华．乡村师资队伍建设存在问题及对策 [J]. 河南科技学院学报 ,2010,04:21—23.

实现共同成长，教学共赢。[①] 对于学生的情况均有一个比较全面的了解，同时也会把学生在校变化情况及时地反馈给学生家长。因此，在家长的印象中，优质教师形象更加美好；三是优质教师往往可以很好地处理教师与学生，学生与学生之间的各种教育矛盾，在面临各种突发情况，都可以沉着冷静、果断合理的妥当处置。

故而，对于优质教师来说，其突出业务能力，不仅是"既见森林，也见树木"辩证观念的很好诠释，同时业务能力的突出，也在另一方面增加了他们教学管理的能力。因此，对于乡村小学优秀教师的特征表现还体现在其过硬的业务能力。

（二）自觉的反思习惯

本质上讲，教学反思就是指教师有计划、有意识地对自我教学实践过程进行各方面的总结和自主反省，进而不断地完善自我教学方法的行为习惯。教学反思主要包括了对教学过程教学意识、课堂内容、教学行为以及教学效果的自我反思和总结。具体来说：

首先，养成这种反思的习惯很好地规避了教师在实践教学管理成长中职业目标、教学方法改进等各种层面与职业和教学实际需求产生偏离，确保自身思想认知始终保持正确的发展轨迹。其次，养成反思教学过程的习惯，可以保证教师在备课资料是否充足、教学重难点把握是否准确等具体教学环节的顺利进行；再者，养成反思教学行为的习惯，可以让教师在对课程理解、教学设计、学生引导等教学实践中存在的问题进行及时的改善和纠正；最后，养成反思教学效果的习惯，可以对当前教学方法的实践效果，及时跟进小生获取文化知识的多少起到持续跟进的作用，通识还可以观察和发现学生在思想品德、心理情感变化，行为习惯等方面的隐性变化趋势，进而对可能产生的问题或行为进行纠正和引导。[②]

因此，通过教学反思，不仅可以将自身所掌握的教育理论加以实践，并逐步改进，通识也可以为教师在教学过程中尽量避免错误行为和教育理念发生偏差，增强教学行为中正确客观的价值观念。

三、专业情谊

（一）高尚的思想道德水准

自古以来，中国传统文化中对教师职业的要求，不仅看重其专业知识的掌握，

---

① 李中国等著．科学磨课设计与实践 [M]，科学出版社，2017(6):12.
② 弋文武．乡村教师学习问题研究 [D]．西北师范大学，2008.

还更加看重教师的思想道德水准。我国自古讲究"达者为师""为人师表、以德育人"的教育理念就是这个道理。因此,对于优质教师来说,具有高尚的思想道德品质是其最显著的表现特征。由于教师职业的特殊性,特别是对于义务教育阶段的学生来说,老师的一言一行都在时刻潜移默化地的影响着他们性格、世界观、价值观等人性基本特征的养成。苏联著名教育学家加里宁曾说过,教师的世界观,他的品行、他的生活,他对每一现象的态度,都这样或那样地影响着学生。[①] 因此,教师的工作不能被看作是简单的传递知识,更注重自我素质品行对学生的影响。这也是我国当前新课改及城乡一体化发展进程中城乡教育一体化的基本要求。

(二)饱满的教学热情

虽然相对于城市教育环境、工作环境、福利待遇等方面,乡村小学优秀教师与城市优质教师相比都存在着很大的差异。但是艰苦的外部环境因素,并不能阻碍他们保持饱满的教学热情以及对教育事业的热爱。可以说,饱满的教学热情是乡村小学优秀教师共同的基本特征。

对于乡村小学优秀教师来说,在生活上无论困难还是压力,他们都是种将自己的教学工作看作自己人生的第一要务,"再苦不能苦孩子""再耽误也不能耽误孩子",这不仅是每一位家长的认知,也是所有乡村小学优秀教师一直秉承着的基本原则。在面对学生上,无论是遇到多么调皮的学生,耐心、真诚和智慧总是可以是他们在处理学生问题上游刃有余。在日常言行中,乡村小学优秀教师时刻以自身为榜样,恪守职业道德,秉承着"以身执教""以德育人"的传统精神。也正是他们这种积极向上、健康饱满、持之以恒的教学态度和精神面貌,才是最终在众多乡村教师群体中脱颖而出的重要因素。正如很多教育专家所描述的那样:教育力量的体现重点在于教师高尚精神的无限支撑,正确地引导学生学会憧憬未来,树立和形成正确的世界观和价值观,培养和塑造学生健康、积极、正能量的生活追求,以身作则。[②] 对于优质教师来说,一定善于把人生美好的一面,把我们生活中社会美好的一面正确的传输给学生。因此,对于优质教师饱满的教学热情来说,实质上就是热爱进步、热爱职业、热爱知识还有热爱学生。可以说,没有一个进步需求和欲望的教师,不是一个称职的老师,也很难让学生认可。优质的老师他们始终能够以超乎

---

① 黄白. 用好乡村优质教师范例 [J]. 教育,2008,17:36-37.

② 陈小红. 优质教师的特征——基于对学生的调查 [J]. 南方职业教育学刊,2013,01:88—93.

寻常的工作激情来对待每一节课、每一位学生。乡村小学优秀教师能够在乡村教育艰苦的工作环境中从众多的教师群体中脱颖而出，不仅是他们专业知识或者授课技巧多么的先进，而是内外力协同的精神游励作用下的那种始终如一的职业热情和对投身乡村教育事业的坚定信念。①

（三）健康的身体素质和心理素质

有区别于城市优质教师，乡村小学优秀教师除了要承担巨大的教学任务压力之外，还要承担一般农民所承担的劳作压力。身体是革命的本钱，因此，从身体素质要求上来说，乡村小学优秀教师不仅要有健康的体魄和饱满的精神以及良好的卫生保健习惯。健康的身体是承担乡村当前沉重教学任务和压力的基础和前提条件；而且良好的心理素质也是乡村小学优秀教师必备的条件之一。② 只有自身具有良好的心理素质，才能在实际问题上帮助学生们发现和解决心理问题，并加以引导和改变。对于乡村小学优秀教师的成长来说，不管是在教学实践还是学生管理上，教师难免会遇到这样那样的问题和困难，只有自身具有健康的身体素质以及过硬的心理素质才能更加出色地完成教育任务。

第四节　乡村小学优秀教师的基本特征建构

通过前面对乡村小学优秀教师基本特征的总结，在结合了笔者针对 96 位乡村教师问卷调查的实际结果分析以及对其中 82 位乡村小学优秀教师实际采访内容的反馈后，笔者对当前城乡一体化进程中乡村小学优秀教师的基本特征从人格特征和专业特征两个方面进行了详细的总结。具体如下：

一、乡村小学优秀教师的人格特征

（一）坚定的教育信念

在对乡村小学优秀教师的采访中，笔者发现在这些优质教师身上有一个共同的人格特征就是他们对于教育事业始终都保持着坚定的信念和对教育事业孜孜不倦的

---

① 李中国，黎兴成. 职业教育扶贫机制优化研究 [J]. 国家教育行政学院学报,2017(12):88—94.

② 王璐. 义务教育均衡发展视野下乡村教师问题研究——基于纵向与横向实证调查和政策分析 [J]. 中国人民大学教育学刊,2013,03:64—83.

追求。具体来说，优质教师的这种教育信念是在其在实际教学过程中逐渐形成对当前自身所在岗位和教学环境等方面的一种理性认知和针对态度，涵盖教学学术与文化、教学能力与方法等方面。[①] 其中，坚定的教育信念是成为优质教师的必备条件之一。意识决定行为，教师教育观念往往也是影响教师职业成长和能力提升的重要影响因素。[②] 因此，坚定的教育信念，不仅是优质教师成长和形成的前提保障，也是教师在教学工作中实现自我突破，不断提升自我综合素质的持续动力来源。

（二）关心学生的教师情怀

对于一个教师优不优质，除了要看教师受教育经历以及在课堂教学中的效果好坏这些客观因素上，最重要的还是学生及家长群体对教师教学工作及教学能力的认可。在笔者对这 82 位乡村小学优秀教师进行采访的过程中发现，他们在对待学生及与家长的关系联系上更加的用心。学生对授课老师的态度将在很大程度上决定了这位老师的教学质量和效果。如果学生都喜欢这个老师，那么他们就会喜欢去上这位老师的课，也更容易跟随老师的课堂节奏和思维来走，反之则会抗拒老师的引导，对教学内容也提不起兴趣。而学生对老师的喜爱态度又往往取决于这位老师的个人魅力。这种个人魅力则是在老师和学生长期相处的过程中体现和积累起来的。对于个人魅力高的教师来说，只有真正的关系学生，爱护学生才能得到学生内心真正的尊重和喜爱，只有真正的关心学生也才能获得家长的普遍认可。被学生和家长认可和喜爱的老师也是衡量一位老师是否优质的重要衡量指标。因此，拥有一个真正关系学生的教师情怀，提高自身在学生群体中的个人魅力是成为优质教师的重要途径和条件。

二、乡村小学优秀教师的专业特征

（一）持之以恒的工作毅力

基于笔者对 82 位乡村小学优秀教师的采访，相较于其他乡村教师，在专业特征表现上的区别，一方面是他们通常都具有持之以恒的工作毅力。笔者认为，对于教师个人来说，顽强的毅力可能改变一个人本身的不足，时刻确保他在面对困难和

---

① 李中国, 黎兴成. 我国高校教师教学研究的热点状况分析——基于 2005—2015 年 CNKI 文献的共词分析 [J], 教育研究, 2015(12):59—66.

② 熊文, 钟英. 关于建立优质教师服务乡村中小学长效机制的思考 [J]. 乐山师范学院学报 ,2007,11:123—125.

压力时，可以一直勇往直前地坚持下去。对于乡村教师来说，无论是在具体教学任务还是教学压力上都要比城市教师更加的繁重，面对的困难问题有时不仅仅来自工作还有家庭方面的压力。想要成为一个优质的乡村老师，那么就必须要有一个持之以恒的工作毅力和坚定不移的信念。

（二）开拓创新的科研精神

通过对 82 位乡村小学优秀教师的访谈，笔者还发现在他们身上都有着显著的开拓创新的科研精神这一专业特征。而且他们大都的观点都认为教学科研是其取得教学成绩的重要依靠因素。对于这些乡村小学优秀教师，他们往往不会局限于一种教学方法的实践，往往都会在不断学习和与周围同事交流的过程中，对自我教学方法进行改进实践，进而不断完善自我的教学方法。[①] 因此，笔者认为具有开拓创新的科研精神也是乡村小学优秀教师必备的专业特征之一。

（三）持续改进的教学反思

提升教师专业发展的意识和科研能力，帮助教师成长为独立的研究者和行动者势在必行。这些乡村小学优秀教师往往不仅十分注重教学方法和教学理念在课堂实践中的应用，同时他们都还有着良好的教学反思的习惯特征。在备课、磨课的过程中，不断反思和改进自己的教学理念和教学方法，不断提升自己的教学质量。[②] 而这种习惯可以很好地保证这些教师在日常教学中一直保持着正确的改进方向，避免教学问题的出现，并且可以持续对自我教学方法、理念以及学生管理等方面进行改进和完善。也正是通过这种批判性的分析和调整，他们都时时刻刻的保持着不断学习，不断完善自己的状态。也正是勇于反思的习惯，这些优质教师在自我完善上表现得更加具有自觉性，对自我各方面的修养都有着很大的促进强化作用。本质上讲，优质教师的生成是一个不断实践、不断反思的成长过程。因此，持续改进的教学反思习惯是这些乡村小学优秀教师的又一专业特征。

---

① 冯伦坤 . 真心互动 共同发展——麻城市实施"湖北省名师优质教师对口支援乡村教育计划"工作纪实 [J]. 新课程研究 (教育管理),2007,04:35—37.

② 李中国等著 . 科学磨课设计与实践 [M], 科学出版社 ,2017:177.

第十章 乡村小学优秀教师成长的影响因素

第一节 乡村小学教师优质化成长的影响因素调查

一、性别因素对乡村小学教师优质化发展的影响

表 10-1 性别因素对于乡村教师优质化成长的影响

性别	男	女	所占比例（男）	所占比例（女）
起步阶段	27	105	20.45%	79.55%
发展阶段	38	94	28.79%	71.21%
成熟阶段	43	89	32.58%	67.42%
合计	108	288	81.82%	218.18%

通过笔者的调查问卷关于乡村小学优秀教师在性别方面统计的数据结果，由表10-1 所示：在笔者调查的关于 132 位乡村小学优秀教师在性别方面的结果显示，不论哪个时期，乡村小学优秀教师中女教师的占优比率远远高于男教师的含有比率。出现这种明显差异的原因，笔者认为，一方面是因为受到女性教师群体在整个乡村教师群体的占优比率明显高于男性教师的客观因素的影响，另一方面因为女性教师在职业规划、自我发展、热爱学生、爱岗敬业等方面能力的表现与男性教师相比无名明显差别，所以性别因素对于乡村教师优质化的影响不大。

二、教龄长短对乡村小学教师优质化发展的影响

表 10-2　乡村小学优秀教师关于教龄长短因素的调查结果统计分析

教龄	10 年以下	10—20 年	20 年以上
起步阶段	20	66	46
发展阶段	25	90	17
成熟阶段	30	94	8

相对于城市优质教师，乡村小学优秀教师的生成周期相对比较长，越高级别的乡村教师的难度越大。这与长期以来，教育资源分配的不均衡有关。近十年来，随着国家相关政策的落地，多数评选条件中，明确提出了农村教师人数的最低数据，受此保护政策的影响官方层面的乡村小学优秀教师人数的年龄普遍偏低。官方认可层面的数据显示，城乡一体化进程中，三个时期的人数呈现了递增局势，成熟期、发展期的数据明显大于起步期，且集中于 10—20 年教龄阶段。起步期的乡村小学优秀教师主要存在于民间层面的认可。

一个乡村小学优秀教师的形成不仅需要专业知识不断进行强化，同时在教学经验等方面需要长时间的积累沉淀。因此，在笔者针对所调查的乡村教师中的 132 位乡村小学优秀教师在教龄时间长短的统计结果总数分析来看，10 年以下的优质教师占调查优质教师总数的 15%；教龄在 10—20 年的优质教师占比为 66%；教龄超过 20 年的优质教师占比则在 19%。因此，我们可以推断出对于城乡一体化进程中乡村教育这种特殊的教师职业发展环境下，乡村小学优秀教师生成的高峰时间周期大概在从业 10 年左右的时间段。同时，所调查的乡村小学优秀教师中，15% 的人教龄在 10 年以下，这些教师普遍第一学历较高，具有明显的专业知识背景优势。这说明随着我国教育层次的不断提高和重视，乡村小学优秀教师的专业特征在趋向于年轻化，正在向着城市优质教师特征趋同。同时，在结合访谈笔者发现，从教 20 年左右的时间乡村小学优秀教师，通常具有两大特点，一方面第一学历水平偏低，没有明显的专业知识背景优势，另一方面在关爱学生、教学经验等方面具有一定优势，受到广泛认可。这就特点说明长期工作经验总结、磨炼的结果成就着他们，究其原因是乡村小学优秀教师的生成和培养没有个性化的培训体系，一刀切的职后教育培训现象不能满足大多数的乡村教师的成长。

因此，教龄长短对于乡村教师优质化的发展有一定影响。

三、年龄因素对乡村小学教师优质化发展的影响

表 10-3　乡村小学优秀教师关于年龄影响因素的调查结果统计分析

年龄	30 岁以下	30—40 岁	40—50 岁	50 岁以上
起步阶段	22	50	60	0
发展阶段	15	57	53	7
成熟阶段	13	59	51	9

由表 10-3 上显示的数据结果显示，在城乡一体化进程中，乡村教师官方层面的数据受到发展阶段的影响，后期人数较多，民间层面的人数差别不大。在笔者调查的这 132 名乡村小学优秀教师平均年龄在 40 岁左右。其中 30—50 岁区间段的教师人数比例达到了 83%。这也就说明了当前乡村小学优秀教师的成熟期大概在 40 岁左右。在笔者的实际采访中，结合这 132 位乡村小学优秀教师的教龄来看，成长为优质教师是一个需要在专业发展中不断沉淀、积累的一个过程，从刚入职教师到成长为乡村小学优秀教师必须经过一个成长周期。而从 40 岁的中青年优质教师人数比例在 45% 这一结果上，这说明当前乡村小学优秀教师的年龄特征正在向着年轻化趋势发展。而形成这种现象的原因，笔者认为一方面是因为随着信息社会的发展，网络的流行和广泛应用已经成为人们生活学习的一部分，这些都给当前乡村教师再学习提供了良好的条件；另一方面就是当前农民素质的不断提高，对于孩子教育观念和重视程度都发生了很大的转变，对优质教师的需求也越来越大，这就在很大程度上刺激了乡村教师不能安于现状，只能不断地进行自我强化。

教师年龄在 40 岁左右是教师优质化发展的高峰期。一方面，十年以上的教学经历使他们具有了一定的教学经验，另一方面，孩子逐步长大、老人尚能自理，来自于家庭因素的负担较少。因此，教师年龄对于乡村教师优质化的发展有一定影响。

四、任教学科因素对乡村小学教师优质化发展的影响

表 10-4　乡村小学优秀教师在关于学段因素的调查结果统计分析

学段	语数英	音体美	科品	其他学科
起步阶段	70	10	14	38
发展阶段	73	10	20	29
成熟阶段	81	15	11	25

从表 10-4 乡村义务教育阶段优质教师数量统计结果中可知，乡村小学优秀教师的数量集中于传统经典学科科目，受到城乡一体化进程的影响不大。究其原因，笔者认为主要是当前乡村教师在传统经典学科的教学经验较为丰富，教学效果较为明显。同时社会各界对于这些学科的关注度远远高于综合实践、安全与环境等其他学科。正因为如此，相对于乡村教师来说，家长对教师的要求主要集中于传统学科，这就刺激了乡村小学优秀教师的在该学科中成名的欲望。

五、学校规模对乡村小学教师优质化发展的影响

表 10-5　学校规模因素对乡村小学优秀教师成长的影响调查结果统计分析

学生数	300 人以下	300—500 人	500—700 人	700 人以上	合计
起步阶段	1	3	5	9	18
发展阶段	3	7	8	18	35
成熟阶段	10	17	25	35	87

为了进一步区分乡村学校规模对优质教师生成的影响，本书对所调查的这 132 位乡村小学优秀教师兼顾了乡镇学校、乡村学校的细化。从表 10-5 统计的数据结果可知，城乡一体化成熟阶段乡村小学优秀教师占比 66%，是起步阶段乡村小学优秀教师的近一倍。笔者综合了对乡村小学优秀教师的个案访谈发现，规模越大的学校，教师优质化的学科分布越多，优质化程度越高。在究其原因，任职于不同规模的乡村学校乡村教师，虽然在薪资待遇、相关福利等方面是大致相同的，但是地理位置、工作环境、教研氛围、专职化教学、有效工作量、生源水平、交通便利程度等方面相对要优于小规模学校。因此，除了扎根城市的选择外，一些优质教师也比

较偏向于大规模乡村学校。

六、学历因素对乡村小学教师优质化发展的影响

表 10-6　乡村小学优秀教师关于学历因素的调查结果统计分析

学历层次	中师及大专	本科	研究生
起步阶段	39	20	0
发展阶段	19	20	0
成熟阶段	16	20	38
合计	74	20	38

　　本调查主要关注第一学历对于乡村教师优质化成长的影响，从笔者对乡村小学优秀教师受教育程度的调查结果显示，其中只有中师及大专学历的占总人数的56%，这与当前乡村教师学历结构特点分布较为一致。笔者访谈中，关注了这部分乡村小学优秀教师的职后学习情况，发现乡村教师的第一学历水平集中于中师或大专的学历层次，特别是其中的老教师，情况更加的明显。因此，乡村小学优秀教师在学历提升上的空间和需求偏大，一方面他们中多数人通过成人自考、网络函授、离职进修等渠道获得了较高的第二学历，另一方面说明低学历的教师也有可能成为优质教师，高学历并不是影响教师成长的必要条件。

七、教师反思因素对乡村小学教师优质化发展的影响

表 10-7　教师反思因素对乡村教师优质化发展的影响结果统计分析

类别	从来没有	偶尔会有	经常性反思
起步阶段	2	5	25
发展阶段	0	5	40
成熟阶段	0	10	46
合计	2	20	111

　　问卷结果显示，教师反思习惯养成与城乡一体化进程的关联度不大，不同发展阶段的乡村小学优秀教师大多有进行教学反思的良好习惯。中青年教师已经能够对自己教学实践、教学过程以及教学管理等进行反思后形成论文等。经常性开展教学

反思的教师比例占到总数的 84%。从这点可以说明，开展经常性的有效教学反思是乡村教师成长为优质教师的重要条件。

八、网络因素对乡村小学教师优质化发展的影响

表 10-8　网络因素对乡村教师优质化发展影响的调查结果统计

类别	从不上网	偶尔上网	经常上网
起步阶段	5	2	10
发展阶段	0	1	50
成熟阶段	0	2	63
合计	5	5	123

城乡一体化发展战略的提出是建立在社会发展水平和需求基础上的。在当前信息时代，信息技术不仅对社会经济产生很大的推动作用，同时对于乡村这种教育水平明显落后的现状就有明显的改善作用。因此，乡村小学优秀教师的生成一定离不开对现代网络的熟练应用。

从笔者对 132 位乡村小学优秀教师在上网习惯的收集问卷结果显示，不同发展阶段的乡村教师在上网习惯上呈现的差异不大。经常上网的教师占比 93%。因此，笔者认为，网络因素是当前乡村教师缩短与城市教师差距，提高自我职业素质，成长为优质教师的必要渠道和方法。针对上表 10-8 所显示的结果，究其原因，笔者认为互联网从根本上打破了时间、地域的限制，缩短了城市教师与乡村教师获取新知识难度的差距，大大降低了乡村教师职后提升自我的成本投入。这种科技进步带来的变化，也为乡村教师在相对经济发展相对落后的工作环境中通过网络也进一步增加自我职业修养和了解新知识和相关政策等都提供了可能。

访谈发现，城乡一体化进程对于乡村教师对于网络资源的有效运用有一定影响。乡村教师优质化程度越高，对于新事物的接受能力越强，有效利用网络的能力越强，在网络学习路径、网络学习渠道、网络关注热点等方面具有独到的运用。反之，上网关注内容、主要上网行为等方面主要是网络购物、网络游戏等，而这些网络行为对于乡村教师优质化的几乎不产生影响。

因此，有效的网络学习因素在乡村教师优质化发展中产生重要影响。

九、教育行政部门对乡村小学教师优质化发展的影响

表 10-9　教育行政部门对乡村教师优质化发展影响的调查结果统计

类别	市级以上奖励	省级以上奖励	全国性奖励
起步阶段	10	5	1
发展阶段	50	30	10
成熟阶段	47	19	14
合计	107	54	25

由于乡村教育资源的有限，乡村教师想要成为优质教师，那么除了学校和自身的努力之外，地方政府及相关教育行政主管部门对教育的重视和支持程度也是重要因素之一。在笔者调查的数据显示，如表 10-9 所示，乡村小学优秀教师中获得过市级以上奖励的有人，占总人数的 81%；获得过省级以上奖励的有人，占比 41%，而获得过全国性奖励的则有人，占比 19%。因此，总体来说，乡村小学优秀教师在教学成就上还是比较突出的。而这些政府及教育行政部门设置的这些奖励不仅是对教师具体教学工作的肯定与认可，同时这种荣誉也能有效激励更多乡村教师提高自己，为激励自己早日成为优质教师提供动力。

第二节　乡村小学优秀教师成长的影响因素分析

一、缺乏个性化的乡村小学教师职后培训学习体系

在城乡一体化进程中，乡村小学优秀教师的形成和培养影响因素，一方面表现在目前乡村教育体系中严重缺乏专门针对乡村教师职后培训学习的理论支持。[1] 目前针对乡村教师在职培训的理论和体系和城市教师培训的内容和要求没有区别。这对于城市教师以及乡村教师所具体授课的对象层次是不同的，需求也是不一样的。现在大多数针对教师的培训内容和体系偏重于城市化需求比较严重。这对于乡村教师的职业需求以及教学需求都有着很大的差异。同时，由于目前学术界针对乡村教师职后培训学习的理论和实践都缺乏广泛的研究，而且在有限的研究成果里，大多

---

① 朱艳玲. 培训需求分析的技术路径及其在乡村教师培训中的应用 [D]. 西北师范大学 ,2012.

研究者都往往只是片面的针对乡村教师自身发展需求和技能强化方面的研究，而对其所生活的乡村环境以及所面对的学生群体的实际需求之间的相互关系研究的比较少。而这些恰恰是乡村小学优秀教师与城市优质教师之间的本质区别所在。而这种认知上的偏差也使得在城乡一体化建设的教师教育改革要求下，具体的改革措施很难对乡村小学优秀教师的培养和构建乡村小学优秀教师队伍创造良好的条件。

二、乡村小学优秀教师的生存与发展环境较差

制约乡村小学优秀教师发展的另一个因素，也包括了其生活、工作的环境相对比较差。这也是城乡一体化进程不同阶段的最大区别。起步阶段的乡村教师生存和发展环境较差，具体则体现在以下几个方面：一是在工作压力上，起步阶段乡村小学优秀教师与成熟阶段优质教师相比，学校规模较小，受师生配比率的影响，教师专职化教学程度较低。往往在教学效果和教学质量上比较突出的优质教师都同时担任了不同班级、不同学科、超出最低工作量的教学任务。而成熟阶段的乡村小学优秀教师接近于城市化，学校规模较大，教师配备较为合理，只需要担任一个学科或者一个班级的教学任务，达到最低工作量即可。他们就有更多空闲的时间去进行自我技能的强化或者再培训等；二是在学生家长对教师的认知要求上。[①] 对于城乡一体化程度越低的区域的乡村学生家长来说，由于文化素质普遍都比较低，在对孩子的学习上认知都比较传统。对孩子学习的好坏或者对教师的评价，一般都是以学生的成绩作为判断的唯一标准，这样的需求环境，也使得这些乡村学校的领导教师更加偏重对学生成绩的提高上。在这种需求压力下，很多年轻乡村教师往往更喜欢城市化水平较高的教学需求环境。三是在薪资待遇上。对于乡村教师来说，普通教师和优质教师之间的福利待遇相差不大，教师考评机制的不规范导致绩效工资的发放呈现了主观评价、片面评价、缩小差距为主要特点的绩效考核特点。这对于年轻的乡村教师来说，与其职业、生活环境的要求和追求都相差甚远，这也就导致了许多高学历、高素质的低年龄优质教师不愿意选择乡村，尤其是城镇化进程程度较低的乡村。在老教师相继退休以后，年轻教师资源补充被动化，任职几年后流向城市学校，是当前乡村小学优秀教师严重不足的重要原因之一。

---

① 周正 . 优质教师群体特征与发展机制探究 [J]. 教师教育研究 ,2011,05:66—70.

三、教师发展权利不公平

影响乡村小学优秀教师培养生成的因素还包括了当前由于各种体制的限制，城乡教师在未来职业发展等方面所享受的权利不公平。准确来说，一方面，我国户籍管理制度的限制。目前我国城乡社会结构属于典型的二元结构。二元户籍的管理制度，使得乡村教师在户口、居民社保福利等方便所享有的待遇与城市相同水平、相同专业的优质教师相比，限制很大。比如如果乡村教师在城市没有固定的房产，就无法落户城市，享受城市居民的各种社会福利待遇。

在我国，不同城市的户籍准入标准，使得一些具有高学历，专业水平较高的优质教师，特别是年轻教师往往更喜欢选择城市而不愿到乡村发展。根据我国教育部发展规划司 2015 年统计的相关数据显示，在小学和初中层次的专人教师学历调查统计中，乡村教师的学历合格率要比城市教师的分别相差 2.3%、7.9%，本科及研究生以上高学历的差距则高达 42.1%，27.9%。[①]

在职业规划和培训方面，城乡优质教师的发展环境同样存在着很大的差异。城乡优质教师发展环境差异不仅在于其工资福利待遇上，同时在职后培训学习投入上也相差甚大。对于当前乡村教师职后进修培训来说，其进修培训的目的往往只是单纯的提高学历，而很少对专业技能以及授课技巧、理念等方面进行提升。在这种进程中，加之乡村学校教育管理经费严重不足，在优质教师培养上投入严重不足，导致乡村教师想通过现有的培训资源来继续提高自我综合素质显然十分困难，自然也就严重制约了乡村小学优秀教师的形成。[②]

四、乡村小学教师总体资源匮乏

乡村教师总体资源的严重匮乏，特别是经济欠发展地区以及地理环境相对偏僻的乡村状况尤为突出。乡村师资力量，尤其是优质教师资源的严重缺失一直是影响和制约乡村义务教育质量提升的重要因素之一，也是影响我国全面推进城乡一体化要求下城乡教育一体化建设进程的主要影响因素之一。[③] 对于乡村，特别是其中地

① 杨一木．稳定乡村教师队伍 促进乡村教育公平 [A]．安徽省教育厅、安徽省台办．第四届皖台基础教育论坛交流文集 [C]．安徽省教育厅、安徽省台办,2015:5.
② 吴亚林，刘宗南，邹强，唐荷意．为乡村培养优质教师——湖北科技学院教师教育改革的研究报告 [J]．湖北科技学院学报,2013,10:134-135+146.
③ 张希亮．加强西北乡村教师队伍建设策略探讨 [J]．湖南第一师范学院学报,2014,06:30—32.

理位置较为偏远地区的乡村学校，由于地理环境恶劣、交通闭塞、教师待遇和生活环境无法得到保障，很多教师不愿意去任教。这样就导致了这些学校的教师储备严重缺乏，而随着老一辈教师陆续退休，一些优质教师跳槽去条件待遇更好的学校的发展，有些则迫于生活的压力和追求而选择了转行。这些因素都导致了这些乡村学校教师越来越少，甚至有些小学一个学校只有一个老师，承担着整个学校年级的教学任务和管理任务。虽然很早之前，我国在政策制度上就已经倡导和鼓励城市优质教师和大学生到乡村学校进行支教、交流，但是由于缺乏实质的鼓励奖励，很多教师还是不愿意到乡村去。

第三节 乡村优秀教师的成长机制

针对上述我国目前乡村与城市教育资源及教育水平等方面明显的差异，提高现代乡村小学优秀老师的培养对于早日实现形成乡村小学优秀教师培养体系，增加乡村小学优秀教师队伍的规模和质量，平衡城乡教育资源，优化城乡优质教师配置结构，实现城乡教育协同发展、教育机会均等的远大目标追求具有十分重要的作用和意义。而乡村小学优秀教师的生成路径则可以从这些方面进行：

一、定制化职后培训学习，促进教师自我发展

构建并完善乡村小学优秀教师生成路径，应重视并积极组织乡村教师参加各种专业培训学习。职后培训学习的效果好坏将直接影响乡村小学优秀教师队伍的建设及质量水平的高低。通常意义上的教师职后培训学习是指由各级教育行政部门组织开展的针对不同学科、不同关注点、不同层次、不同主题等相应培训，常见形式有现场会议、网络远程等。此类培训面向的群体成分复杂，很难满足全部收缴群体，此类培训往往具有被动性、选择空间不大等特点。基于此种不足，本节所指的职后培训学习，是在官方培训的基础上，由乡村教师结合自我发展规划自发进行的基于自我发展需要、切合自我发展规划的已自主学习、互助学习为主的个性化职业培训。

结合前面的调查，本环节将教师划分为高学历年轻化乡村教师、高学历中青年乡村教师及低学历乡村教师三个组别。针对相应组别分别提出定制化职后培训学习

的实施策略。高学历年轻化乡村教师是指取得本科及以上第一学历，具有与任教学科相一致的专业知识背景，能够查阅中英文资料，入职时间在十年之内，有成为优质教师的自我发展欲望的教师群体。该群体教师流动性较强，倾向流动于城镇化程度较高的乡村学校或城市学校。高学历中青年乡村教师是指取得专科及以上第一学历，具有一定的专业知识背景，能够上网查阅中文资料，入职时间在十年到三十五年区间，有成为优质教师的自我发展欲望的教师群体。这部分乡村教师较为稳定，是乡村教师优质化程度较为集中地教师群体。低学历乡村教师是指取得专科以下第一学历，学科知识背景劣势明显，有成为优质教师自我发展欲望的教师群体。该群体多集中与城镇化程度较低的乡村学校。

（一）高学历年轻化乡村教师优质化，发展职后教育培训学习定制策略

高学历年轻化乡村教师的优势在于有系统的学科专业知识背景，精力的旺盛，创新意识强，善于接受新事物；劣势是缺乏教学经验、心理学、教育学方面知识存在不足，执行能力相对较弱。该组别的乡村教师是乡村教师优质化发展的起始人群。有效发挥优势，不足劣势是该组别教师职后教育实施策略的基本思路。

首要是通读课程标准。不同学段、不同学科的课程标准是学生应到达的最低水平。掌握自己所任教的学科在整个学段的全部课程标准，有利于纵向了解本学科在相应学段的知识分布情况，有利于横向明确相应年级所要完成的基本任务。以课程标准为基础开展的在教学活动，能做到准确定位，并且真正体现教育向真实世界和实际生活的回归。[①] 其次是了解当前主流版本教材。以小学科学为例，当前使用的教材版本有：人教版小学科学教材、北师大版小学科学教材、教科版小学科学教材、青岛版教学科学教材等。了解不同版本教材在呈现形式、知识序列、探究方案等方面的信息，有助于在短时间内提高该学科的执教能力。第三是借鉴他人经验。他人经验包含两个方面，一个方面向身边典型学习从教经验，包括与学生沟通技巧、发挥家校合作作用、学习习惯培养等实际经验。另一方面是利用网络资源构建理论体系。观看教学实录视频，关注教学环节设计、教师提问技巧、生成资源利用、预设资源发挥等维度，尝试进行二次备课后执教，思考差异原因，建议整理成文，有助于准确把握教学目标，快速提升优质课的设计能力。查阅相关资源，关注执教学科的最新发展动态、执教年级学生的心理学特点、本科学相关领域的研究课题、权威

---

① 李中国.综合实践型教师培养模式研究 [M].山东人民出版社，2013:109.

杂志的期刊论文等，有助于体现时代性的基础上快速上手，用较短的时间进入优质教师队伍。

（二）低学历乡村教师优质化，发展职后培训学习定制策略

低学历乡村教师的教龄通常在15年以上，他们的优势在于执行能力较强，具有一定的教学经验，经济欲望较低、容易满足现状等；劣势在于学科知识专业背景不系统、对于新事物的感知能力较弱，自我发展欲望不强烈的特点。该组别的教师多集中于城镇化程度较低的乡村学校，通常要兼职执教多学科。对于本组别教师的职后教育培训学习策略与上组有所不同。

首要是聚集典型效应，激发自我发展欲望。教师自我发展欲望是教师自我发展的原动力，是乡村教师优质化发展的重要因素。聚焦典型群体，发挥典型效应，从乡村小学优秀教师成功案例出发，获取他人成功经验，有助于改变安于现状不求进取、满足稳定不思创新的消极从业现状，激发乡村教师自我发展的欲望。其次是拓宽学科知识背景，补足自身发展短板。与不同学科的专职教师保持互动，获取该学科的知识脉络，了解具体知识点的专业解读；关注该学科教学、教改新动态。保持网络学习的习惯，观看教学实录视频，关注教学设计逻辑、突破重难点的切入、当前课改的导向等维度，有助于突破自我获取新的发展机遇。三是尝试进行教学反思。案例式反思较为适合该组别的教师。以关注成功点为例，结合具体案例，发现该案例中在师生沟通、教学创新、预设与生成的融合、学生参与程度、师生互动有效性等具体维度的成功之处，明确成功点之后尝试关联此成功点的理论支撑并加以记录。如此反复，不断积累丰富，一段时间后回顾整理，将能够比较明显的发现自己的优势所在，有助于发现适合自己的自我发展方向。以此为基础做出的职业发展规划将是合理有发展前景的。

（三）高学历中青年乡村教师优质化，发展职后培训学习定制策略

高学历中青年乡村教师分为两种情况，一种是尚未进入优质教师行列的中青年教师，可根据上两个组别的定制策略，选择适合自己的开展学习。另外一种是已经进入乡村小学优秀教师行列，寻求二次发展的教师。以下建议主要针对的是第二类教师。

乡村小学优秀教师的二次成长是本组教师的主要特征。本组教师结合以上两组教师的优点，广泛分布于城乡一体化进程不同阶段的不同学校。是当前优质教师的

主要人群。乡村小学优秀教师的二次成长的节点在于瓶颈的突破。首要是坚持开展教学反思，逐步形成自己的教学特色。以教学风格的个性化发展为例说明，与前两组的教学反思不同，本组的教学反思应朝向学术论文的方向定位，尝试发表论文。将一些有别于他人的教学实践，找准理论支撑，完善操作流程，经过多次验证，形成具有个性特色的教学风格。有条件的乡村小学优秀教师可以开展相关课题研究，获得相关专家的认可，最终得到区域推广，整理成文可形成著作。其次是借助"互联网+"，持续完善自我。学校网络化配备水平的提高，为教师自由上网提供了可能。以小学科学优质教师的二次成长为例，与前两组的网络学习不同，对于处于二次成长期的乡村小学优秀教师的建议是，关注专业网站如汉博网、浙江科学论坛、知网等，了解科学的发展新动向；关注国外信息，了解小学科学的国际发展趋势；关注新闻热点，发现可以用资源。如"嫦娥"探月计划的新进程等。三是拓宽知识储备，推进自我发展进程。知识的深度与宽度可以并重，一方面可以对于自己任教学科的发展史加以关注，"知史以明鉴，查古以至今"有助于为发展瓶颈的突破提供视角。另一方面可以拓宽阅读种类，广泛阅读开阔视野。有助于乡村小学优秀教师综合素养的提高。

二、结合实际"一专多能"，实现自我发展愿景

随着近年来我国城乡一体化进程的发展，乡村教学改革逐渐深入，乡村学校建设得到了很大程度的改善。乡村学校分布结构资源的整合，使得当前乡村学校建设向规模化发展。这时以往按照师生比例来配备教师资源的建设原则已经无法满足当前教学的实际需求。对于当前乡村学校教师整体数量超编，但分布极不平衡。经济较发达的地区教师编制严重超标，而位置偏僻、经济贫困的地区学校教师配置严重不足，甚至出现一所学校只有一个教师的尴尬情况出现。针对这种教师配置不足的现状，这些教师不得不担任数个学科或年级的教学任务，有的老师一节课要讲授不同学科，不同年级的内容，教学质量可想而知。[①] 据相关数据统计显示，当前山东全省乡村小学教师有近 80% 的需要同时承担两门或以上学科的教学任务。这种沉重的教学任务压力不仅给乡村教师带来巨大的身心压力，同时也无法保证教学质量。

---

① 秦发盈 . 我国优质教师的特征及形成过程探微 [J]. 天津市教科院学报 ,2005(05):48—51.

（一）互助合作，资源共享

目前我国乡村教师普遍担任多个学科教学任务的现状问题，我们还应该在关于乡村教师职业培训上采用"一专多能"的培训模式，通过共同备课，磨课，发挥学习共同体的作用，及时发现问题，纠正不足，共同提高。[①]"一专多能"的培训模式是以学生身心发展作为教育培训的最终目的，成功打破了系统知识的学科限制，可以快速地提升乡村教师多学科教学的能力，进而有效地改善了当前乡村教育因教师担任多学科教学任务导致教学质量下降的问题，同时这也是乡村小学优秀教师的基本要求。对乡村教师进行一专多能针对培训模式选择，不仅可以有效地解决当前乡村教育中存在的问题，在城乡一体化建设中提高乡村教师的竞争力，缩短城乡教师素质差距，培养建设乡村小学优秀教师创造了可能性。

（二）优势互补，协同发展

对乡村教师进行一专多能针对培训模式选择，不仅可以有效地解决当前乡村教育中存在的问题，在城乡一体化建设中提高乡村教师的竞争力，缩短城乡教师素质差距，培养建设乡村小学优秀教师创造了可能性。

三、关注政策引领，助推专业发展

促进乡村小学优秀教师的生成和培养，可以进一步改革推进当前我国实行的特岗教师、支教计划、免费师范生等政策，确保有充足的优质教师资源可以及时的补充到乡村教育体系中去。具体来说，2006 年我国教育部、财政部等部门联合下发了《关于实施乡村义务教育阶段学校教师特设岗位计划的通知》，将特岗教师作为缩短我国城乡教师资源差距、提高乡村教育教学质量等改革建设的重要举措选择。从内容上说，特岗计划就是指政府通过面向社会进行公开招聘的形式鼓励高校毕业生、社会高级人才等到边远贫困地区的乡村学校任教，进而缓解当前乡村教育资源不足的现实矛盾问题。[②]一般来说，特岗计划的老师需在乡村支教三年。就山东省而言，在 2006—2007 年间，山东省政府就通过特岗计划为乡村中小学招聘了 2000 余人。而这些年轻血液的注入，不仅及时地补充了乡村教师资源的空缺，保证了乡村孩子

---

① 李中国等著，科学磨课设计与实践 [M]，科学出版社 ,2017（6）:50.

② 刘虹 . 中学教师心目中"优质教师"的特征：一项质化与量化结合的研究 [J]. 课程教材教学研究 (教育研究),2014,04:41—44.

的教育条件，同时这些优质教师先进的学识水平、教育理念和方法都对乡村传统教师产生了很大的影响，乡村教育得到了显著的改善。因此，在城乡一体化建设进程中，各级政府继续坚定不移地推动特岗计划的实施尤为重要。

此外，针对支教计划中存在的一些问题，各级政府和教育主管部门应该进一步扩大和完善实习支教计划的具体实施。具体来说，我国当前实施的"定岗实习支教"政策是指设有师范专业的高校与乡村学校建立起长期稳定的实习基地，师范专业的高校毕业生通过校外社会实践的方式分配到合作乡村学校进行定岗实习支教，同时还选派优质的实习指导老师对对应的乡村中小学教师开展教育教学培训，不仅有效地缓解了乡村义务教育阶段教师资源严重不足的现状，同时对于乡村学校优质教师的生成具有明显的促进作用。因此，各级政府要注意引导师范高校扩大与乡村义务教育阶段学校的长期合作范围和规模。

四、相关制度保障

完善的教育制度是构建乡村小学优秀教师生成路径的必要保障，也是实现城乡教育协同发展。[1]资源共享的必要条件。针对当前乡村教师培养及队伍建设现状，特别是优质教师的培养、生存现状，要提升优质教师的生成，一方面要从相关扶持、鼓励政策上给予足够的保障，比如提高乡村小学优秀教师的工资待遇，奖金补贴额度，满足其基本的物质生活需要等。对于当前乡村很多优质教师之所以不愿意留在乡村，主要就是因为乡村教师的待遇与城市教师的待遇相差过大，加之工作环境也相对恶劣，所以他们都不愿意到乡村去，而且很多乡村小学优秀教师也想脱离乡村教育，追求城市生活。在这些因素的综合作用下，导致了当前乡村教育质量不足，乡村教师、特别是乡村小学优秀教师资源后续补充严重匮乏。因此，各级政府及教育主管部门应该在对教师福利待遇上，区别乡村教师与城市教师，将政策更倾向于乡村小学优秀教师的培养和激励上，加大乡村教育的投入支持，改善乡村教学环境。另一方面，完善科学的评价制度。建立多元的教学评价方法、完善教学评价指标体系。[2]

---

① 焦建利 . 21 世纪优秀教师的特征 [J]. 中国信息技术教育 ,2014,17:14—15.
② 李中国 , 黎兴成 . 我国高校教师教学研究的热点状况分析——基于 2005—2015 年 CNKI 文献的共词分析 [J], 教育研究 , 2015(12):59—66.

结　语

通过本研究对乡村义务教育阶段学校优质教师的调查对象的调查数据和访谈结果分析显示，目前乡村小学优秀教师的资源比例和城市优质教师相比存在着非常明显的差距。同时对乡村小学优秀教师除了具备城市优质教师在教学能力、教务研究以及教学反思等方面具有同样突出的表现的同时，由于环境和教育对象的特殊性，乡村小学优秀教师在师德修养和职业追求上都更加凸显。但是影响乡村小学优秀教师生成的影响因子也是十分明显的。比如在受教育程度、教学信念、网络因素等方面影响比较明显；而本书也对这些影响因素分析的同时，最后提出了深化人事制度改革，激发小学教师队伍的活力、重视并积极组织乡村骨干教师参加多样专业培训、构建乡村教师"一专多能"的培训模式、继续推行和完善教师特岗计划、支教计划等政策、做好相关制度的保障工作等具体措施。这对于有效地促进我国乡村小学优秀教师队伍建设，促进城乡一体化进程中城乡教育一体化早日实现起到了实际的推动作用。①

本书通过问卷调查以及实际访谈的形式，随机地对山东省内的几所乡村义务阶段学校的教师生存现状以及优质教师的培养和生成情况进行了具体。客观的数据收集和分析。但是由于时间的仓促，采取样本数量的局限性以及笔者相关专业知识的不足，导致本次课题研究还存在着许多不完善的地方。

比如问卷样本数量、范围的不全面性；本书只对乡村教师以及优质教师的情况进行了统计分析，并没有更多的结合乡村教育的其他因素以及与城市优质教师进行详细、深入的对比。

针对本次课题研究的不足，在接下来的时间里，笔者将通过对城市优质教师与乡村小学优秀教师之间的特征对比以及影响因素之间的差异进行对比分析，并针对当前乡村教育资源，特别是优质教师资源这一块的严重不对等，进行深入的分析，并尝试提出切实可行的改善建议措施。

---

① 李中国，汤纺杰．教师队伍建设与中国教育现代化 [J]．教育研究，2017(12):152—154.

第六部分　创新乡村教师职前、职后培养机制

乡村教育是现代化教育的重要组成和主要短板，伴随新型城镇化建设的加快，推进乡村教育发展，要以体制机制创新促进乡村教育发展，通过现代建制教育上移与优质教育资源下沉并举的方式，坚定推进中小学布局结构上移，提升县城区域、中心校、中心乡镇教育的规模化水平；坚定实施优质资源下沉战略，让乡村教育成为小班化、精致化的中国最美教育；建立乡村教师子女享受本区优质教育的相关政策，解除乡村教师的后顾之忧。

乡村教师是发展乡村教育的主力军。针对当前乡村教师存在的数量不足、待遇不高、流动性强等问题，建立高质量的乡村教师队伍，一要在协调推进"四个全面"战略布局中必须深化教育综合改革，把优秀的知识分子吸引到教师队伍中来，必须超越道义呼唤，让教师成为全社会令人羡慕的职业。二要建立省级统筹为主的义务教育教师保障机制，关注县域教师队伍建设，提高乡村教师的经济地位、社会地位、精神地位和教育地位；实施乡村教师待遇倍增计划，吸纳城市教师回流乡村工作，厚植本土教师优势。三是构建符合乡村教育特点的乡村教师配置方式，充分考虑留守儿童、流动儿童、乡村小规模学校发展，采取订单式培养、公费培养、乡村教育支持计划等方式，改革师资配置办法，解决乡村学校课程开不齐、开不足、开不好的问题；从实际出发，妥善解决目前农村代理教师的待遇。四是支持乡村教师发展与改造乡村社会并举，加大乡村建设投入，优化乡村生态生活环境，提升乡村文化品质，为乡村教师提供良好的生活条件。

　　乡村教师培训是推进乡村教师队伍建设的重要抓手，[①] 针对当前乡村教师培训存在的城市化现象严重，针对性不强，乡村元素短缺等问题，促进乡村教育发展，一要强化顶层设计，构建区（县）教师培训体系，融入农业文明、工业文明、后工业文明时代区县教师培训的体系优势，探索建立分层分类分区的师资培训体系，在基本原则统一，保住底线的前提下，为不同教育层次、不同行业类型、不同地理区域的师资建立不同的培训体系，增强培训针对性和实效性。二要加强信息技术使用，把现代信息技术充分融入教师培训全国过程；打通中小学资源平台和培训平台，使优质资源汇聚到现代农村教师，将培训资源与教材无缝对接进行教学设计。三要加大监管力度，通过政府买单和引进第三方评估的方式，提高培训监管的科学性和公正性[②]；建立混合安排的培训供给机制和多元评估机制，建立部门安排基础上的教师选择机制和培训过程监管机制，包括培训方案的严格执行、培训课程的落实到位、培训过程的高质有效等，减少教师培训中理论与实践的脱节问题。

① 李中国，汤纺杰．教师队伍建设与中国教育现代化 [J]．教育研究,2017(12):152—154.

② 李中国．卓越小学教师培养的要点解析与推进建议 [J]．教育研究,2016(10):156—159.

第十一章　基于核心素养创新
乡村教师职前培养机制

　　"核心素养"是我国当前深化基础教育课程改革的重要理念之一。核心素养作为我国当前基础教育改革的"新坐标"，它的提出是对当前教育本体的重新审视，也是对学生"素质观"的重要更新，还是对素质教育实践的重要突破，基于核心素养的教育改革意味着课程开发者或一线教师聚焦核心素养展开教育工作，深化基础教育课程改革。核心素养的不明确导致乡村小学教师培养质量下降，岗位适应力差，据介绍，目前我国小学教育专业存在一些问题，如在课程设计上，缺乏保证小学教师职业基础性、综合性、示范性特点的支持课程，仅以单一的专业化学科课程为主，对学生的素养教育和教师职业思想教育不够重视；在教学技能上，教师职业技能训练枯燥，体现不出个人魅力与素养，训练效果不佳；在教育实践上，教育见习实习等实践性环节的安排和实施欠缺，无法学以致用，小学教师的培养质量严重下降，学生上岗后在教师这个岗位上的适应力较差，发展方向模糊，不能做到将学科知识与学科素养相结合，导致教学效率低下。核心素养为小学教师的培养提供了新的发展思路。教育不能填满学生生活的空间，要留有闲暇。因为学校教育绝不是给人生画上句号，而是给人生准备好必要的"桨"，人们逐渐意识到，知识教学要"够用"，但不能"过度"，因为知识教学过度会导致学生想象力和创造力发展受阻。核心素养的提出，为学生的终身发展提供了理论引导，也为基于核心素养的教师培养提供了新的思路。核心素养对基础教育提供长期发展的行动纲领和体系支撑具有重要的理论意义。核心素养的提出是对教育本体的重新审视，是对主体"素质观"的重要更新，是对素质教育实践的重要突破。核心素养的培养有其基本的理论前提、现实依据、政策支持与经验参照，需要教师在研究与实践之中予以整体把握。学科教师要明白自己首先是教师，其次才是教某个学科的教师；首先要清楚作为"人"的"核心素养"有哪些、学科本质是什么，有了核心素养的指导才会明白教学究竟要把学生带向何方。核心素养对引领和促进乡村小学教师培养，改变"知识本位"现象有重要的现实意义。近年来，素质教育在取得显著成绩的同时，仍存在课程教材的系统性、适应性不强，课程体系评价标准不明确，高校、中小学课程目标有机衔接不够，部分学科内容交叉重复等问题，要解决这一问题，需要以核心素养为纲，通过引领和促进教师的专业发展，改变当前存在的"知识本位"现象，帮助学生明确未来的发展方向，激励学生朝这一目标不断努力。

第一节　相关概念界定

一、核心素养

"核心素养"指学生应具备的适应终身发展和社会发展需要的必备品格和关键能力，突出强调个人修养、社会关爱、家国情怀，更加注重自主发展、合作参与、创新实践。

从价值取向上看，它"反映了学生终身学习所必需的素养与国家、社会公认的价值观"。从指标选取上看，它既注重学科基础，也关注个体适应未来社会生活和个人终身发展所必备的素养；不仅反映社会发展的最新动态，同时注重本国历史文化特点和教育现状。核心素养课题组历时三年集中攻关，并经教育部基础教育课程教材专家工作委员会审议，最终形成研究成果，确立了以下六大学生核心素养。

文化基础：文化是人存在的根和魂。文化基础，重在强调能习得人文、科学等各领域的知识和技能，掌握和运用人类优秀智慧成果，涵养内在精神，追求真善美的统一，发展成为有宽厚文化基础、有更高精神追求的人。

1.人文底蕴。主要是学生在学习、理解、运用人文领域知识和技能等方面所形成的基本能力、情感态度和价值取向。具体包括人文积淀、人文情怀和审美情趣等基本要点。

2.科学精神。主要是学生在学习、理解、运用科学知识和技能等方面所形成的价值标准、思维方式和行为表现。具体包括理性思维、批判质疑、勇于探究等基本要点。

自主发展：自主性是人作为主体的根本属性。自主发展，重在强调能有效管理自己的学习和生活，认识和发现自我价值，发掘自身潜力，有效应对复杂多变的环境，成就出彩人生，发展成为有明确人生方向、有生活品质的人。

3.学会学习。主要是学生在学习意识形成、学习方式方法选择、学习进程评估调控等方面的综合表现。具体包括乐学善学、勤于反思、信息意识等基本要点。

4.健康生活。主要是学生在认识自我、发展身心、规划人生等方面的综合表现。具体包括珍爱生命、健全人格、自我管理等基本要点。

社会参与：社会性是人的本质属性。社会参与，重在强调能处理好自我与社会的关系，养成现代公民所必须遵守和履行的道德准则和行为规范，增强社会责任感，提升创新精神和实践能力，促进个人价值实现，推动社会发展进步，发展成为有理想信念、敢于担当的人。

5.责任担当。主要是学生在处理与社会、国家、国际等关系方面所形成的情感态度、价值取向和行为方式。具体包括社会责任、国家认同、国际理解等基本要点。

6.实践创新。主要是学生在日常活动、问题解决、适应挑战等方面所形成的实践能力、创新意识和行为表现。具体包括劳动意识、问题解决、技术应用等基本要点。

二、培养机制

所谓培养，《教育大辞典》将其界定为"教育者使学生掌握系统的科学文化知识和技能，形成其思想品德、健全体魄的过程，其内涵与教育基本相同"。[①]该定义提及了教育者、受教育者、培养目标与培养内容等培养要素，据此，我们可以将"培养"理解为教育者在一定的教育思想的指导下，按照既定目标，通过某种中间环节影响受教育者，以使受教育者掌握教育内容、形成既定目标所规定的某种规格的活动和过程。

---

① 顾明远.教育大辞典 [M].上海：上海教育出版社,1998:1173.

如果说培养什么样的人涉及培养目标问题，那么怎样培养人则涉及培养机制问题。机制最初的意义是指机器的构造和动作原理，引申到教育领域，可以将机制理解为各教育环节之间的相互关系及其运行方式。根据上述对培养和机制两个概念含义的分析，笔者认为小学教师培养机制可以解析为：在一定的教育方针的指导下，各级各类教育机构在培养小学教师的活动中所涉及的培养要素和培养环节，以及它们之间的相互关系及其运行方式的总和。培养机制往往表现为培养理念、培养方针、培养政策以及所制订的具体实施层面的培养办法与相关规定，本部分研究着重于小学教师培养机制的具体实施层面的培养办法。

第二节　相关研究述评

一、国外研究综述

更新知识观念是一种世界趋势，国际上多数国家、地区与国际组织都认为，以个人发展和终身学习为主体的核心素养模型，应该取代以学科知识结构为核心的传统课程标准体系。国际上长达 20 多年的研究表明，只有找到对学生终生发展有益的 DNA，才能在给学生打下坚实知识技能基础的同时，又为未来发展预留足够的空间。

1. 关于核心素养的研究

美国的核心素养内容体系是由"学习与创新技能""信息、媒体与技术技能"和"生活与职业技能"共同组成，每一项核心素养的落地都有赖于基于素养的核心学科课程内容与 21 世纪的主题相结合的学习，强调课程与教学，标准与评价，师资培养和整体学习环境的打造。从输入到过程的全面把控来求导，无限接近设定目标，突出通用技能的培养。

欧盟于 2005 年正式发布《终身学习核心素养：欧洲参考框架》(Key Competences for Lifelong Learning: A European Reference Framework)，为欧盟各国的教育政策制定，尤其是课程改革，提供了可供参考的框架和方向。该框架制定的目标之一是："支持各成员国，确保它们所培养的年轻人在基础教育与培训结束时，具备一定水平的核心素养，这使得他们能够应对成人生活，并为未来学习和工作打下基础；此外，还确保这些国家的成年人能够在人生中不断发展和更新自己的关键素养"。

2.关于核心素养下乡村小学教师培养的研究

芬兰是以专业化培养成就最优秀教师的北欧教育强国，培养出优秀教师是芬兰教育成功的关键因素，它提出基础教育要以培养学生在未来社会所需的核心素养能力为基本出发点与目标。要求教师要着力于培养学生的多元文化认知、社交与自我表达能力、综合素养、信息技术和社会参与能力等。芬兰的教育体系中教师素养是至关重要的，教师培养过程中渗透教育教学理论，期间每月都有定期的教育实习，强调教师不再是知识的权威。芬兰的教师经常会与学生探讨人生价值问题，目的是让学生尽可能地从自己的兴趣出发，培养学生与人交往沟通的能力，并激发学生的社会责任感。

美国、英国等发达国家对教师标准和能力要求很明确，英国牛津大学教育研究系在《本科后教师证书培训方案》中，曾对教师的教学能力提出以下要求：(1) 有效的课堂教学和管理能力；(2) 因材施教的能力；(3) 发现问题和解决问题的能力；(4) 有效解决学科教学以外的教育问题的能力；(5) 认识学生个性和差异的能力；(6) 按照教育理想认识和发展学校教育及课程教材的能力。

二、国内研究综述

自 2015 年 1 月起，我国普通高中课程方案和各科课程标准开始系统修订。这标志着我国基础教育课程改革进入新的发展阶段：创造信息时代的课程体系。为充分体现信息时代个人发展和社会发展的新特点、新需求，教育部一方面立足我国"立德树人"的根本要求，另一方面充分借鉴国际课程改革的先进经验，于 2014 年印发《关于全面深化课程改革落实立德树人根本任务的意见》，首次提出"核心素养体系"概念。同时，正在进行的普通高中课程标准修订，也将核心素养作为重要的育人目标，确立"核心素养"这一观念，将之作为课程改革的出发点和归宿。

教育部正在组织研究提出各学段学生发展的核心素养体系，明确学生应具备的适应终身发展和社会发展需要的必备品格和关键能力，突出强调个人修养、社会关爱、家国情怀，更加注重自主发展、合作参与、创新实践（中华人民共和国教育部，2014）。目前有关我国学生发展核心素养的研究还在进行中，例如，《中国学生发展核心素养》项目组将我国学生发展核心素养归为 9 大素养、23 个基本要点、70 个关键表现。

三、目前研究评述

综合国内外已有研究我们可以发现：通过对比国外的核心素养后，我们不难发现，发达国家更加重视信息素养，创造性与问题解决，跨文化与国际理解，自我认知与自我调控；中等以下收入国家更加重视科技素养、艺术素养、环境素养、特别是学会学习与终身学习。

1. 我国现行课程标准中缺乏核心素养的内容

我国现行课程标准中缺乏核心素养方面的内容，导致教育能力本位与知识本位的混淆。我国现行课程标准重视对于课程内容的诠释，注重学科知识体系的科学性和完备性。由于我们的课程标准是以学科知识为导向，追求知识体系的科学与完整，内容往往是脱离现实生活的较为抽象的学科知识，而没有以培养学生相应的学科能力为核心组织课程内容。学生在学习过程中，面临的常常是抽象的知识世界，难以将抽象的知识和现实世界发生联系，许多时候无法运用学过的知识解决现实生活当中出现的问题，成为只会背诵、解题的"机器"，缺乏问题解决能力、创造性思维等等。正因为如此，我国的教育常被人诟病为"应试教育"或者"重知识、轻能力"的教育。解决学生现实世界和知识世界的冲突，首先要打破课程标准内容设置的思路，以促进学生全面发展为导向，以培养学生核心能力和素养为主线，安排学科知识内容。[1]

2. 对当前乡村小学教师培养策略的研究有待进一步深入

多数学者提出培养小学教师要进行教学方式和教学手段的改革，师范院校要培养学生创新精神、创新意识、创新能力和实践能力目标的实现，必须借助新的教学方式和教学手段。[2] 却仅仅指出要借助新的教学方式，未明确指出是何种具体方式，创新手段过于笼统，实效性和可行性较低。

3. 对基于核心素养下的教师培养模式的研究不足

我国有关核心素养这一概念的首次提出是在《教育部关于全面深化课程改革落

---

① 李中国，汤纺杰．教师队伍建设与中国教育现代化 [J]．教育研究，2017(12):152—154.
② 韩晋，王存宽．对"3+1"教师教育培养模式的若干思考 [J]．宁波大学学报教育科学版，2004(11):20.

实立德树人根本任务的意见》文件中，由于提出时间较短，因此这方面的文献资料还较为罕见。本书要研究的是基于核心素养的小学教师培养机制创新研究，因此目前关于此类文献资料少之又少，多数文献都是对核心素养下课程改革的阐述，这对本研究带来了一个较大的挑战，需要通过查阅文献资料和进行访谈等方式来进行。

第三节　实证调研

一、研究目标

本研究旨在：通过访谈、问卷调查研究方法，以笔者所在高校和专业为例，深入了解目前小学教师培养的现状以及存在的问题。整理访谈和调查结果，并分析其反馈意见，找出问题，分析原因，提出对策建议。

二、研究内容

本研究旨在调查和分析当前小学教师培养的模式及存在的问题，并进行原因分析，提出乡村小学教师培养的创新机制。

三、研究重点

核心素养下的小学教师培养。在核心素养对小学教师培养提出的要求和小学教师培养现状及原因分析的基础上，提出小学教师培养的新机制，其目的是提高小学教师的质量，培养学生的核心素养，与时俱进。

四、研究难点

小学教师培养现状调查方法。以问卷法、访谈法等方法从小学教师课程体系，师资队伍和实践基地等方面进行调查。通过对相关文献的整理分析，本文打算采用文献法、访谈法，调查问卷法三种方法进行对当前小学教师培养的调查。

五、创新点

第一，选题新，兼具时代性、创新性和理论性。与当前我国基础教育课程改革时代发展相契合，与积极发展教师教育有关，深入探究核心素养下的小学教师培养机制，既符合当前信息时代的要求，又有利于培养学生的核心素养，促进终身发展与学习。

第二，研究方式创新。通过对所收集的文献分析来看，通常是课程改革方面体现核心素养，对于核心素养下教师培养问题的系统性研究较少。本研究从基础教育综合课程，教师质量标准和规格，教师教育课程体系，师资队伍及实践基地等方面入手，通过对现状的分析，提炼出相关创新机制。

六、研究方法

1. 文献法

文献法，就是对现存的有关文献、资料等进行检索、搜集、鉴别、整理、分析并进行研究，以达到某种调查研究目的的科学研究方法。因此，笔者通过在临沂大学图书馆，利用中国知网查阅到与题相关学位论文、期刊和报纸等数篇，从中整理出了有价值的文献资料，能够较为全面地对国内外已有的研究成果进行综述。

2. 问卷调查法

本研究在文献梳理的基础上，自行编制《基于核心素养的小学教师培养机制调查问卷》，基于便利性和有效性原则，该问卷调查的总体是笔者所在高校小学教育专业全体学生，通过问卷方式了解本专业学生对自己所处的小学教师培养模式的看法与意见。

3. 访谈法

访谈法是指根据研究需要，通过与受访人员面对面的交谈来了解受访人情况与想法的研究方法。为了进一步当前小学教师培养模式的现状，笔者根据研究的主要内容以及调查问卷中涉及的问题，预先设计了《"基于核心素养的小学教师培养机制"访谈提纲》。

第四节　核心素养对小学教师培养提出的新要求

当教育指向核心素养：教师该如何应"变"？根据日前发布的《中国学生发展核心素养》研究成果，核心素养以培养"全面发展的人"为核心，分为文化基础、自主发展、社会参与三个方面，综合表现为人文底蕴、科学精神、学会学习、健康生活、责任担当、实践创新六大素养。当教育指向核心素养，"知识核心时代"将真正走向"核心素养时代"，教师的任务不再是一味灌输知识，而是给学生未来的发展提供核心能力，教师的培养也应随着教育前沿的创新而做出调整，本文主要从基础教育综合课程、小学教师质量标准或培养规格、教师教育课程体系、对培养小学教师的师资队伍和教师培养实践基地等方面进行探讨。

一、基础教育综合课程对小学教师培养的新要求

《基础教育课程改革纲要》的颁布实施，要求小学阶段以综合课程为主。综合课程是一种双学科或多学科的课程组织模式，它强调学科之间的内在联系性，强调不同学科的相互整合。综合不是关于对象各个构成要素认识的简单相加，综合后的整体认识具有新的关于对象的机理和功能的知识，对教师有更高的要求。[①] 核心素养也是学科壁垒的"溶化剂"。以核心素养体系为基，各学科教学将实现统筹统整。十分明显，要适应小学课程改革的综合性要求，教师必须具有较高的教育实践能力和综合素质。综合课程教师需要能够将教育实践活动中的各个环节、要素、目标有机结合成一个整体，有效协调教育资源配置达到最优化，形成教育合力。教师培养内容不仅要体现在显性的课程教学和课题研究等环节中，也体现在小学教师自身的知识、经验、言谈举止、思想品质和科研作风中。

二、对小学教师质量标准或培养规格的要求

在宏观层次，国家制定教育核心素养的发展战略目标，对小学教师质量标准和培养规格进行总体描述：各级各类培养机构应当依据社会对不同人才的需要制订教师培养标准。核心素养下培育的人才适应社会发展和终身发展，核心素养的基本内涵中也提出学生要发展自我、发展身心，具有健全的人格等基本要点，这就要求无论是教师的选拔，还是教师的教育理念，都需要维护及进行学生的身心教育。

三、对教师教育课程体系的新要求

根据教师教育课程标准，小学乡村教师教育要坚持综合性原则、广域性原则、

---

① 李中国. 综合实践型教师培养模式研究 [M]. 山东人民出版社，2013:25.

实践性原则和开放性原则。新的教育理论指导下要改革课程教学内容，把核心素养有机融入课程教材中，精选对培养优秀教师有重要价值的课程内容：首先，将学科前沿知识、教育改革和教育研究最新成果充实到教学内容中；其次，制定小学教师教育课程方案，科学安排公共基础课程、学科专业课程和教师教育课程的结构比例；第三，要将优秀中小学教学案例作为教师教育课程的重要内容，提升师范生信息素养和利用核心素养促进教学的能力。

四、对培养小学教师的师资队伍的新要求

教育部《关于规范小学和幼儿园教师培养工作的通知》（教师〔2005〕4号）指出："各级培养小学教师的学校要不断深化教育教学改革，强化质量意识，加强教学管理，加强小学教育专业建设，严格执行教学计划，不断提高人才培养质量。"核心素养理念下，培养小学教师的师资队伍也有所要求，要注重培养师范生对学科知识的理解和学科思想的感悟，充分利用多种教学方式，增强师范生学习兴趣，着力提高师范生的学习能力、实践能力和创新能力。

五、对小学教师培养实践基地的新要求

强化教育实践环节，加强师范生职业基本技能训练；加强教育见习，引导和教育师范生树立强烈的社会责任感和使命感；大力开展教育实践活动，深入小学，积极开展师范生实习支教和置换培训，服务小学教育。

第五节　小学教师培养存在的问题及原因

一、小学教师进行分科培养，导致各学科素养分离

时代的发展，各个学科的三维目标具体化，各学科价值观提炼出学科核心素养的表述，这未尝不可，但现在各学科都在研究学科核心素养，都在构建核心素养体系，一个学生要学多门功课，那就会出现多个核心素养体系，如果各学科素养都称为核心，那就没有了核心，这样会造成教师思想认识上的混乱，学生核心素养观很难建立起来。

二、教师的专业成长与教师教学实践相分离

首先，大学的职前教育过分强调学科知识的完整性和系统性，严重脱离基础教育实际，不能高效高质量地达成培养新教师的目标，新教师不能很快适应教师角色的要求。新教师在大学教育阶段所学的缺乏"现实教学土壤"的理论知识与学校的教育教学实践脱离，专业准备明显不足，使得他们无法迅速地实现由师范生到教师的角色转变，中小学教育教学实践又缺乏理论的科学指导。师范生的职前阶段处于一种"没有实践的理论"状态，而在从教阶段却是"没有理论的实践"，[①]这必然影响到教师教育的质量和教师的专业成长，更不利于对小学生核心素养的培养教育。

其次，从师范性看，师范院校教师教育类课程长期以来只开设教育学、心理学、教材教法（学科教学论）三大样，在此基础上修修补补，小学教师最需要的心理学课程与德育课程开设较少，且内容挂一漏万，造成一种反常现象。因此，在课程设计时要通识课程、学科课程、教师教育课程均衡配置，综合课程与分科课程同步开设、知识传授与实践反思相辅相成、必修课与选修课有机结合。[②]

三、教师培养队伍中男女比例失衡，小学生存在"女性化倾向"

小学阶段是儿童性别角色社会化的重要阶段。作为教师，在所从事的教学工作中担任的行为角色不同，对学生会产生不同的引导作用。女性教师语言表达能力比较发达，她在作为教师的基本素质如课堂语言、与学生的课堂交流、关心学生等方面就做得相对好一些。男性教师的空间知觉能力、逻辑推理能力、动手操作能力比较强，他在教学的条理上、对课堂知识的纵向了解和横向比较上就做得比较好。所以说，男教师与女教师一起教育小学生，这对儿童的发展来说十分必要，如果缺少任何一方的角色扮演，就会对小学生的身心健康发展产生不良影响。然而，多年来师范生性别比例出现畸形，小学教师培养队伍中女生人数远大于男生人数，直接导致小学教师队伍中女教师占据相当大的比例，这十分不利于小学生的身心发展，很多家长反映，小学教师队伍中女教师过多使得小学生存在"女性化倾向"。

---

① 沈卫华.教师职前教育理论与实践的结合——对大学与中小学合作模式的反思 [J].湖北教育学院学报,2006(10).

② 李中国.教师角色转换中内涵性特征的缺失与补救 [J].教育研究.2008(06).

四、培养小学教师的师资队伍缺乏实践课型导师

大学重纯粹学问的传统及重研究轻教学的导向使大学教师往往倾向于"纯"理论的学术研究，大学教师对基础教育的实际情况和需求缺乏足够的了解，教育理论研究游离于教育改革实践之外，在大学课堂上对理论的解读往往是抽象的，缺少鲜活生动的素材和针对现实问题的分析和讨论，在师范生的教育见习实习的实践中，也无法发挥起实质性的指导作用。

五、培养小学教师的实践基地不完善

教育实习是提高未来教师从教能力的重要途径。但是，近年来在师范教育被"边缘化"的背景下，师范生教育实习被削弱，其表现有二：一是实习时间短，一般仅为3个月左右；其二是没有严格的制度保障，存在"放羊式"的现象，实习过程缺乏有效的组织与指导使之流于形式。所有这些都严重削弱了教育实习的价值，影响了教育专业毕业生的教育实践能力。学生虽然在学校接受了师范训练，但教学技能依然不高，一旦走向工作岗位，就会出现"师范生不会教学"的场面。

其次，师范教育与基础教育存在着一定程度的"不相往来"，师范院校习惯于闭门造车，除了教育实习与小学必须接触外，平时基本与小学校隔绝，不关心和了解基础教育改革与发展的需要，无论在教师教育课程体系上还是教学方法上，都存在着与小学教育教学实际不相适应的状况，导致教师培养针对性、适应性较差。①

第六节　基于核心素养的小学教师培养创新机制

一、培养应对基础教育综合课程的小学教师

1.增强专业知识和技能，培养知识素养型小学教师

在小学生的心目中，教师是神圣的，是上知天文，下晓地理的"活字典"，知识面宽广、多才多艺的教师更容易对小学生的身心发展与人格发展产生潜移默化的影响，基于这样的理念认识，我们认为，小学教师最重要的核心素养是在一定宽度的知识积累基础上形成相关的"综合能力"，凸显教师职业的专业性和独特性。

---

① 教育部关于实施卓越教师培养计划的意见 (教师〔2014〕5 号)[EB/OL].

同时，陈小娅指出："在小学教师培养方面，要继承我国中师教育的优良传统并将其发扬光大，小学教师的培养质量不能简单地用学科知识量来衡量。优秀的小学教师不能仅在某一学科领域对学生进行强化，更重要的是如何引导学生健康、全面成长，不仅要会单科教学，更要会一种全科教育。[①]

首先，根据小学教学的特点和核心素养时代发展对小学教师提出的要求，本科学历小学教师应具有宽广的专业知识和熟练的教学技能，不仅对某一学科的教学有明显的优势，而且能胜任其他学科的基础教育新课程综合性的趋势，课程设置必须打破以单一学科为中心的课程结构体系。拥有广域的知识体系，不仅要掌握普通教育学科类的知识，还要掌握课程与教学理论，以及心理学、教育学、哲学、社会学基础等。[②]

其次，教学不仅具有琴棋书画的基本技能，而且能熟练运用现代教育技术手段，能独立开展课件制作，注重现代信息技术与学科的优势整合。结合教师教育课程的特点，设置多功能教室、微格教室、模拟演示实验室等，促进现代信息技术手段在课程与教学中的适当和有效应用；利用现代化技术手段能指导小学生丰富多彩的实践活动。另外，为避免"万金油"式的"全科教师"培养误区，专业方向设置以小学语文、数学、英语等主要学科知识体系、基本思想与方法为主，注重培养学生良好的口语表达能力和写作能力，并具有一定的书法基础、音乐、绘画和艺术欣赏能力，强调学生全面发展。[③]需要注意的是，我们要明确小学全科教师的培养定位，我们认为，培养的"全科型"教师的特点是融会贯通各学科的知识体系，所培养的小学全科教师应具有"知识博、基础实、素质高、能力强、适应广"等特征，但并非我们通常所说的什么都懂、什么都会的小学教师，也不是所有学科要均衡发展的教师，而是在专业发展过程中，能够掌握精通与广博二者之间张力的教师。全科之"全"，不仅要体现在知识面的广博上，而且要体现在小学教育的直观性、实施过程及方式的可操作性上，[④]专业基础课程模块增加"教育写作"课，培养学生写教育札记、教育随笔的习惯，培养教学实践中的行动研究能力和专业发展能力，为未来培养、评价学生打好基础。

① 陈小娅.教师教育改革的几点思考 [J],人民教育,2006,(15—16): 9.
② 李中国,汤纺杰.教师队伍建设与中国教育现代化 [J].教育研究,2017(12):152—154.
③ 窦青.论中国风格钢琴练习曲创作的体系性构建 [J].音乐研究,2017(6):81—89.
④ 李中国.卓越小学教师培养的要点解析与推进建议 [J].教育研究,2016(10):156—159.

2. 重视人文修养和道德，培养情感素养型教师

应试教育影响下的学科教学急功近利，舍本求末，忽视对人的素质的全面培养。学科教学如果仅仅局限于学科之内，只在教学上强调设计思路、资源整合、方法运用、细节处理等技术层面的东西，无视人的精神存在，无视人文涵养、人文积淀、人文价值对于学科教育的极端重要性，把教育降低为纯粹的教学形式的技术操作手段，那么它必然会走向"精神虚无主义"，这样的教学不符合教学之道，更无法触及学生的精神世界，《教育法》明确规定教师除了具备广博的文化知识、过硬的专业技能外，还必须具有良好的道德素质和人文修养，不但要做到教书育人，更要做到为人师表。

苏霍姆林斯基说："我们工作的对象是正在形成中的个性的最细腻的精神领域：即智慧、感情、意志、信仰、自我意识。这些领域也只能用同样的东西去施加影响。"[①] 小学教师要对学生进行人文的关怀，要重视情感、态度、价值观的正确导向，这就要求在新时代下要激发师范生的从教愿望，培养他们作为"教育者"特有的心性、品质和行为，形成良好的职业道德、心理素质和职业情感。

二、提高小学教师质量标准或培养规格

1. 从高校生源处协调小学教师性别比例

注意男女生源的搭配。长期以来，小学男女教师的比例严重失调，女教师太多，而男教师凤毛麟角。"基础教育是必不可少的走向生活的通行证"，一个人的许多优良品质和精神都是从小学开始培养和造就的。男女教师由于自身的差异在对学生进行情感、态度、价值观的正确导向上各有不同的风格和力量，其合理的组合与影响，才能达到教育效果的最优化。高等师范院校在招生时，要注意男女生的比例。

2. 重视小学教师生源的全面素质

《教育部关于普通高中学业水平考试的实施意见》指出，高中学业水平考试成绩提供给高校招生录取使用。新形势的发展和其自身的条件共同赋予了高中学业水平考试新的地位——高考招生录取制度的重要组成部分，高校在录取培养对象时可进行综合评估，选择有意愿成为小学教师的学生，并根据学业水平测试及高考成绩等综合评选出各方面均衡发展的高素质学生；其次可以借鉴打破专业"壁垒"，实

---

① 　B.A. 苏霍姆林斯基 . 苏霍姆林斯基论教育 [M]. 北京：人民教育出版社 ,1984.151.

施"大类招生、二次选拔、分段培养"的方式，设有教师教育学院的高校按照二级学科门类招生，学生入学后，不分专业，在统一的大类培养方案下，接受通识教育和学科专业教育，在后期进行双向选择与分流，选拔具备从教潜质、有明显教师职业意向的学生进入师范类专业进行培养。该制度很大程度上解决了教师培养数量过剩，生源质量不高，培养专业与未来岗位需求错位问题，强化了师范生教育理论素养养成和教学技能训练。

三、完善教师教育课程体系

1. 调整课程结构，整合课程内容

小学教师培养的基本课程框架可分为四个部分：通识课程、教育教学课程、专业课程、实践性课程，即前两部分要强调学生的学术性素养、后两部分要彰显师范性特质。当然，学术性与师范性的结合两者不能是简单的叠加和拼凑，学术性与师范性如何融合及融合度对小学教师培养质量影响重大。拓宽通识教育课程、加强教师教育课程、重视实践性课程。[①]

2. 完善通识类课程的内容

通识课程是构成学生知识结构的基础，构成广域课程，包括人文、社会和自然科学类课程，此类课程让学生理解社会、人类的发展和变迁，引发学生情感的共鸣、培养正确对待纷扰生活的态度；了解自然、世界的奥秘及其发展的基本知识谱系，培养敢于质疑的批判性精神，开阔学生的视野、增加知识储备，培养学生理性的思维方式。在丰富和完善通识课程方面，创设广域精品课程，开设校本课程，丰富第二课堂；通识课程鼓励跨专业、跨门类选修课程，征集公共选修课，加强德育、美育和体育及艺术等素养的形成。

3. 整合专业类课程的结构

目前为止，小学教育专业一般分为综合文科和综合理科等两个方向，围绕着这两方面安排具体的课程学习，培养学生的学科专业素养。具体化的教学目标一定是体现学生发展核心素养的教学目标。每一门学科需要根据本学段学生核心素养的主要内容与表现形式，结合本学科的内容与特点，提出该学科实现本学段核心素养的具体目标，同时要体现本学科特色。这两类课程的学习主要是突出小学教师培养的

---

① 李中国.综合实践型教师培养模式研究 [M].山东人民出版社，2013:88—89.

专业性要求，站在大学的高度，通过系统的知识和能力的训练，养成生存、思考和发展的能力和素养以防止日后发展的动力不足。

4. 丰富实践性课程的类型

教师是一种实践性很强的职业，需要具有较强的教学实践能力。与一些发达国家相比，我国教师的职前培养实践与理论相脱离的问题比较严重，具体表现在：教育调查、教学观摩、模拟教学活动少，教育见习和实习也存在着时间短、次数少、实习基地少、指导教师少、流于形式等诸多问题。

丰富实践性课程要做到：以教师素质要求为本，强调可操作性；以教育发展、学校发展要求为导向，强调实用性，以培养未来教师创造能力为主，强调实践性。在教学模拟上加强实践性，促进理论与实践的深度结合，摆脱仅从书本上了解和研究课程与教学、在黑板上教学生上课的传统做法，实施"在实践中学习，在实践中研究，在实践中提升"的创新教学方法；每一课程均设立实践环节，每两周安排一次到中小学教学现场的观摩课和反思性见习课，让学生亲身体验、主动参与课堂教学实践，促进所学理论知识与教学实践的深度结合；增设活动课程，使学生通过动手做或亲身体验，获取直接经验，感知现代教育理论的实践魅力，增强知识的综合应用能力，以适应和引领基础教育新课程。

四、加强培养小学教师的师资建设

1. 变革大学教师的研究取向

在培养学生的核心素养的教育理念下，大学教师应适当调整研究趋向，置身于真实的小学教育教学实践，充分感受教育实践的鲜活气息，了解小学变革的实践动向、教师教学中的主要问题和困惑，不断获得新的教育研究资源，丰富自己的实践知识，使大学教师已有的教育理论因丰富、鲜活的教育实践的融入而变得丰满、生动起来。[①]另一方面，大学教师在小学教育实践中研究教育问题，从实践的角度关注理论的价值，检验并反思、修正研究的结论，以使其能够更好地诠释和解决实际教育问题，从而改变其束之高阁、玄而论道式的研究传统，获得基于实践的理论提升与学术生长点，进而滋养内在的理论，真正发挥理论影响实践、服务实践的本来

---

① 李虎林.大学与中小学伙伴协作对职前教师教育的改进——以西北师范大学经验为例[J].当代教育与文化,2009(7).

价值，成为"为实践的理论"。

2. 开发促进学生核心素养生成的教学模式

教师通过对教学过程的系列研究，开发更多促进学生核心素养生成的教学模式。[①] 无论是传递知识、开拓思维、组织活动还是互动交流，教师在设计和组织教学时要将传统的"以知识点为核心"的教学观念，转变为"以核心素养为导向"的教学。具体而言，体现以下三个着力点。第一，由"抽象知识"转向"实践情境"，注重营造学习情境的真实性。传统教学传授的知识往往过于抽象，难以形成解决实际问题的能力。真实教育中的问题情境往往更加复杂多元，教师教学中需要注意把抽象问题与真实情境相结合，为学生创设能够利用所学知识解决真实教育问题的机会。第二，由"知识中心"转向"能力（素养）中心"，培养学生形成高于学科知识的学科素养。学科知识在学生学习和成长当中扮演着重要角色，"每个学科对学生的发展价值，除了一个领域的知识以外，应该能够提供一种唯有在这个学科的学习中才可能获得的经历和体验；提供独特的学科美的发现、欣赏和表达能力"，[②] 这个过程就是学科素养形成的过程。第三，培养学生具有终身学习的能力，要求学生独立自主地进行探究，教师以学生学习为主线，关注学生问题生成、实践、操作、思维转化、问题解决的全过程，指导并促进他们由浅入深、由表及里地进行学习探索，进而形成独立思考、实践和学习能力。

3. 聘请校外导师强化师资队伍

校外导师从实务单位中业务素质高、专业知识丰富、工作能力强、职业道德好的业务骨干中选聘，校外导师具有较高的政治素质与高度的责任心，有扎实的专业知识与合理的知识结构，了解本专业的培养目标，熟悉本专业教学计划和各教学环节的关系及培养目标，具有专业学习指导能力。

校内导师侧重于培养学生的学习能力，提升学生发展空间，以师德教风潜移默化地培养学生的学风，引导其掌握好的学习方法，进而培养学生的专业能力。随着学生专业课学习的不断深入与专业知识的不断拓展，指导教师在专业知识的理解、基本概念的把握、各专业课程之间的相互联系与影响以及专业知识如何在实践中运用等方面给予学生指导。外导师侧重于指导学生提高实务操作能力，培养学生形成

---

① 李中国，黎兴成．教师教育学科的建设逻辑 [J]．教育科学，2018(6)．

② 叶澜．重建课堂教学价值观 [J]．教育研究，2002(5):3—7.

良好的职业道德，指导学生体验并形成初步的职业判断能力，解决学生理论学习的不足，增加实践认知能力以及适应未来工作的能力。

五、建立完善的实践基地

1.提供观摩名师讲课的实践机会

加强与地方中小学的合作，大学和小学应该共同承担教师教育的责任，小学提供给师范生更多的实习机会，加强与小学的沟通和对话。提供更多观摩名师讲课的实践机会，师范生到小学教育实践不少于一个学期。支持建立一批教师教育改革创新试验区，[①]建设长期稳定的教育实习基地。

2.建立"三位一体"的实践基地

建立起能够有效运转的高校与地方政府、中小学"三位一体"协同培养教师的长效机制，需要以下几个必要条件：（1）要有党和政府的强有力的领导和支持；（2）要指定"三位一体"协同培养机制的领导（或主导）主体，确定三方主要责任人；（3）要建立一个相对独立、职责明确，由高校、地方政府、中小学三方人员组成的实体的领导机构，负责机制有效运转，并制定出具有较大约束力的规章制度，明确职责，具体到三方责任人；（4）要明确建立依靠政府和组织渠道的高校与地方政府、中小学"三位一体"协同培养长效机制，[②]而不是靠个人人脉建立该机制并维持合作关系。

结　语

本研究通过文献法等方法对基于核心素养下的小学教师培养创新机制进行了研究，对于小学教师的培养进行了深入的总结。

本研究对核心素养及小学教师的培养进行了国内外总结，比较发现：国外的小学教师培养中渗入核心素养理念，着重培养学生的社会适应能力及终生学习的意识，而我国现行课程标准中缺乏核心素养的内容，小学教师培养的要求不够具体，核心

---

① 李中国,黎兴成.教师教育学科的建设逻辑 [J].教育科学,2018(6).
② 李中国.两种"三位一体"教师教育模式比较研究 [J].教育研究,2014(08).

素养尚未渗透进小学教师的培养模式中。核心素养对小学教师的培养提出了新的要求，通过访谈与问卷调查得出目前小学教师培养存在以下问题：基础教育综合课程方面，分可培养导致核心素养相分离，缺乏全科型的小学教师；小学教师质量标准或培养规格方面，生源质量测评方式单一，培养队伍中男女比例失衡严重导致后期小学教师队伍性别比例畸形，不利于小学生的身心健康发展；教师教育课程体系方面，课程设置较为传统，不能跟随教育前沿的发展；[①] 培养实践基地建设不够完善。

笔者针对原因对基于核心素养的小学教师培养创新机制做出了总结概括。基础教育综合课程方面，增强专业知识和技能，培养知识素养型小学教师，重视人文修养和道德，培养情感素养型小学教师；小学教师质量标准或培养规格方面，从高校生源处协调小学教师性别比例，重视小学教师生源的全面素质；教师教育课程体系方面，调整课程结构，整合课程内容，完善通识类课程的内容，整合专业类课程的结构，丰富实践性课程的类型；师资队伍方面，变革大学教师的研究趋向，开发促进学生核心素养生成的教学模式，聘请校外导师强化师资队伍；培养实践基地建设方面，提供观摩名师讲课的实践机会，建立"三位一体"的教育实践基地。[②]

但是，研究中还存在一定的不足，由于条件限制，本研究调查的对象较少，仅针对所在高校的小学教育专业大一至大四全体学生；小学教师培养具有较强的地域性特征，不能一概而论。

① 李中国, 两种"三位一体"教师教育模式比较研究 [J]. 教育研究 ,2014(08).
② 李中国 . 卓越小学教师培养的要点解析与推进建议 [J]. 教育研究 ,2016(10):156—159.

第十二章　教育志愿者共同体"送教上门"，创新乡村教师职后培养模式

　　百年大计，教育为本；教育大计，教师为本。为深入贯彻落实党的十九大精神，打造党和人民满意的高素质专业化创新型教师队伍，落实立德树人根本任务，培养德智体美全面发展的社会主义建设者和接班人，全面提升国民素质和人力资源质量，加快教育现代化，建设教育强国，办好人民满意的教育，为决胜全面建成小康社会、夺取新时代中国特色社会主义伟大胜利、实现中华民族伟大复兴的中国梦奠定坚实基础。

　　教育扶贫、教育精准扶贫、[①]乡村教育精准扶贫成为当下教育改革发展的重要议题和重点领域。提高乡村教师培训质量是推进教育公平、促进城乡教育均衡发展的重要内容。国家十分重视乡村教师队伍建设，采取多种示范性、标志性政策举措，创新体制机制，大力推进乡村教师专业发展。《教育部关于教师参与志愿服务活动的指导意见》（教师〔2014〕9号）、《乡村教师支持计划（2015—2020年）》（国办发〔2015〕43号）的发布，有力指导并促进了教育志愿者服务乡村教育的路径探索；2018年年初，《中共中央国务院关于全面深化新时代教师队伍建设改革的意见》正式印发，这是中华人民共和国成立以来第一次以党中央名义专门印发加强教师队伍建设的文件，得到了社会各界的广泛关注。在第五条"不断提高地位待遇，真正让教师成为令人羡慕的职业"中指出要"深入实施乡村教师支持计划，关心乡村教

---

① 李中国，黎兴成.职业教育扶贫机制优化研究[J].国家教育行政学院学报,2017(12):88—94.

师生活"，为贯彻落实文件精神，打好落实乡村教师支持计划攻坚战，教育部针对加强乡村教师队伍建设，推出了一些改革措施，对于乡村教师的之后培养，将"大力实施国培计划，2018 年将培训中西部乡村教师校长 100 多万人次。"山东省在由教育大省向教育强省改革发展的进程中，针对当前乡村教师队伍现状和培训存在的问题，开展了"省级统筹、志愿协同、聚焦薄弱、送教上门"的乡村教师培训服务活动，取得了明显成效。

第一节　乡村教师概况

进入 21 世纪以来，国家在稳定和扩大规模、提高待遇水平、加强培养培训等方面采取了一系列政策举措，乡村教师队伍面貌发生了巨大变化，乡村教育质量得到了显著提高，广大乡村教师为乡村教育发展做出了历史性贡献。但受城乡发展不平衡、交通地理条件不便、学校办学条件欠账多等因素影响，乡村教师队伍面临职业吸引力不强、补充渠道不畅、优质资源配置不足、结构不尽合理、整体素质不高等突出问题，制约了乡村教育持续健康发展。

乡村教师是以农村人口为主要教育对象并为农村经济社会发展服务的教育工作者，多生活在县以下的乡镇和村落学校。据统计，截至 2013 年，乡村专任教师 762.7237 万人，[1] 占教师总数的 48.35%；截至 2015 年，乡村专任教师共 675.5 万人，[2][3] 占教师总数的 35.70%，降幅明显。乡村教师不仅在教化乡村孩子，也承担着在偏远山村传播现代文明、传承社会主流文化、传递国家意志的重要使命。"国将兴，必贵师而重傅"，必须高度重视发挥乡村教师以德化人的教化作用，然而当前乡村教师队伍建设中面临着阻碍乡村教师专业发展的难题。

① 郑新蓉，王成龙，熊和妮. 中国新生代乡村教师调查 [N]. 中国教师报 ,2015-09-09(3).
② 教育部. 中国教育统计年鉴 -2015[J]. 北京 : 中国统计出版社 ,2016.
③ 国家统计局. 中国城市统计年鉴 -2015[J]. 北京 : 中国统计出版社 ,2015.

一、乡村教师专业发展困境

一是地位待遇问题，调查发现，[①] 乡村教师的收入在社会各行业中处下游水平，在城乡二元化进程中，乡村的社会地位降低，乡村教师的尊严感和职业认同感也降低，缺少了职业认同感对于教师来说就缺少了继续执教的强大动力，也缺少了继续进修提高自身专业发展的诉求；二是培养供给问题，表现为数量不足，包班现象明显，结构性缺编严重，尤其是小学英语、美术、音乐等薄弱学科教师，[②] 且队伍不稳，流失严重，或流向其他行业，[③] 或流向城市和郊区的中小学，使得乡村学校中薄弱学科教师越来越少；三是能力提升问题，乡村教师普遍存在教学能力不高，专业素养不足的问题，老龄化严重是其重要原因，2015 年山东省泰安市 50 岁以上的教师数量所占比例为 50%，[④] 由于成年人的学习能力与学习分量和年龄这一自变量呈负相关，[⑤] 乡村学校师资队伍不免存在思想固化、知识老化、观念滞后的现象，教学能力和专业素养得不到提高，乡村教师的自身专业发展受到限制，乡村教育质量得不到提升，短板补齐受限。

二、乡村教师培训问题亟待解决

除了待遇和供给等外部因素之外，乡村教师的能力提升问题是限制自身专业发展的主要因素，自 2010 年启动的"国培计划"，大幅提升了我国中小学教师的专业素养和教学能力，但是对于乡村教师的培训仍存在一些有待解决的问题。第一，培训目标精准定位缺失，乡村元素不足。研究发现，[⑥] 乡村教师的年龄、层次、文化背景与其对培训的需求具相关性，大多数培训项目中目标的设定呈现出城乡教师趋同化、一体化趋势，定位不明确，忽略乡村教师的特殊性以及其身处乡村的现实状况，

---

① 易海华, 罗洁. 农村中小学教师待遇问题现实解读与改善——基于湖南 20 个县市区所在农村学校的调查分析 [J]. 湖南社会科学 .2013(1):270—274.

② 窦青. 论中国风格钢琴练习曲创作的体系性构建 [J]. 音乐研究 ,2017(6):81—89.

③ 庞丽娟, 金志峰, 杨小敏. 新时期乡村教师队伍建设政策研究 [J]. 中国行政管理 .2017(5):109—113.

④ 陈新. 贫困边远乡村小学教师老龄化严重, 调查结果令人堪忧 [N]. 齐鲁晚报 ,2015-10-19.

⑤ 桑代克, 成人的学习 [M]. 杜佐周, 朱君毅, 译. 北京: 商务印书馆 ,1928:21—22.

⑥ 秦磊. 农村教师培训实效性评价体系研究—基于农村教师专业成长的视角 [D]. 哈尔滨: 东北师范大学 .2012:80—82.

培训计划制定中乡村教师参与度不够，^① 主要是由各省教育厅联合省内高校制定，缺少乡村元素，不能精准定位；第二，培训主体前测略简，准备不足。根据美国学者斯奇内德的"培训迁移理论"，^② 将培训前、中、后三个关键阶段看成一个连续的不可分割的整体过程，培训前测，帮助培训教师了解参训乡村教师专业知识和教育教学知识的掌握与应用情况，进行精准定位。而由于对乡村教师的知识文化背景和生活经历缺少必要的了解，前测流于形式，忽略了乡村教师的差异性和特殊性；第三，培训客体工学矛盾突出，精力投入不足。工学矛盾是乡村教师面临的主要矛盾，他们是"一人多科，一人多责"的复合体，脱产培训基本无望，在工作期间集中培训是奢望；第四，培训内容偏重理论学科，实践内容不足。理论学科讲授占主导，缺少理论应用于实践的指导；第五，培训方式以集群讲授为主，参与体验不足。集群讲授忽略了乡村教师主体性，教学专业发展受阻；第六，经费短缺，培训关注重点骨干，全员参与不足。乡村教师培训是以县为单位承担培训经费，由于经费有限，培训活动不能惠及全员。

第二节　"送教上门"志愿服务路径探索

截至 2015 年，山东省各级各类学校共有专任教师 148.45 万人，^③ 其中乡村教师（含城乡接合部、镇区和乡村）54.63 万人，占教师总量的 36.80%。^④ 以山东省为例，探索教育志愿者共同体"送教上门"的行动路径，围绕"省级统筹、志愿协同、聚焦薄弱、送教上门"十六字方针，切实突破乡村教师的专业发展困境。第一，省级统筹：省级教育行政部门与教育学会统筹规划，市、县教育机构协助推进。在省级部门统筹规划下，对乡村学校、乡村师生进行调研访谈，对其进行精准定位，建立以乡村学校为核心的培训模式。同时，改变以往以县级财政收入负责培训经费支出的方式，由省级统筹，解决培训经费不足的问题，使培训惠及全员；第二，志愿协

---

① 付绍钦.农村中小学教师培训现状、问题及对策—以四川省通江县为例 [D]. 南昌：南昌大学体育与教育学学院 .2016:20—22.

② 刘雪峰，王晓冰 . 培训转移研究的回顾与展望 [J]. 管理与科学文摘 .2003(12):41—43.

③ 山东省乡村教师支持计划（2015-2020 年）实施办法政策解读 [EB/OL].
http://www.sdedu.gov.cn/sdjy/_gzfw/_zcjd/762477/index.html.

④ 国家统计局 . 中国城市统计年鉴 -2015[J]. 北京：中国统计出版社 ,2015.

同：志愿者共同体具体实施。在志愿者共同体的帮助下，可以在充分了解乡村教师基本情况的基础上，对乡村教师进行分层次、分年龄和分学科的前测，将准备工作做到极致。在志愿者的协同合作下，切实了解乡村教师的需求，制定适合乡村教师的培训计划，转变培训方式，重视乡村教师的参与体验，在指导实践中提高乡村教师的教学水平和专业素养；第三，聚焦薄弱：以乡村中小学紧缺学科、薄弱学科教师为主要送教对象。经过调查分析，确定乡村教师的薄弱学科，针对薄弱学科教师展开培训，切实做到教育精准扶贫。[①] 从实践出发，指导乡村教师所缺乏的实践型教学技能，让乡村教师实实在在地感受到自身教学能力的提高；第四，送教上门：以县为送教单位，以周末、节假日为送教时间，利用县属教育资源，就地开展送教活动。志愿者"送教上门"的支教活动在时空上以最短的距离和时间来解决基层教师最迫切的问题。乡村教师参加培训所面临的主要矛盾就是"工学矛盾"，最好的方式就是教育志愿者团体走到基层去"送教上门"，使乡村学校的全部教师都可以参与进来，培训不再是少数教师的"特权"。项目具体实施包括以下四个环节：

一、确定服务对象

培训对象为财政贫困县中小学乡村教师，按照国家课程改革和开齐开足课程的需要；项目县统计本县中小学各学科教师数量，评估师资状况，确定紧缺、薄弱学科专兼职教师。经过调查统计分析，山东省开展的送教学科为：小学英语、义务教育阶段音乐及美术学科、专兼职教师和家庭教育指导专兼职教师为所紧缺的薄弱学科教师和技能型教师。[②]

二、招募志愿者

首先由省教育厅在全省范围内面向省级教育组织、教研部门发布教育志愿者招募通知；其次由各市教育局面向辖区内中小学校、教研机构、社会团体做好志愿服务宣传发动工作；同时省属高校面向师生做好组织发动、报名遴选工作；另外，鼓励齐鲁名师、名校长参加教育志愿活动。由省学科专家、省派骨干志愿者教师和项目市遴选的志愿者教师组成志愿者共同体，其中省学科专家包括省核心专家组和各

① 李中国，黎兴成 . 职业教育扶贫机制优化研究 [J]. 国家教育行政学院学报 ,2017(12):88—94.
② 窦青 . 论中国风格钢琴练习曲创作的体系性构建 [J]. 音乐研究 ,2017(6):81—89.

学科模块组组长；省派骨干志愿者教师为本学科领域有一定影响力且积学热心的教师；项目市遴选的志愿者教师包括学科组组长和各学科的志愿者教师。

招募完成后由省项目办委托有关高校对志愿者教学团队进行集中培训，拓宽专业视野，提升培训师资团队专业技能和培训技能。

三、制定培训方案

按照"立足教师需要，统筹优质资源，创新培训方式，提升专业素质"的原则制定培训方案。

1. 设置培训目标

首先通过对参训教师进行分层次、分年龄、分学科的前测来定位其基础知识和能力，给培训目标的设置提供参考；其次根据各学科课程标准要求制定具体目标；最后结合各学科志愿者的专业特长设置各学科参训教师的学习目标。

2. 确定教学内容

各学科教学内容根据义务教育阶段乡村教师的实际需求和学科需要来确定，包括"学科专业基础知识与技能"和"学科教育教学知识与技能"两部分内容。例如小学英语的专业基础知识和技能包括语音与交际、词汇与交际、听力与表达、诵读与表演四个课程模块；教育教学知识和技能主要是教学用语这一个课程模块。音乐学科专业基础知识和技能分为键盘、声乐、舞蹈和音乐理论四个课程模块；教育教学知识和技能则包括课外活动组织、教学设计、课堂教学和教学评价四项技能的课程模块。美术学科专业基础知识包括造型表现、设计应用、审美鉴赏三个课程模块；教育教学知识和技能包括课程研发与建设、课堂教学技能、课程资源的开发与利用、教学评价技能四个课程模块。家庭教育指导课主要包括基础知识与理念、家庭教育的方法与技能、家庭教育问题分析与指导三个课程模块。

3. 确定培训时空

由于教育效果的滞后性，为了保障培训的有效性，确定一期的培训周期为一年；为保障授课教师的备课时间和受教教师的自我学习时间，将培训安排在间周的周末和寒暑假进行。培训地点由项目市、县（区）自愿申报，由省项目办组织专家讨论遴选，最终确定送教地点。

四、开展教学活动

1. 分层编班

首先根据参训教师的前测结果进行分层编班。在培训过程中，适当对参训教师进行过程性测评，并依据测评结果对班级人员做出适当调整。另外参训教师自身可以提出测评申请，随时进行编班调整。

2. 集体备课

志愿者团队结合县（市、区）实际，研制项目县整体教学计划和实施方案。他们主要利用周五下午、晚上集中时间，或在各自岗位工作期间，通过集中研讨或在线交流的方式研定教学内容和方式。

3. 集中培训

根据前期编班结果，采取小班化的教学方式对参训教师开展集中培训，将参训教师放在主体地位，注重其参与体验。一次集中培训前，授课教师要了解教学进度，做好衔接工作，并对参训教师进行适当测试；培训中，授课教师要对参训教师做好考勤工作，采取灵活多样的授课方式，因材施教；培训后，将课堂所用资料及时通过网络平台上传分享，为参训教师答疑解惑。

4. 分散自学

参训教师根据授课教师提供的不同介质的资料进行自我训练提升，如整理完成集中培训中布置的练习任务，进行授课教师上传至学习平台的练习，随时记录疑问，集中向授课教师请教，并根据练习进行反思总结。

5. 终测结业

终测由省项目办统一组织，组建测评团队对参训教师进行分层测评，并将测评结果反馈给各参训教师，为其进一步的自我提升提供参考，通过终测的参训教师可以顺利结业，颁发相应级别的结业证书，并根据所认定的培训学时登记继续教育学分，记入个人档案。

第三节 建立"送教上门"志愿服务实施保障机制

一、健全组织平台

设立省、市、县三级项目实施办公室。项目由省教育厅、省教师教育学会和项目市、县教育局协同组织实施。省项目办负责项目协调指导和志愿者教师的培训等工作;市项目办负责项目的统筹管理,包括遴选志愿者教师、指导项目县落实组织实施等工作;县项目办负责落实项目实施方案,包括确定送教学科、人员、遴选送教地点等工作。

二、明确团队职责

省核心专家组的工作包括四个方面:首先,参加全省培训方案的制定与实施;其次,组织、指导团队研制县年度培训方案;再次,组建学科志愿者培训团队;最后,指导各项目县展开培训。各学科模块组组长的工作包括三个方面:第一,参与制定本学科培训方案,分模块制定培训计划;第二,组织本模块志愿者教师集体备课与培训,全程参与本模块培训;第三,组织本模块志愿者教师参加志愿服务活动。学科组组长的工作主要有:配合省核心专家团队制定本市项目县的学科培训方案;组织本市该学科志愿根据培训方案按时参加志愿服务活动;组织全体志愿者集体备课,参与学科培训的全过程。省派骨干志愿者和项目市志愿者需要按照各培训方案按时参加培训工作,完成培训任务。

三、做好资源配置

省项目办要负责专家、志愿者教师往返项目县交通费、食宿费、人身意外伤害保险费、误餐补助费等。县项目办要为项目的顺利开展提供培训场所、设施、设备和条件以及专家和志愿者的生活服务。

四、加强政策保障

建立三方政策保障,第一,省项目办建立教师志愿服务"绩分银行",对教师志愿服务活动认证和登记,圆满完成工作的志愿者,颁发《山东省教育志愿者荣誉证书》；第二，志愿者所属单位制定专门政策，鼓励参加志愿活动。对表现优秀的教师在晋级晋升、评优树先上优先推荐；第三，项目县建立健全培训工作的各项管理制度，^①细化考勤制度、学习制度、学分制度、考评奖惩制度。

第四节　"送教上门"志愿服务取得初步成效

一、优质教育惠及万名乡村教师

自 2014 年至今，教育志愿者共同体服务县（市、区）近 30 个，参加义务支教的教师 1600 余人，培训乡村教师达 10000 余人。^②弥补了农村师资学科水平的短板。

二、受教教师专业素养明显提升

首先，受教教师职业情感明显加深，立德树人的使命感进一步增强。乡村教师在参与培训的过程中，教学技能提高，责任感和使命感也随之增强。平度大泽山镇上甲小学的刘韵老师在其培训体会中表示不仅从理论上得到了新认识，也从生活实际中得到了启示，并下定决心运用所学知识技能让学生获得更多；^③其次，受教教师精神状态变化明显，自信度提升。经过培训的教师掌握了教学要领和技巧，就英语学科而言，菏泽单县李田楼镇腾飞小学的李秋梅老师分享其参训体验，表示自身英语能力在培训中得到了很大的提高，在掌握了正确的发音之后，面对学生的疑问，消除了模棱两可的尴尬，^④授课自信心明显提高；再次，受教教师的课堂教学吸引力、效果明显增强。教师对于一门学科的热情会带动学生们对这门学科的喜爱，阳信县第一实验中学的韩强老师告诉我们，经过培训的老师爱上了画画，更享受与孩子们

① 李中国，两种"三位一体"教师教育模式比较研究 [J]. 教育研究 ,2014(08).
② 山东省农村义务教育薄弱学科教师教学技能培训项目实施方案 [EB/OL]. http://www.sdjyzyz.com/jyz_wjgg/view/58b68ca5e4b0e68fb9e83b3e.html.
志愿者激励我们前行 [EB/OL].http://www.sdjyzyz.com/jyz_guxu/view/59ba42e0e4b0e68fb9e95775.html.
③ 承载爱的培训 [EB/OL].http://www.sdjyzyz.com/jyz_guxu/view/58dc58a3e4b0e68fb9e88b6c.html.
④ 菏泽单县小学英语学科教学技能培训心得体会 [EB/OL].http://www.sdjyzyz.com/jyz_guxu/view/5551c3030cf200cd38ddb1be.html.

在一起绘画创造的乐趣，弥补了学校短板，提升了学校文化；[①] 最后，受教教师在各类教学竞赛获奖率大幅度提高。临沂市沂南县作为送教县，在 2017 年 5 月 10 日—19 日成功承办了全市中小学艺体教师技能大赛并取得了优异成绩。

三、"协同发展、合作育人"模式渐以形成

各参与主体均得到充分发展。乡村中小学教师的知识技能得到提升、职业使命感、责任心进一步强化；志愿者教师在学科专家指导下专业素养得到提高，在同行激励下强化了学习动力；学科专家深入了解一线教师的现状与需求，倒逼教师专业发展的理论研究，为调整专业发展、提高人才培养质量提供了方向。大学教师、中小学专家型教师、一线中小学教师合作促进教师专业发展，体现了合作育人的模式和道路。

四、教师职业情操充分彰显

志愿者无私奉献的精神、力求精准的教学设计、崇高的道德情操深度感染了广大农村教师和同行，涌现了诸多感人事迹，例如临沂大学常吾尚老师，放弃了周末高薪聘请的工作机会，全身心投入到志愿服务中，并号召学生参加志愿者服务，组成师生协同发展共同体，唤醒了师生的人文情怀。志愿者的送教上门，再次彰显了教师群体人类灵魂工程师的纯洁、高尚、知行合一的人生境界和价值取向；诠释了雅思贝尔斯所持的，教育本质即"一棵树摇动另一棵树，一朵云推动另一朵云，一个灵魂唤醒另一个灵魂"的深蕴。

第五节　持续推进"送教上门"志愿服务

为贯彻落实《教育部办公厅关于印发乡村教师培训指南的通知》（教师厅〔2016〕1 号），拟从以下五个方面持续推进教育志愿者共同体"送教上门"服务，加强乡村师资队伍建设。第一，拓宽支教学科和县区，全面推进支教工作。扩大送教

---

① 2017 年临沂市中小学音体美教师技能大赛在沂南五小举行 [EB/OL].http://www.ynedu.gov.cn/Item/8661.aspx.

范围，增加送教学科，让更多的乡村教师受益，提高其专业素养和教学能力，从而提高整个山东省乡村社会的教学水平，促进乡村教育的良性发展；第二，加强志愿者队伍建设，吸纳优秀人员。为了使更多的乡村教师受益，加速乡村教育的发展，志愿者共同体的队伍也需要不断壮大，对乡村教师进行更精准的帮扶，我们需要更多优秀成员的加入，同时也将进一步完善志愿者的考核遴选机制，保证每位志愿者教师都是有能力且志愿热情的服务于乡村教师培训工作的；第三，加强校地联动，一线教师走进大学课堂。建立乡村学校与地方高校的校地联盟，高校与乡村学校结对帮扶，倒逼高校对教师专业发展的理论研究，研发出适合乡村教师专业发展的教学模式，让一线教师走进大学课堂，零距离的感受名师名校长的课堂，能更深刻、更真实的体验先进的管理和教学理念，促进乡村教育教学水平的优质均衡发展；第四，开展支教活动研究，形成山东支教文化。志愿者共同体与乡村教师协同合作，通过系统研究本省内开展的"送教上门"活动，为每门送教学科制定灵活且规范的送教模式，形成符合山东社会、具有山东特色的支教理论体系，以理论指导实践，并在支教实践中不断完善丰富理论，向预期目标的实现奠定基础，形成系统的、个性的山东支教文化；第五，一体化设计服务对象专业发展体系，[①]实现服务常态化。教育志愿者共同体为乡村教师分年龄、层次、学科设计不同的专业发展体系，制定培训发展年度计划，进行有针对性、目的性、发展性的一体化服务，包括培训前的情况记录、培训中的学习分析和培训后的预期效果，并根据实际情况随时做出调整，实现教育志愿者共同体"送教上门"常态化。

---

① 李中国，黎兴成．职业教育扶贫机制优化研究 [J]．国家教育行政学院学报,2017(12):88—94.

附 录

附录 1：乡村小学教师职业吸引力情况调查问卷

尊敬的老师：

您好！我们是临沂大学"乡村小学教师职业吸引力情况"课题组。此问卷旨在了解乡村教师职业吸引力情况。问卷的填写采取无记名的方式，统计结果仅用于学士学位论文的撰写，对于您填写的任何资料，我们都将为您保密。

乡村小学教师职业吸引力情况调研小组

第一部分

请您提供一些基本数据，只供整体分析使用。

1. 您的性别（　　　）

A. 男　　　　　　　　　　B. 女

2. 您的教龄（　　　）

A. 0—10 年　　　　　　　　B. 10—20 年

C. 20—30 年　　　　　　　　D. 30 年以上

3. 您的学历是（　　　）

A. 中专及以下　　　　　　　B. 专科

C. 本科　　　　　　　　　　D. 硕士及以上

4. 您的婚姻状况（　　　）

A. 未婚，无恋人　　　　　　B. 未婚，有恋人

C. 已婚，无孩　　　　　　　D. 已婚，有孩

5. 您的职称（　　　）

A. 初级　　　　　B. 中级　　　　　C. 高级

第二部分

请您按照程度填写相应的数字。

1. 非常不符合　2. 比较不符合　3. 一般　4. 比较符合　5. 非常符合

1. 工资收入足以满足我的正常生活需要（　　　）

2. 我的五险一金等福利待遇非常齐全（　　　）

3. 学校配备了教职工宿舍和教师周转房，并且生活设施配备齐全（　　　）

4. 学校的物化（校园、设施）环境非常好（　　　）

5. 我的乡村教师特殊津贴每月发放及时，没有克扣现象（　　　）

6. 我上下班或放假回家的交通十分方便（　　　）

7. 乡村教师职业给我子女的受教育质量带来很大的正面影响（　　　）

8. 乡村教师职业对我的婚恋带来很大的正面影响（　　　）

9. 我的工作压力很小（　　　）

10. 本学期我的教育教学任务很轻松，每周课时数很少（　　　）

11. 我热爱教师职业，我很适合做这份工作（　　　）

12. 我在工作中能体会到了幸福感和成就感（　　　）

13. 我的业余时间过得非常充实有意义（　　　）

14. 如果可以再选择，我还会选择乡村教师职业（　　　）

15. 将来我希望到城市任教（　　　）

16. 学校人文环境浓厚，学生很尊敬我（　　　）

17. 家长对我的认可度很高，会及时与我沟通学生情况（　　　）

18. 我和同事的关系很融洽（　　　）

19. 学校领导具有较高的管理水平，给予了我充分的教学自主权（　　　）

20. 我参与学校管理的机会很多（　　　）

21. 作为一名乡村教师，我具有较高的社会地位（　　　）

22. 我的职称评定机会很多（　　　）

23. 我参与继续教育的机会很多（　　　）

24. 我参加继续教育的培训内容多种多样，我能得到很大的提升（　　　）

25. 学校为我提供的多种多样的培训形式（　　　）

26. 我外出参加继续教育的费用学校全都会报销（　　　）

27.我能主动制定专业自我发展规划，并逐步执行（　　　）

28.我能经常性的、系统化的进行教学反思（　　　）

29.我会经常与其他教师交流沟通，相互合作，获得专业发展（　　　）

附录 2：乡村代课教师生存状况访谈提纲

1.您在这个岗位上待了多少年？

2.你为什么选择代课教师这个职业？

3.你现在认为代课教师这个职业怎么样？

4.您能说一说您现在的生活状况吗？

5.您具体的物质生活方面怎么样？（工资待遇、福利、人身保障、工作环境与条件）

6.那您的精神生活方面呢?(职业认同、工作压力)

附录 3：个案基本资料

个案一：张老师 女 1992 年出生 2015 年 9 月担任乡村代课教师 学历本科

个案二：小玲老师 女 1985 年出生 2010 年 9 月担任乡村代课教师 学历专科

附录 4：农村幼儿教师职业满意状况调查问卷

敬爱的老师：

您好！我是临沂大学的一名大学生，在做一篇关于农村幼儿教师的毕业论文，想请您帮忙完成以下问卷内容。本问卷调查不用填写姓名，答案也没有对错之分。请您不必有任何顾虑，只需根据实际情况填写，调查只是用来作为论文研究使用，绝对不会用于其他用途，也不会泄露任何关于您个人的资料和信息。非常抱歉占用您休息的时间！衷心感谢您的支持与合作！

2016 年 1 月

第一部分

【填答说明】

1.请将您认为正确的答案选项填在横线上或括号里。

2.若无特殊说明，每一个问题只能选择一个答案。

1. 您的出生日期：＿＿＿＿＿＿＿＿

2. 您的入职日期：＿＿＿＿＿＿＿

3. 性别（　　　）

A. 男性　　　　　　B. 女性

4. 您的婚姻状况（　　　）

A. 已婚　　　　　　B. 未婚

5. 您所在职位（　　　）

A. 教学岗　　　　　B. 管理岗　　　　　C. 保育岗

6. 您的学历（　　　）

A. 初中及以下　　　B. 中专或高中　　　C. 大专

D. 本科　　　　　　E. 研究生

7. 您所学的专业是否是学前教育（　　　）

A. 是　　　　　　　B. 不是

9. 所带班级（　　　）

A. 小班　　　　　　B. 中班　　　　　C. 大班　　　　　D. 学前班

10. 所带班级人数（　　　）

A. 小于 30 人　　B. 30—40 人　　C. 41—50 人　　D. 大于 50 人

11. 您的月工资水平（　　　）

A.1000 元以下　　B.1000—2000 元　C.2000—3000 元　D.3000 元以上

12. 您所在幼儿园的性质：（　　　）

A. 公办园　　　　　B. 私立园

13. 您与幼儿园有没有签订聘用合同（有没有编制）（　　　）

A. 没有签（没编制）　　　　　　B. 签了（有编制）

14. 您觉得幼儿园缺乏职称评定的机会吗（　　　）

A. 缺乏　　　　　　B. 不关心　　　　　C. 不缺乏

15. 您觉得幼儿园用人机制合理吗（　　　）

A. 不合理　　　　　B. 一般　　　　　C. 合理

16. 您觉得幼儿园考核机制不合理吗?

A. 不合理　　　　　B. 一般　　　　　C. 合理

17. 您觉得您的工作稳定性如何（　　　）

A. 稳定性差　　　　B. 一般　　　　　C. 比较稳定

18. 您觉得幼儿园教学配套服务怎么样（　　　）

A. 不太好　　　　　B. 一般　　　　　C. 还不错

19. 您觉得您的工作环境和氛围怎么样（　　　）

A. 不太好　　　　　B. 一般　　　　　C. 还不错

20. 您觉得幼儿园班级人数过多吗（　　　）

A. 多，应付不过来　　B. 一般　　　　C. 不多，可以轻松应对

21. 您觉得与同事及领导关系如何（　　　）

A. 关系复杂，难以相处　　　　　B. 一般　　　　　C. 相处融洽

22. 您觉得与幼儿的关系怎么样（　　　）

A. 关系恶劣，难以相处　　　　　B. 一般　　　　　C. 相处融洽

23. 您觉得家长对教师的要求过高吗（　　　）

A. 要求过高　　　　　　　　　B. 一般　　　　　C. 要求不高

24. 您是否觉得人格尊严会受到威胁（　　　）

A. 觉得　　　　　　B. 一般　　　　　C. 不觉得

25. 您觉得工作压力大吗（　　　）

A. 压力大，难以应对

B. 一般，没什么感觉

C. 压力不大，工作应对自如

26. 您觉得日常工作量怎么样（　　　）

A. 日常工作量太大，难以应对

B. 一般，没什么感觉、日常工作量不大，轻松应对

27. 您觉得工作时间怎么样（　　　）

A. 长　　　　　　　B. 一般　　　　　C. 短

28. 您觉得教学任务繁重吗（　　　）

A. 繁重　　　　　B. 一般，没什么感觉　　　　　C. 比较轻松

29. 您是否觉得工作缺乏教学管理引路人（   ）

A. 缺乏　　　　　　B. 不关心，没感觉　　　　　　　　C. 不缺乏

30. 您是否觉得缺少进修的机会（   ）

A. 缺乏　　　　　　B. 不关心，没感觉　　　　　　　　C. 不缺乏

31. 您是否觉得缺少培训的机会（   ）

A. 缺乏　　　　　　B. 不关心，没感觉　　　　　　　　C. 不缺乏

32. 您觉得工作有发展的机会和前途吗（   ）

A. 缺乏机会，没有前途

B. 一般，没什么感觉

C. 机会多，前途好

33. 您是否觉得缺乏提供实现自身价值的平台（   ）

A. 缺乏　　　　　　B. 不关心，没感觉　　　　　　　　C. 不缺乏

34. 您是否有辞职的打算（   ）

A. 有　　　　　　　B. 没有

35. 您觉得劳动付出与工资收入如何（   ）

A. 劳动付出多于工资收入

B. 劳动付出与工资收入持平

C. 劳动付出少于工资收入

36. 您觉得幼儿园的福利待遇怎么样（   ）

A. 差　　　　　　　B. 一般　　　　　　C. 挺好的

37. 您对您目前的生活状况满意吗（   ）

A. 不满意　　　　　B. 一般　　　　　　C. 满意

38. 总的来说，您对您目前的工作状况满意吗（   ）

A. 不满意　　　　　B. 一般　　　　　　C. 满意

39. 您认为目前最希望解决的问题困难是什么

_____

全部问卷到此结束，再次感谢您的参与与支持！

附录 5：农村幼儿教师工作满意度访谈提纲

姓名：_____ 性别：_____ 年龄：_____ 文化程度：_____

婚姻状况：_____ 教龄：_____

老师您好：

非常感谢您能抽时间接受我的访谈！我是临沂大学的一名大学生，我在做一篇关于农村幼儿教师工作满意度的毕业论文，想请您帮忙回答我几个问题来协助我的研究好吗？为了研究的方便我会做一些录音，不过您放心，这段录音只是用来作为论文研究使用，绝对不会用于其他用途，也不会泄露任何关于您个人的资料和信息，如果您愿意的话，希望您能配合我完成这次访谈，您看您还有什么不明白的地方吗？如果没有的话，那我们就开始吧。

1. 请问您怎样看待幼儿园对于教师的管理呢？

2. 请问您怎样看待幼儿园对于教师的评价呢？

3. 请问您对于您目前的工资收入和福利待遇是否觉得满意呢？

4. 您觉得幼儿园在福利待遇方面的分配是不是公平合理的呢？

5. 您觉得目前您工作幼儿园的工作环境怎么样？

6. 您觉得幼儿园是否给予了教师发展的机会？

7. 幼儿园的职务晋升、职称评定方面是否是公开公平的？

8. 您觉得幼儿园领导重视教师吗？

9. 请简要的谈一谈在工作当中您满意和不满意的方面。

10. 您觉得农村幼儿教师这一份工作能够给您带来满意感和幸福感吗？

11. 您觉得现在幼儿教师的压力大吗？大的话这种压力是从何而来的？

结束语：非常感谢您对我的研究支持，我的问题就是这些了，咱们的谈话我只会用于我的论文研究，而且不会泄露您任何的个人资料，也请您放心，再次感谢您的配合。

附录6："乡村教师乡土文化素养"现状调查问卷

尊敬的老师：

您好！感谢您抽空填写本问卷，本问卷的目的是全面了解乡村教师乡土文化发展状况。问卷的填写采取不记名形式，对于您填写的任何资料，我们都将为您保密。本问卷各问题无对错之分，您的真实回答对我们的研究非常重要，敬请认真翔实填写。衷心感谢您的参与。

（一）个人基本资料

1. 您的性别（　　　）

A. 男　　　　　　B. 女

2. 您的年龄（　　　）

A.25 岁以下　B. 25—30 岁　　C. 31—40 岁　　D.41—50 岁　　E .50 岁以上

3. 您的教龄（　　　）

A.3 年以下　B. 4—6 年　　　C. 7—10 年　　D.10 年以上

4. 您的学历是（　　　）

A. 中师及以下 B. 大专　　　　C. 本科　　　　　D. 硕士及以上学历

5. 您目前所教的科目是（　　　）（可多选）

A. 语文　　　B. 数学　　　　C. 英语　　　　D. 科学

E. 品德与生活 F. 音乐　　　　G 美术　　　　H. 计算机

I. 体育　　　J. 其他

6. 您每周的教学量是多少课时（　）

A. 小于 10 节 B. 10—15 节　　C. 16—20 节　　D. 大于 20 节

7. 您的家乡在（　　　）

A. 教学所在的县　　　B. 本市外县　　　C. 本省外市　　　D. 外省

（二）具体内容

1. 您在教学所在地区生活了多长时间（　　　）

A. 小于 3 年　　　　　　　B. 3—6 年 (不包括 5 年)

C.6—10年(不包括10年)　　　　　　　　D.10年以上

2.您认为乡村教师乡土文化素养对教育教学有多大的作用(　　　)

A.非常有用　　　　　B.比较有用　　　　　C.不太有用　　　　D.没有用

3.您对当地乡土文化知识的了解程度吗(　　　)

A.非常了解　　　　B.比较了解　　　　　C.不太了解　　　　D.不了解

4.您对当地的乡土文化是否感兴趣(　　　)

A.非常感兴趣　　　　B.比较感兴趣　　　　C.不太感兴趣　　　D.不感兴趣

5.您在平时生活中会主动地去了解当地乡土文化吗?(　　　)

A.非常主动　　　　B.比较主动　　　　　C.不太主动　　　　D.不主动

6.您是否会运用学生熟悉的乡土文化知识进行教学?(　　　)

A.经常运用　　　　B.一般运用　　　　C.不太运用　　　　D.从不运用

请您根据您的实际情况进行判断,并在适当的空格处打"√"。

	完全同意	基本同意	不太清楚	基本不同意	完全不同意
7.我会讲当地的方言					
8.我清楚当地人的生产方式					
9.我清楚当地特色的人文景观					
10.我熟悉当地的交往习俗					
11.我了解当地的传统节日及习俗					
12.我知道许多当地人口头传诵的故事歌谣					
13.我了解当地特色的民间艺术(手工艺、音乐、绘画)					
14.我熟悉当地人的宗教信仰					
15.我了解当地人对教育的看法					

16.您认为目前乡村教师乡土文化还存在什么问题?

附录 7："乡村教师乡土文化现状调查"访谈提纲

一、访谈目的

了解乡村教师乡土文化素养的现状及存在的问题，并提出提高乡村教师乡土文化素养的对策。

二、访谈对象

选取 1 名教龄一年的乡村教师（徐老师），1 名教龄五年的乡村教师（张老师），共计 2 名作为访谈对象。

三、访谈地点

办公室。

四、访谈时间

初步定为 30 分钟，具体时间访谈对象的时间灵活确定。

五、访谈工具

录音和笔记相结合。

六、访谈范围

教师的基本信息，教师对乡土文化的了解程度，教师对乡土文化的态度，教师对乡土文化的运用，教师对自身乡土文化发展的积极性，共五个维度。

七、访谈方式

个人深度访谈。

八、访谈内容

1. 您教的学科是什么？工作了几年？

2. 您是本地人吗？您习惯当地的生活环境吗？

3. 您对当地的乡土文化了解吗？比如生产生活方面、历史文化方面、传统民俗方面、民间艺术方面、地理景观方面、价值观念方面等。

4. 若不了解，则问您认为哪些因素导致了这种状况？若了解，则问您一般是通过什么途径了解当地乡土文化的？

5. 您认为乡土文化对促进自身的教学有多大的作用？能具体说说吗？

6. 您在课堂教学中，会用学生所熟悉的乡土文化知识来解释相关的教学知识吗？

7. 您对当地的乡土文化知识感兴趣吗？您会主动学习并在教学中运用乡土文化知识？

附录 8："基于核心素养的小学教师培养机制"访谈提纲

一、访谈目的

了解目前小学教师培养的模式和存在的问题，总结受访者对小学教师培养机制的新观点及建议。

二、访谈对象

选取两名在高校小学教育专业的任职教师（陈老师和李老师），一名小学任职教师（张老师），共计 3 名作为访谈对象。

三、访谈地点

办公室。

四、访谈时间

初步定为 30 分钟，具体时间以访谈内容的灵活性确定。

五、访谈工具

录音和笔记相结合。

六、访谈范围

教师的基本信息，教师对当前小学教师培养模式的概括及态度，教师对创新小学教师培养模式的看法和建议。

七、访谈方式

深度访谈。

八、访谈内容

1. 您的研究方向是什么？如何看待小学教育教师师资中男女比例不协调问题，

男女比例为多少时最为合适？

2. 面对今天的中高考评价模式，核心素养的培养与学科成绩的提高是不是应该单独建立两套教学内容和课程体系？

3. 面对统一的核心素养体系，如何在课程改革中融入核心素养？如何培养个性化的学生？

附录 9："基于核心素养的小学教师培养机制"调查问卷

同学：

你好！感谢你抽空填写本问卷，本问卷的目的是了解目前小学教育专业师范生的培养模式。问卷的填写采取不记名形式，对于你填写的任何资料，我们都将保密。本问卷各问题无对错之分，你的真实回答对我们的研究非常重要，请认真翔实填写，衷心感谢你的参与！

（一）个人基本资料

1. 你的性别（　　　）

A. 男　　　　　　B. 女

2. 你的年级（　　　）

A. 大一　　　　B. 大二　　　　C. 大三　　　　D. 大四

（二）具体内容

1. 你是否选修了《基础教育课程教学改革》课程？（　　　）

A. 是　　　　B. 不是

2. 你是否满意现在所修的教育类课程与通识类课程？（　　　）

A. 是　　　　B. 不是

3. 在《教育学基础》《心理学基础》《学科教学论》（2、3、4 年级）课程中，老师是否介绍了新课程改革、最近的教育改革的情况？（　　　）

A. 是　　　　B. 不是

4.（2、3、4 年级）在《教师技能训练》课程组织的模拟教学中，教师指导时是否强调培养学生的核心素养？（　　　）

A. 是　　　　B. 不是

5. 你是否满意本专业所对接的教育实践基地？（　　　）

A. 是　　　　B. 不是

6. 你读过《国家中长期教育改革和发展纲要（2010—2020）》吗？（　　　）

A. 是　　　　B. 不是

8. 你选择语文 / 数学 / 英语这个方向是因为喜欢吗？（   ）

A. 是　　　　　　B. 不是

9. 你是否通过图书馆、互联网阅读了有关基础教育改革的资料？（   ）

A. 是　　　　　　B. 不是

10. 你是否努力用新课程改革的思想指导自己的实践教学？（   ）

A. 是　　　　　　B. 不是

11. 你对当前小学教师培养模式有何看法？请谈谈你的建议。

参考文献

期刊类

[1] 肖正德.城镇化进程中乡村小学教师生存境遇与改善策略 [J].教育政策研究，2011(08).

[2] 金柱伟，段兆兵.农村教师低职业吸引力的社会学分析 [J].教育探索，2013(10).

[3] 陈蕾.浅析增强农村教师职业吸引力的措施 [J].现代企业教育，2013(11).

[4] 唐松林，王祖霖."厚"乡村小学教师之"生"：城乡教师均衡发展之策略 [J].湖南师范大学教育科学学报,2015(5).

[5] 王娅，张玉堂.社会转型时期农村教师职业满意度分析 [[J].西南民族大学学报：人文社科版,2005,(11):15.

[6] 李金奇.农村教师的身份认同状况及其思考 [J].教育研究，2011,(11):34.

[7] 侯中太，蔡永红.农村教师生存困境与反思 [J].中国教育学刊，2012,(10):32—35.

[8] 关松林.区域内义务教育师资均衡配置：问题与破解 [J].教育研究，2013,(12) :48.

[9] 宋广文，魏淑华.影响教师职业认同的相关因素分析 [J].心理发展与教育，2006 (1).

[10] 李芳.论教师职业认同对教师专业发展的意义 [J].淮阳职业技术学院学报，2007 (5).

[11] 庞红卫.中小学教师职业认同与职业卷入状况的调查研究 [J].现代教育科学，2008 (2).

[12] 刘富喜 . 教师职业认同的指向和态势 [J]. 当代教育论坛，2007 (9).

[13] 俞荣 . 关于加强教师职业认同感的问题探讨 [J]. 山西科技，2008(5).

[14] 明庆华 . 试析教师的心理角色及其冲突 [J]. 湖北大学学报 (哲学社会科学版)，1998 (2).

[15] 寇冬泉，张大均 . 教师职业生涯"高原现象"的心理学阐释 [J]. 中国教育学刊，2006 (4).

[16] 李伯玲 . 城乡教师的收入差距与流动问题探究 [J]. 中小学教师培训，2007,03:60—61.

[17] 庞丽娟 . 妥善解决农村代课教师问题 [J]. 教育研究 ,2007(9).

[18] 朱永新 . 解决农村代课教师问题的对策建议 [J]. 教育研究 ,2007(9).

[19] 马文菊，颉俊祥 . 西部农村代课教师生存与发展现状调查 [J]. 河西学院学报 ,2008(24).

[20] 薄建国 . 代课教师的政策与法律问题 [J]. 江西教育科研 ,2005(4).

[21] 庞丽娟，韩小雨 . 我国农村代课教师 : 现实状况与政策建议 [J]. 教育发展研究 ,2007(4).

[22] 李怀珍，郑国生 . 农村代课教师现象的归因对策 [J]. 当代教育科学 ,2005(21).

[23] 常彦 . 西部中小学代课教师问题调查与分析—以甘肃省定西市为例 [J]. 基础教育 (上海),2008(2).

[24] 刘文华 . 西部农村地区代课教师职业选择的社会学解释—基于理性选择理论的分析视角 [J]. 衡水学院学报 ,2010(5).

[25] 李劲松 . 云南代课教师问题研究 [J]. 云南师范大学学报 (哲学社会科学版),1998(6).

[26] 王晓楠，赵小云 . 新生代代课教师的现状、问题及对策 [J]. 现代中小学教育 ,2015(1).

[27] 关桓达，赵正洲 . 中西部地区农村中学教师工作满意度实证研究——基于对 586 名农村中学教师的调查 [J]. 农业技术经济 ,2010(6).

[28] 胡芳芳，仇云霞，桑青松 . 幼儿教师职业认同与工作满意度的关系 : 核心自我评价的中介作用 [J]. 内蒙古师范大学学报 (教育科学版),2012(2).

[29] 张燕，刘云艳 . 幼儿教师情绪调节方式及其对工作满意度的影响 [J]. 学前教

育研究,2008(1).

[30] 曾淑玲,张菡.澳门幼儿园教师工作满意度现状研究 [J].学前教育研究,2000(6).

[31] 侯春娜,刘志军,张绍波.黑龙江省幼儿教师职业认同现状及应对策略 [J].教育探索,2013(10).

[32] 李琼,朱旭东,赵萍.北京农村教师参与专业发展活动的满意度与需求调查研究 [J].教师教育研究,2013(1).

[33] 袁玲俊,毛亚庆.西南农村寄宿制学校教师满意度现状及其原因分析 [J].教师教育研究,2014(3).

[34] 陈新景,茹荣芳,何俊华.农村教师校本学习现状的调查与分析 [J].现代中小学教育 2014(2).

[35] 伍明辉,杨仕进.农村幼儿教师职业倦怠的成因及调适策略 [J].社会心理科学,2015(12).

[36] 李悠,张晗.农村幼儿教师职业倦怠的特点及其与主观幸福感的关系 [J].中国成人教育,2014(4).

[37] 黄晓彬.农村民办幼儿教师职业倦怠消解之策略[J].教育与教学研究,2013(11).

[38] 赵菲菲,蔺红.边缘化困境对农村幼儿教师职业认同的影响与应对 [J] 春蚌埠学院学,2014(5).

[39] 马丽群.对农村幼儿教师职业性格塑造的思考 [J].基础教育研究,2014(4).

[40] 赵铭锡.农村幼儿教师工作满意度与职业倦怠、离职倾向的关系 [J].中华女子学院学报,2014(8).

[41] 冯伯麟.教师工作满意度及其影响因素研究 [J].教育研究,1996(9).

[42] 肖正德,井小溪.农村优秀传统文化难以融入教学：乡村教师的尴尬境遇 [J].当代教育与文化.2015(3).

[43] 杜丽静,贾志国,张斌.文化知识型视域下的乡村教师文化使命 [J].常熟理工学院学报（哲学社会科学),2015(1).

[44] 高小强.乡村教师的文化困境与出路 [J].教育发展研究,2009(20).

[45] 孟晓瑞,林凤.乡土文化:乡村基础教育的沃土 [J].中国农业教育月刊,2011(1).

[46] 李彦花.成为文化人:乡村教师公共性回复的关键 [J].大学教育科学,2008(5).

[47] 刘铁芳 . 文化破碎中的乡村教育 [J]. 青年教师 ,2008(9).

[48] 刘铁芳 . 乡村的终结与乡村教育的文化缺失 [J]. 灯下随笔 .

[49] 段会冬 . 乡村教师文化困境的再思考 [J]. 学术争鸣 ,2011(11).

[50] 肖正德 . 乡村教师学习文化的问题与重构 [J]. 教育发展研究 ,2013(4).

[51] 王勇 . 社会转型期乡村学校教育的文化困境与出路 [J]. 教育探索 ,2012(9).

[52] 王勇 . 试析文化冲突背景下乡村教师的身份认同危机 [J]. 教育探索 ,2013(2).

[53] 董蓓菲 . 大陆、香港、台湾小学语文教科书的比较 [J]. 中国语文通讯 ,1995.

[54] 张济洲 . 农村教师的文化困境及公共性重建 [J]. 教育科学 ,2013(2).

[55] 肖正德 李宋昊 . 新课程改革中乡村教师之尴尬境遇及文化学审视 [J]. 教育研究与实验 .2013(5).

[56] 肖正德 . 新课程教学改革中的乡村教师文化境遇 [J]. 教育学报 .2011(4).

[57] 任燕 . 当代农村教师的文化使命 [J]. 常熟理工学院学报（教育科学）.2012(6).

[58] 谢治菊 . 转型期我国乡土文化的断裂与乡土教育的复兴 [J]. 福建师范大学学报 (哲学社会科学版),2012(4).

[59] 陈华仔，黄双柳 . "磨盘"中的乡村教师自我的丢失 [J]. 理论经纬 ,2013(11).

[60] 唐松林，丁璐 . 论乡村教师作为乡村知识分子身份的式微 [J]. 湖南师范大学教育科学学报 ,2013(1).

[61] 李长吉 . 论农村教师的地方性知识 [J]. 教育研究 ,2012(6).

[62] 韩晋，王存宽 . 对 "3+1" 教师教育培养模式的若干思考 [J]. 宁波大学学报 ,2004(11):20.

[63] 沈卫华 . 教师职前教育理论与实践的结合——对大学与中小学合作模式的反思 [J]. 湖北教育学院学报 ,2006(10).

[64] 陈小娅 . 教师教育改革的几点思考 [J], 人民教育 ,2006(15—16):9.

[65] 王磊 . 实施创新教育 , 培养创新人才 [J], 教育研究 .1999(3).

[66] 李中国 . 高师成教如何应对基础教育课程改革 [J], 中国成人教育 ,2005(12):62—63.

[67] 余文森 . 关于教学改革的原点思考［J］. 全球教育展望 ,2015(5): 3—13.

[68] 徐莉莉 . 乡村新教师城乡一体化培养路径探析 [J]. 中国教育学刊 ,2012(8):80—83.

[69] 金星霖，胡朝兵．新课改进程中的优质教师特征研究综述 [J]. 重庆教育学院学报 ,2012(05):123—126.

[70] 张莲．乡村全科型小学教师培养模式探究 [J]. 教学与管理 ,2014(05):8—10.

[71] 孙颖．城乡教师队伍建设一体化的路径探讨——兼论乡村小学教师一专多能培训的可行性前提 [J]. 教育理论与实践 ,2014,14:24—26.

[72] 黄白．用好乡村小学优秀教师范例 [J]. 教育 ,2008,17:36—37.

[73] 陈小红．优质教师的特征——基于对学生的调查 [J]. 南方职业教育学刊 ,2013,01:88—93.

[74] 王璐．义务教育均衡发展视野下乡村教师问题研究——基于纵向与横向实证调查和政策分析 [J]. 中国人民大学教育学刊 ,2013,03:64—83.

[75] 熊文，钟英．关于建立优质教师服务乡村中小学长效机制的思考 [J]. 乐山师范学院学报 ,2007,11:123—125.

[76] 冯伦坤．真心互动 共同发展——麻城市实施"湖北省名师优质教师对口支援乡村教育计划"工作纪实 [J]. 新课程研究 (教育管理),2007,04:35—37.

[77] 周正．优质教师群体特征与发展机制探究 [J]. 教师教育研究 ,2011,05:66-70.

[78] 张晓玲．乡村中小学优质教师培养工作问题探析 [J]. 陕西教育 (高教版),2011,Z2:88—89.

[79] 张希亮．加强西北乡村教师队伍建设策略探讨 [J]. 湖南第一师范学院学报 ,2014,06:30—32.

[80] 刘堂江．山路宽广——记河南省乡村小学优秀教师苏连升 [J]. 人民教育 ,1982,09:12—14.

[81] 吴亚林，刘宗南，邹强，唐荷意．为乡村培养优质教师——湖北科技学院教师教育改革的研究报告 [J]. 湖北科技学院学报 ,2013,10:134—135+146.

[82] 熊典达，蒋秋生，王琪红．情满青山——记乡村小学优秀教师皮祖富 [J]. 江西教育 ,1984,01:11—13.

[83] 秦发盈．我国优质教师的特征及形成过程探微 [J]. 天津市教科院学报 ,2005,05:48—51.

[84] 刘虹．中学教师心目中"优质教师"的特征：一项质化与量化结合的研究 [J]. 课程教材教学研究 (教育研究),2014,04:41—44.

[85] 陈振华.优质教师的特征及其对师范教育的意义 [J].外国中小学教育,1996,02:22—25+46.

[86] 阿兰·保罗·哈斯克维茨.优质教师最显著的 11 个特征 [J].教育理论与实践,2008,12:13—14.

[87] 邵光华,郝东.关于青年教师对优质教师认知的研究 [J].高等师范教育研究,2002,05:22—27.

[88] 焦建利.21 世纪优质教师的特征 [J].中国信息技术教育,2014,17:14—15.

[89] 李中国.科学课教师胜任特征模型实证性研究 [J].教育研究,2011(8):74—80.

[90] 李中国,黎兴成.教师教育学科的建设逻辑 [J].教育科学,2018(6).

[91] 李中国,汤纺杰.教师队伍建设与中国教育现代化 [J].教育研究,2017(12):152—154.

[92] 李中国.卓越小学教师培养的要点解析与推进建议 [J].教育研究,2016(10):156—159.

[93] 李中国,黎兴成.教师教育学科的建设逻辑 [J].教育科学,2018(6).

[94] 郑新蓉,王成龙,熊和妮.中国新生代乡村教师调查 [N].中国教师报,2015-09-09（3）.

[95] 教育部.中国教育统计年鉴 -2015[J].北京:中国统计出版社,2016.

[96] 国家统计局.中国城市统计年鉴 -2015[J].北京:中国统计出版社,2015.

[97] 易海华,罗洁.农村中小学教师待遇问题现实解读与改善——基于湖南 20 个县市区所在农村学校的调查分析 [J].湖南社会科学.2013(1):270—274.

[98] 庞丽娟,金志峰,杨小敏.新时期乡村教师队伍建设政策研究 [J].中国行政管理.2017(5):109—113.

[99] 刘雪峰,王晓冰.培训转移研究的回顾与展望 [J].管理与科学文摘.2003(12):41—43.

[100] 国家统计局.中国城市统计年鉴 -2015[J].北京:中国统计出版社,2015.

[101] 李中国,黎兴成.我国高校教师教学研究的热点状况分析——基于 2005-2015 年 CNKI 文献的共词分析 [J],教育研究,2015(12):59—66.

论文类：

[1] 张大鑫.经济合作与发展组织《有效教师的吸引、发展与留任项目》(ADRETP) 实施研究 [D]. 重庆：西南大学 .2014.

[2] 陈忱.县域内义务教育师资均衡配置问题研究——基于辽宁省盘锦市 A 县个案 [D]. 吉林：东北师范大学 .2014.

[3] 周湘晖.农村中小学教师补充问题研究 [D]. 湖南：湖南大学 .2012.

[4] 范静毅.中小学教师劳动报酬与教师职业吸引力关系研究 [D]. 陕西：陕西师范大学 .2013.

[5] 岳金环.农村小学教师职业认同现状研究——来自湖南省常德地区的调查 [D]. 湖南：湖南师范大学 .2010.

[6] 张世辉.农村教师补充与退出的内在动力机制的研究 [D]. 重庆：西南大学 .2010.

[7] 符源才.中小学教师职业人格、归因方式与职业倦怠的研究 [D]. 桂林：广西师范大学 .2014.

[8] 仝小霞.乡村新教师生存困境及出路研究 [D]. 重庆：西南大学 .2011.

[9] 熊英.关于代课教师的现状、问题及对策研究 :[D]. 武汉：华中师范大学 ,2012.

[10] 杜鹃.甘南藏区代课教师生存状况调查分析 :[D]. 北京：中央民族大学 ,2010.

[11] 贺晋丽.农村代课教师问题研究 :[D]. 陕西：陕西师范大学 ,2010.

[12] 李友玉.小学代课教师问题研究 :[D]. 武汉：华中师范大学 ,2000.

[13] 朱红梅.西北少数民族地区代课教师的现状、成因及对策研究 ——以甘肃省临夏州积石山县为个案 :[D]. 兰州：西北师范大学 ,2007.

[14] 贾翠平.建国以来代课教师政策内容分析 :[D]. 吉林：东北师范大学 ,2010.

[15] 杨俏丽.西北农村代课教师问题的透视与反思 :[D]. 甘肃：兰州大学 ,2012.

[16] 梁春娟.社会学视野下民办幼儿园教师流动研究——以重庆市土城区民办幼儿园为例 [D]. 西南大学硕士论文 ,2010.

[17] 孙雅婷.幼儿教师流动与幼儿园教师管理的相关研究 [D]. 华中师范大学硕士论文 ,2010.

[18] 汪少英.农村乡镇幼儿教师流动问题的研究——以湖北省汪集镇为例 [D].

华中师范大学硕士论文,2010.

[19] 习勇生.重庆市幼儿教育城乡统筹发展研究 [D].西南大学硕士论文,2010.

[20] 徐新华.武汉市幼儿教师流动状况的研究 [D].华中师范大学硕士论文,2010.

[21] 陈利平.幼儿教师职业压力应对方式研究硕士学位论文 [D].西南大学硕士论文,2006.

[22] 李悠.农村幼儿教师职业倦怠的特点及其与主观幸福感的关系 [D].山东师范大学硕士论文,2012.

[23] 崔新玲.农村幼儿园转岗教师职业适应研究——以甘肃省为例 [D].陕西师范大学硕士论文,2012.

[24] 马丽群.山村的述说——走进一位西部农村幼儿教师的职业生活 [D].湖南师范大学硕士论文,2011.

[25] 赵菲菲.皖北农村幼儿教师职业认同现状及提升策略研究 [D].淮北师范大学硕士论文,2015.

[26] 刘方林.农村教师乡土知识的现状调查 [D].西南大学硕士论文,2014.

[27] 黄双柳.小学语文教育中乡土文化缺失研究——基于教材、教师和学生的视角 [D].湖南师范大学硕士论文,2013.

[28] 张君.新农村文化建设视阈下——乡村教师文化责任和文化成长 [D].浙江师范大学硕士论文,2013.

[29] 顾卫."南通乡土文化"地方课程的开发与实施研究 [D].南京师范大学硕士论文,2007.

[30] 邓昭华.城市化背景下乡土文化传承的教育策略研究 [D].西南大学硕士论文,2011.

[31] 赵晓静.城乡教育一体化进程中乡村学校教学文化问题研究 [D].天津师范大学硕士论文,2013.

[32] 周军.中国现代化进程中乡村文化的变迁及其建构问题研究 [D].吉林大学博士论文,2010.

[33] 夏宁.乡土文化视野中的农村地方课程设置研究 [D].湖南大学硕士论文,2013.

[34] 王强.知德共生:教师胜任力发展研究 [D].上海:华东师范大学,2008(4).

[35] 张金英.城乡教育一体化的动力机制及战略研究 [D].天津大学,2010.

[36] 秦磊.乡村教师培训实效性评价体系研究 [D].东北师范大学,2012.

[37] 唐开福.城镇化进程中乡村教师精神生活的田野考察 [D].华东师范大学,2014.

[38] 刘小强.贫困地区乡村教师配置问题研究 [D].西南大学,2014.

[39] 胡玲翠.教师教育开放进程中师范大学综合化转型研究 [D].陕西师范大学,2014.

[40] 蒋姗.成都市统筹城乡教师资源均衡配置案例研究 [D].电子科技大学,2015.

[41] 任家熠.县域城乡义务教育一体化发展研究 [D].河北大学,2015.

[42] 马家平.阜阳地区乡村教师生涯发展的个案研究 [D].华东师范大学,2008.

[43] 王艳.乡村小学优秀教师专业发展的叙事研究 [D].东北师范大学,2009.

[44] 李迎春.我国乡村小学优质教师资源流失问题研究 [D].河南大学,2013.

[45] 吴昕.将选调生机制引入乡村教师队伍建设中的策略分析 [D].陕西师范大学,2011.

[46] 弋文武.乡村教师学习问题研究 [D].西北师范大学,2008.

[47] 秦磊.农村教师培训实效性评价体系研究—基于农村教师专业成长的视角 [D].哈尔滨：东北师范大学.2012:80-82.

[48] 付绍钦.农村中小学教师培训现状、问题及对策—以四川省通江县为例 [D].南昌：南昌大学体育与教育学学院.2016:20-22.

报纸类：

[49] 孙霄兵.创新人才培养模式 [N].中国教育报,2010-9-14.

[50] 李金奇,袁小鹏.打造乡村小学优秀教师资源高地 促进城乡教育一体化发展 [A].教育部人文社会科学重点研究基地东北师范大学乡村教育研究所.城乡教育一体化与教育制度创新——2011年乡村教育国际学术研讨会论文集 [C].教育部人文社会科学重点研究基地东北师范大学乡村教育研究所,2011:5.

[51] 孙颖.城乡教师队伍建设一体化的路径探讨——兼论乡村小学教师全科型培训的可行性前提 [A].教育部人文社会科学重点研究基地——乡村教育研究所."城乡教育一体化发展的国际经验与本土实践"国际学术研讨会论文集 [C].教育部人文

社会科学重点研究基地——乡村教育研究所,2013:5.

[52] 朱艳玲. 培训需求分析的技术路径及其在乡村教师培训中的应用 [D]. 西北师范大学,2012.

[53] 杨一木. 稳定乡村教师队伍 促进乡村教育公平 [A]. 安徽省教育厅、安徽省台办. 第四届皖台基础教育论坛交流文集 [C]. 安徽省教育厅、安徽省台办,2015:5.

著作类:

[1]《教育规划纲要》工作组办公室. 教育规划纲要学习辅导百问 [M]. 北京:教育科学出版社,2010:190.

[2] 叶澜. 中国基础教育改革发展研究 [M]. 北京:中国人民大学出版社,2009.

[3] 教师蓝皮书《中国中小学教师发展报告 (2012)》[M]. 社会科学文献出版社,2012.

[4] 堪启标. 教师教育大学化的国际比较研究 [M]. 福建教育出版社,2008.

[5] 杜育红. 教育发展不平衡研究 [M]. 北京师范大学出版社,2000.

[6] 吕建国. 孟慧. 职业心理学 [M]. 大连:东北财经大学出版社,2000.

[7] 叶澜等. 教师角色与教师发展新探 [M]. 北京:教育科学出版社,2001.

[8] 叶奕乾,何存道,梁宁建. 普通心理学 [M]. 第四版. 上海:华东师范大学出版社,2010.

[9] 陈琦,刘儒德. 当代教育心理学 [M]. 第二版. 北京:北京师范大学出版社,2007.

[10] 林崇德. 发展心理学 [M]. 第二版. 北京:人民教育出版社,2008.

[11] 叶澜. 教育概论 [M]. 北京:人民教育出版社,2006.

[12] 裴娣娜. 教育研究方法导论 [M]. 合肥:安徽教育出版社,2000.

[13] 石中英. 教育哲学 [M]. 北京:北京师范大学出版社,2007.

[14] 梁志燊,霍力岩. 中国学前教育百科全书· 教育理论卷 [M]. 沈阳:沈阳出版社,1995:168.

[15] 董朝辉,杨继平. 教师工作满意度研究 [M]. 北京:中国社会出版社,2012:2—4.

[16] 陈琦,刘儒德. 当代教育心理学 [M]. 北京:北京师范大学出版社,2007:219.

[17] 叶澜. 教师角色与教师发展新探 [M]. 北京:教育科学出版社,2001:222—224.

[18] 石中英 . 教育学基础 [M]. 北京：教育科学出版社 ,2008:126.

[19] 石筠弢 . 学前教育课程论 [M].(第二版). 北京 : 北京师范大学出版社 ,2014: 215.

[20] 顾明远主编 . 教育大辞典 [Z]. 上海 : 上海教育出版社 ,1990.

[21] 刘铁芳 . 乡土的逃离和网归 [M]. 福州 : 福建教育出版社 ,2008.

[22] 钱理群 , 刘铁芳 . 乡村中国乡村教育 [M]. 福州 : 福建师范大学出版社 ,2008.

[23] 陶行知著 . 陶行知文集 [M]. 南京 : 江苏教育出版社 ,2008.6.

[24] 费孝通著 . 乡土中国教育制度乡土重建 [M]. 北京 : 商务印书馆 ,2011.12.

[25] 孙绵涛 . 教育管理学 [M]. 北京 : 人民教育出版社 ,2006:285.

[26] 联合国教科文组织总部中文科译 . 教育—财富蕴藏其中 [M]. 北京 : 教育科学出版社 , 1996:109.

[27] 顾明远 . 教育大辞典 [M]. 上海 : 上海教育出版社 ,1998:1173.

[28] B.A. 苏霍姆林斯基 . 苏霍姆林斯基论教育 [M]. 北京 : 人民教育出版社 ,1984:151.

[29] 惠中 . 教师教育新视野——本科学历小学教师培养模式初探 [M]. 上海 : 上海科技教育出版社 ,2003.

[30] 靳希斌 . 市场经济大潮下的教育改革 [M]. 广州 : 广东教育出版社 ,1998:127.

[31] 李其龙 , 陈永明 . 教师教育课程的国际比较 [M]. 北京 : 教育科学出版社 ,2002.17—18.

[32] 桑代克 , 成人的学习 [M]. 杜佐周 , 朱君毅 , 译 . 北京 : 商务印书馆 ,1928: 21—22.

[33] 李中国等著 , 科学磨课设计与实践 [M], 科学出版社 ,2017.

[34] 李中国 . 综合实践型教师培养模式研究 [M]. 山东人民出版社 ， 2013.

[35] 崔铭香 . 青年农民工的生存境遇与学习行为研究 [M]. 北京 : 中国社会科学出版社 ,2015.

网站资源类 :

[1] 中华人民共和国教育部网站 . 教育部 财政部 人力资源和社会保障部关于推进县（区）域内义务教育学校校长教师交流轮岗的意见 [EB/OL].

http://www.moe.edu.cn/publicfiles/business/htmlfiles/moe/s7143/201409/174493.
html.2014-8-13.

[2] 中华人民共和国教育部网站.国务院办公厅关于印发乡村小学教师支持计划
（2015—2020 年）的通知 [EB/OL].

http://www.moe.edu.cn/jyb_xxgk/moe_1777/moe_1778/201506/t20150612_190354.
html.2015-06-01.

[3] 中华人民共和国教育部网站.教育部关于教师参与志愿服务活动的指导意
见 [EB/OL].

http://www.moe.edu.cn/srcsite/A10/s7058/201409/t20140926_175797.
html.2014-09-25.

[4] 中华人民共和国教育部网站.中央编办 教育部 财政部关于统一城乡中小学
教职工编制标准的通知 [EB/OL].

http://www.moe.edu.cn/s78/A10/A10_gggs/s8471/201412/t20141209_181014.
html.2014-11-13.

[5] 中国政府网站.教育部 财政部关于实施"中小学教师国家级培训计划"的
通知 [EB/OL].

http://www.gov.cn/zwgk/2010-06/30/content_1642031.htm.2010-06-11.

[6] 中华人民共和国教育部网站.教育部 财政部 人事部 中央编办关于实施农村
义务教育阶段学校教师特设岗位计划的通知 [EB/OL].

http://www.moe.edu.cn/publicfiles/business/htmlfiles/moe/s3312/201001/
xxgk_81624.html.2006-05-15.

[7] 中华人民共和国教育部网站.教育部 中央编办 国家发展改革委 财政部
人力资源社会保障部关于大力推进农村义务教育教师队伍建设的意见 [EB/OL].

http://www.moe.gov.cn/publicfiles/business/htmlfiles/moe/s7166/201212/145538.
html.2012-09-20.

[8] 中华人民共和国教育部网站.国务院办公厅转发教育部等部门关于教育部直
属师范大学师范生免费教育实施办法（试行）的通知 [EB/OL].

http://www.moe.edu.cn/publicfiles/business/htmlfiles/moe/moe_1778/200710/27694.
html.2007-05-09.

230

[9] 中华人民共和国教育部网站.国务院办公厅关于印发乡村小学教师支持计划（2015—2020 年）的通知 [EB/OL].

http://www.moe.edu.cn/jyb_xxgk/moe_1777/moe_1778/201506/t20150612_190354.html.2015-06-01

[10] 张志勇.乡村教师的十个"梦想"—— 山东省教育厅副厅长张志勇的调研手记

http://www.sdedu.gov.cn/sdjy/_ztzl/_mtjj/710158/index.html.2015-09-14/2015-12-09

[11] 好搜百科.职业认同 [EB/OL].

http://baike.haosou.com/doc/1659218-1753890.html.2015-12-04

[12] 中国网,国家中长期教育改革和发展规划纲要 (2010-2020 年) 全文,

[EB/OL].http://www.china.com.cn/policy/txt/2010-03/01/content_19492625_3.htm

[13] 中国政府门户网站. 中华人民共和国教师法 (第 25 条)[EB/OL].

http://www.gov.cn/banshi/2005-05/25/content_937.htm. 2005-5-25.

[14] 中华人民共和国网站.教育部关于实施卓越教师培养计划的意见 (教师〔2014〕5 号) [EB/OL].http://www.moe.edu.cn/publicfiles/business/h-tmlfiles/moe/s4559/201412/181664.html,2014-12-10.

[15] 国务院.关于深化考试招生制度改革的实施意见 [EB/OL].http://www.moe.edu.cn/publicfiles/business/htmlfil-es/moe/moe_1778/201409/174543.html,2014-09-03.

外文文献：

[1] Nada Dabbagh; Cecily Williams B1ijd.Case Designs for Ill-Structured Problems: Analysis and Implications for Practice[J] Journal of Educational Multimedia and Hypermedia.2009(2): 141.

[2] Mitchell Beck& Wanda Smith,Reform in the German Educational System:An Ongoing Process Globalization and Educational Policy,2007(2):23-24.

[3] Shakrani,Sharif.Teacher Turnover: Costly Crisis Solvable Problem [J].Education Policy Center Michigan State University, 2008: 1-4.

[4] Mitchell Beck& Wanda Smith,Reform in the German Educational System:An Ongoing Process Globalization and Educational Policy,2007(2):23-24.

[5] Bao, j. s.(2004).A comparative Study on composite Difficulty between New and Old Chinese Mathematics Textbooks. In L. Fan, N. -Y. Wong, J. Cai& S. Li(Eds.).How Chinese Learn Mathematics(pp.208-227).Singapore:World Scientific.

[6] Robertson IT Smith M.Cooper D.Motivation strategies.theory and practice[D]. London Institute of Personnel Management,1992.

[7] Craig A M.Job satisfaction and pereeption of motivation among middle school teachers[J].American Secondary Education,2002.31(1):43-53.

[8] Titus Oshagbemi.Gender differences in the job satisfaction of university teachers[J].Women in Management Review,2000:157.

[9] Hoppock, R. Job Satisfaction. New York. Harper Brothers, 1935:25-30.

[10] Shige Makino &Andrew Delios. local knowledge transfer and performance: implications for alliance formation in Asia[J].Journal of International Business Studies , 1996, pp. 905-927.

[11] Cheng Yin Cheong. Fostering local knowledge and human development in globalization of education [j] .The International Journal of Educational Management, 2004 .1.

[12] Tony Brown & Brian Cambourne.The Knowledge Building[M].Handbook of Teacher Education,2010,365-380.

[13] Ji Shen Libby Gerard & Jane Bowyer ,Getting From Here to There:The Roles of Policy Makers and Principals in Increasing Science Teacher Quality[J].Academic Onfile,2011(05):15.

后　记

扶贫必扶智，教育是改变贫困的有效手段，乡村教师的生存状况直接影响乡村教育质量。本研究围绕乡村教师生存现状展开，力图通过找到改善乡村教师生存质量，提高乡村教学质量，为广大乡村摆脱贫困提供借鉴。

本研究是集体智慧的结果，同著者还有李中国、汤纺杰；吕晖、陈芽萌、程鑫、哈云霞、刘英杰、孙炜艳等也参加了相关资料整理、内容撰写和后期审阅；在研究过程中，各位同仁相互切磋砥砺，经历了迷茫、彷徨，期间既有一筹莫展的烦恼，亦有醍醐灌顶的欢欣，最终呈现这诸多文字。文字一旦呈现出来，就存在无限的意义理解，也存在诸多的空白点甚至谬误。我们希望以这些文字求教于大家，并引发大家诸多思考和批判。

本书的出版，得到湖南师范大学出版社的大力支持和帮助，本书在写作的过程中参考和借鉴了许多前辈和同行的大量著作等研究成果，在此一并致谢。

需要感谢的人很多，虽没有一一罗列，但我会永远铭记于心，并会用更加努力的工作成绩来回报。

辛丽春

于临沂大学

2018 年 9 月 16 日